中国会计学会立项课题

U0674521

卷烟工业企业全面预算管理

认识·实践·探索

中国烟草
CHINA TOBACCO

"全面预算管理在卷烟工业企业的应用"课题组 著

东北财经大学出版社
Dongbei University of Finance & Economics Press | 大连

ⓒ　"全面预算管理在卷烟工业企业的应用"课题组　　2015

图书在版编目(CIP)数据

卷烟工业企业全面预算管理／"全面预算管理在卷烟工业企业的应用"课题组著. —大连：东北财经大学出版社，2015.3
　ISBN 978－7－5654－1888－4

　Ⅰ. 卷… 　Ⅱ. "全… 　Ⅲ. 卷烟–烟草企业–预算管理–中国
Ⅳ. F426.89

中国版本图书馆CIP数据核字(2015)第047804号

东北财经大学出版社出版

(大连市黑石礁尖山街217号　邮政编码　116025)

教学支持：(0411) 84710309

营　销　部：(0411) 84710711

总　编　室：(0411) 84710523

网　　　址：http://www.dufep.cn

读者信箱：dufep@dufe.edu.cn

大连图腾彩色印刷有限公司印刷　　　　　　东北财经大学出版社发行

幅面尺寸：170mm×240mm　　　　字数：225千字　　　　印张：15 1/4　　插页：1

2015年3月第1版　　　　　　　　　　　　2015年3月第1次印刷

责任编辑：高　鹏　孙晓梅　杨紫旋　　　　责任校对：那　欣　刘咏宁

封面设计：冀贵收　　　　　　　　　　　　版式设计：钟福建

定价：36.00元

"全面预算管理在卷烟工业企业的应用"
课题组成员

课题指导单位：

——中国会计学会烟草分会

——中国烟草总公司财务管理与监督司

课题承担单位：

——红塔烟草（集团）有限责任公司：李穗明　张　萌　夏开元　李应国　刘长波　冯全明　张国伟

——云南中烟工业有限责任公司：李光林　董翠珍　周少南　王绍平　徐　晖

序　一

2014年，《财政部关于全面推进管理会计体系建设的指导意见》正式出台，开启了我国会计改革与发展的新篇章，在中国会计史和管理史上具有里程碑意义。

中国会计学会烟草分会紧紧围绕国家烟草专卖局、中国烟草总公司的工作重点，结合烟草行业财务与会计工作和管理现状，在提升行业财务管理和会计核算水平、提高行业会计人员素质的基础上，对管理会计进行了有益的研究和探索，行业的财务与会计工作持续向科学化、规范化、标准化、精细化方向迈进，不再像过去那样只停留在记账、报账层面。

特别是2009年以来，烟草行业先后发布了全面预算管理办法、规程、指南和《关于烟草行业全面预算管理上水平的指导意见》，在全行业大力推进全面预算管理，实现了从单一财务预算向业务预算、资本预算、财务预算相结合的全面预算转变，全面预算在促进卷烟品牌发展、规范经营管理运行、提高资源配置效率等方面的作用日渐显现。烟草会计分会认为：烟草行业一方面有必要总结过去取得的经验，为持续提升全面预算管理水平奠定基础；另一方面，也有必要从认识和实践两个层面进行深入研究，适度超前思考全面预算管理提升阶段可能遇到的问题和解决思路。近三年来，云南中烟、红塔集团在中国烟草总公司财务管理与监督司的支持和帮助下，成功地完成了"全面预算管理在卷烟工业企业的应用"课题研究，这是对行业企业全面预算管理实践的总结、提炼和升华，为行业今后提升全面预算管理水平提供了坚实的理论基础和有效的实践路径。

本书作为课题研究的核心成果之一即将公开出版发行，我因工作关系，先睹为快，并受邀为本书作序，就借此机会谈一谈自己的体会,辅之当序。

总体而言，本书在构建以品牌战略为导向的资源配置模式，加强预算管理与业务管理相结合，推动和持续优化预算管理体系建设以及提炼总结预算文化等方面，不仅具有较强的创新性和前瞻性，而且具有较高的实用价值和参考价值。例如，如何构建符合卷烟工业企业业务管理特色的预算管理模式，如何解决全面预算管理实践中的普遍性难题——预算组织、定额管理、"预算松弛"及预算考核等，都能从书中找到答案或解决思路。

一、在预算组织方面，本书作了很有价值的研究。预算组织是成功实施预算管理的重要前提，既要符合我国《公司法》相关规定，也要考虑行业管理体制特点；要恰当定位各级预算组织职责及工作机制，妥善处理好总部与基层单位预算职责的划分以及流程衔接；既要充分发挥归口部门的管理作用，也要调动基层单位的主观能动性。而在实践中，这些难点问题常常被忽视，导致预算管理成本过高。

二、在定额管理方面，本书对烟草企业标准成本及其管理体系的建立与应用作出了创新。本书根据行业特点将标准成本定义为定额标准，视其为一个独立的全面预算管理要素，在结构上将其放在预算编制和审核等要素之前。这是对以往理论框架的探索性突破，其隐含的观点是：定额标准管理工作是预算编制、审核与批准、执行与控制等环节的基础。近年来，烟草行业持续加强定额管理，但有些单位在推动定额标准中遇到了瓶颈。对此，本书在实践研究的基础上，提出了解决思路：要更多关注定额数值背后的管理思路和管理方法，建立参与式工作机制，充分挖掘业务单位和职能部门的智慧，落实责任，合力推进。同时，本书还总结了卷烟工业企业定额管理中许多好的经验，很有参考价值。

三、倡导以预算文化破解"预算松弛"难题。本书从产生"预算松弛"的技术条件与心理动机两方面入手，总结了若干治理办法，明确提出：对"预算松弛"的根本治理，要靠企业优秀的组织文化和恰当的预算观念。我们欣喜地看到，云南中烟、红塔集团等卷烟工业企业的全面预算管理已经从"被动管理"、"上级管理"转变为"主动管理"和"自我管理"，预算已成为服务战略管理、业务管理的手段，内部各单位、部门都能自觉地从业务出发考虑预算，全面预算管理的责任意识已变成良好的行为习惯，"预算松弛"得到明显改善。课题对此总结提炼出包括预算价值观、预算意识以及预算规则三个方面的预算文化，很有借鉴意义。

四、倡导预算执行要务实，预算评价要客观。通常，企业一方面要求

"提高预算编制准确性",另一方面又追求预算执行刚性且片面考核"预算执行率",这往往导致弄虚作假或"数字游戏"。本书从务实的视角提出"预算真实性",要求预算管理的全过程必须真实反映业务计划以及资源需求。事实上,如果一家企业有了相对成熟的预算文化,就不一定非得考核"预算执行率";即使预算文化处于初级阶段,尚离不开预算执行率评价,也要结合具体预算项目及实际情况加以完善,不宜"一刀切"。为此,烟草行业新发布的《全面预算管理评价指南》,还特别强调了对预算管理体制机制和预算管理流程的评价。

总之,烟草行业欲将预算管理延伸至业务活动和具体工作层面,有效联结战略与执行,实现有限资源的合理配置,就必须从品牌战略、关键作业、工作职责及资源配置四个方面建立以品牌战略为导向的预算管理模式。烟草行业从改革与发展的新形势、新要求看,必须推进精益管理、预算管理,降本增效,向管理要效益、要红利、要进步,破解行业"三大课题",实现企业从数量扩张型到内涵增长型的转型升级。

我们相信,"全面预算管理在卷烟工业企业的应用"课题成果,不仅能够促进烟草行业完善全面预算管理,进一步推动管理会计的落地生根,持续提升和促进行业企业管理水平再上台阶,而且对其他行业或企业也会有一定的参考价值。

中国会计学会烟草分会会长

张玉霞

2015 年 1 月于北京

序 二

——为者常成，行者常至

承担"全面预算管理在卷烟工业企业的应用"课题，是中国烟草总公司对云南中烟、红塔集团全面预算管理工作的肯定。红塔集团从2002年开始实施全面预算管理，在探索中起步，在实践中完善。总体上说，红塔集团的全面预算管理体现了以下几个特点：

一是全面预算管理既作为实现企业战略目标的有力支持，又作为引导全体员工形成良好行为和习惯的重要手段。实施全面预算管理之前，各责任部门很少认真规划第二年的工作，到了第二年基本上就是凭直觉干活，有时甚至是在"抓瞎"；实施全面预算管理之后，从集团高层到各责任单位的中层干部、基层员工，人人都会不约而同地在每年的第四季度开始考虑来年的工作规划以及具体的工作计划。红塔集团实施全面预算管理，不仅在经营管理成效方面有所收获，更丰富了集团的人文精神。这些变化是全面预算管理引导员工形成良好工作行为的结果，一些良好的行为已经逐步形成习惯，甚至形成了一种根深蒂固的文化。

二是妥善处理决策与决策支持的关系，精心设置全面预算管理组织体系，尤其是恰当定位全面预算管理委员会，比较好地处理了全面预算管理委员会与董事会、总裁办公会的关系。全面预算管理涉及企业的生产、经营、管理活动以及相关的资源配置，相关决策事项由法定决策机构作出比较合适，全面预算管理委员会作为董事会的决策支持机构，如此安排比较好地处理了"议"与"决"的关系。

三是实事求是地定位全面预算管理办公室和财务部。红塔集团的全面预算管理办公室，由财务部以及预算责任单位相关人员组成，承担组织、协调、服务职能，服务到位，但预算编制、执行、控制、分析不越位。红塔集团的全面预算管理在实践中不断深化，与实事求是地定位财务部门的角色有很大的关系，全面预算管理从一开始就绝不是财务部门的"独角戏"。

四是以战略为起点，从作业活动、具体工作出发，高度重视预算编制，体现预算管理与业务管理、工作管理的紧密结合，从而培养了预算责任意识，提高了预算责任主体的自我管理能力。

五是恰当使用零基预算方法，合理控制预算编制成本。对于经常发生、历史数据参考价值比较高的预算项目，主要采用参考历史的做法，不使用零基预算；而对于不经常发生，或者经常发生但历史数据参考价值不高的预算项目则主要采用零基预算；对于工程项目等不经常发生、项目周期比较长的项目，则采用零基预算与滚动预算相结合的编制方法。

六是努力解决预算编制的"松弛"问题。"预算松弛"是全面预算管理理论和实务的全球性问题，"预算松弛"的倾向与"信息不对称"紧密关联，可能与"预算不利差异对考核不利"、"未纳入预算范围的项目不予支出"的顾虑有关，还可能与"今年预算多，明年预算才可能更多"的冲动有关。红塔集团不因为预算管理存在这样的问题和毛病而否定全面预算，而是着重加深对预算管理本质的认识，把重点从财务资源分配转向企业经营管理活动的计划；在预算审核中注重发挥决策支持机构的作用，降低信息不对称的影响，预算审核可以参考历史数据，但"这些事要不要做"、"打算花多少钱"的最终判定标准并不是"去年做没做"、"去年花了多少钱"，而是以能否支持企业战略目标为基本标准；慎重建立预算考核机制，不简单实行"节约有奖"，预算执行差异与奖励没有直接关系。

七是引入标准成本，突出对各生产点费用定额和消耗定额的预算编制、执行、分析与考核，不求一步达到理想目标值，而是每年进步一点，几年进步一些。

八是结合预算管理，简化预算内业务与资金审批程序，降低管理成本，优化业务流程，按照"分权有序、授权有章、集权有道、用权有度"的原则建立合理的分级授权体系。

九是注重引导预算责任主体的行为，不以降低工作质量为代价，不鼓励以"没做事、少做事或事没做好"为代价，片面追求预算的有利差异，而是重在鼓励形成良好的行为习惯。

十是充分利用ERP信息系统，实现了"规则面前人人平等"，实现了预算的实时控制和"硬控制"，实现了预算管理与会计核算的衔接，避免了预算编制与预算执行的"两张皮"。

"全面预算管理在卷烟工业企业的应用"课题组以红塔集团的实践为基础，结合兄弟企业的实践经验，在中国烟草总公司财务管理与监督司的领导下，完成了课题研究。课题的研究成果回答了全面预算管理的普遍疑问。无论在理论上，还是实务中，对于预算管理的争议，自其应用于企业管理开始就不曾间断过。时至今日，仍然存在"预算管理究竟有没有用"，"预算管理是不是困住了企业的手脚"，"繁琐的预算管理程序，对企业来说，是不是得不偿失"等疑问。总体上，课题对这些问题有了基本的回答。一种管理工具、管理方法究竟"有没有用"、"好不好用"，不在于管理方法和管理工具本身，而在于我们如何使用它。

全面预算管理是知行合一的事，我相信，为者常成，行者常至。云南中烟、红塔集团将继续深化应用研究，强化成果应用，务实创新，扎实推进全面预算管理上水平，保障品牌发展上水平！

课题研究工作的圆满完成以及本书的顺利出版，得益于中国烟草总公司、云南中烟工业有限责任公司等单位的大力支持和帮助，特别要感谢万里明、韩敬文、郭勤、陈哲平、郭建军、郝颖、谢力等同志的热情指导，在此向他们表示衷心感谢！

红塔集团总裁
李穗明

前　言

本书系"全面预算管理在卷烟工业企业的应用"课题的研究成果之一。

一、课题背景、研究内容及成果

近年来，烟草行业更加重视全面预算管理，行业年度工作报告多次指出全面预算管理是加强基础管理的重要抓手。对于卷烟工业企业来说，完善全面预算管理体系既是行业要求，也是自身发展的需要。经过工商分设、省内联合重组及公司制改造等改革举措，卷烟工业企业在经营管理模式、组织机构等重要方面均发生了很大的变化，如何使全面预算管理更好地适应这些变化，并充分落实"品牌发展上水平"的战略目标，是所有卷烟工业企业都面临的紧迫课题。

由中国烟草总公司财务管理与监督司、云南中烟工业有限责任公司和红塔集团共同承担的"全面预算管理在卷烟工业企业的应用"课题，立足于烟草行业和卷烟工业企业实际，从全面预算管理与品牌战略、四中心建设等之间的关系入手，研究了预算组织、预算定额标准、预算编制、预算审核与批准、预算执行与控制、预算分析与评价、预算制度体系建设、预算信息化应用、预算文化、预算推动及持续优化等内容。课题组对卷烟工业企业的全面预算管理进行了深入调查研究，完成了"全面预算管理在卷烟工业企业的应用——认识与实践"、"卷烟工业企业全面预算管理制度示范"（一项基本制度及十七项实施细则）、"卷烟工业企业全面预算管理应用指引"（十七项）、"卷烟工业企业全面预算管理培训教材"以及"卷烟工业企业全面预算管理表格示例"等成果。这些工作成果主要以红塔集团多年的全面预算管理实践为基础，广泛研究和借鉴了其他卷烟工业企业的预算管理经验和做法，以期为卷烟工业企业完善全面预算管理体系、提升预算管理水平提供可参考的思路和方法，降低企业实施全面预算管理的探索和研究成本。

二、本书内容概要

本书是在课题成果之一——"全面预算管理在卷烟工业企业的应用——认识与实践"的基础上补充完善而成。本书全面概括了现阶段卷烟工业企业对全面预算管理的认识和实践，通过全面梳理和总结调研情况，提出课题组的看法和建议。

（一）几个关系的认识问题

本书第一章重点探讨了全面预算管理与品牌战略、四中心建设、业务管理、内部控制、会计核算、对标管理等之间的关系。

1.全面预算管理是企业落实品牌战略的工具。本书提出企业可从品牌战略、关键作业、工作职责以及资源配置四个方面建立以品牌战略为导向的预算管理模式。

2.卷烟工业企业可以借助预算管理完善四中心非法人实体建设的机制。本书分析了四中心的预算管理责任，并进一步探讨了如何将预算管理与业绩评价相结合，以及如何通过落实预算管理责任以促进四中心形成经营责任意识。

3.企业的业务部门认识到预算管理对业务管理的益处，是促使业务部门参与预算管理的关键。本书建议企业可从预算目标、预算编制、预算执行、预算语言等方面体现预算管理服务业务管理的思路。

4.从内部控制角度看，全面预算管理是企业内部控制的重要措施，也是做实内部控制的有效方法。

5.预算管理是以满足企业内部管理需求为出发点，会计核算是以符合外部强制规范和一般会计原则为前提。本书提出，"预算管理不是提前的会计核算"，会计核算信息也不完全等同于预算执行信息，同时，也要关注会计核算方法对决策信息的影响。

6.全面预算管理与对标管理都是管理手段，可以相互结合、相互借鉴。本书探讨了全面预算管理与对标管理适当结合的思路。

（二）预算组织

本书第二章重点探讨了预算组织机构设置和职责划分。卷烟工业企业预算组织设置既要符合我国《公司法》关于公司治理结构的规定，也要考虑行业管理体制的特点。全面预算管理委员会及预算管理办公室是普遍设置的预算管理机构，恰当的定位以及合适的工作机制是其履行预算管理职责的重要前提。

归口管理是企业普遍采用的预算管理模式，归口管理部门的重要职责是对归口业务及其资源配置的统筹规划。企业如何看待财务部门在预算管理中的作用，会对企业预算管理效果以及财务部门的工作产生重要影响。

现阶段一些企业内部预算责任主体在"上下"、"左右"之间的职责划分以及流程衔接方面还存在着尚待理清的地方，有些问题的根源并非预算管理范畴。企业需关注对预算管理有重要影响的基础管理工作。

（三）预算管理模式

本书第三章重点探讨了卷烟工业企业的研发业务、销售业务、采购业务、生产业务、投资、筹融资以及财务等预算管理模式。根据不同预算项目的特点，其预算管理模式有所差异。

项目管理与预算管理相结合是科技研发项目预算普遍采用的管理模式，科研经费预算需平衡基础研究和应用研究之间的资源投入。企业需建立产品配方成本、产品定价的管理机制，关注并建立有效的决策信息支持系统。

区域市场管理是营销资源配置的重要特点，销区预算管理主要包括企业销售目标分解以及宣传促销费用投入等方面，企业可建立适当的销区投入产出评价机制。

物资（含烟叶）采购与库存预算是典型的统一管理与分级管理模式，采购与库存预算的关键是采购部门与物资需求部门之间的信息沟通衔接，企业需落实物资在库的管理责任。

生产成本管理责任并非只在卷烟厂，技术中心、生产制造中心和采购中心也需承担相应的管理责任。标准成本可以作为生产成本预算的管理标准，但需及时修订。维修费用预算和能源耗用预算是生产环节预算的重要内容，企业可建立符合各自特点的预算管理模式。

除以上预算内容外，本书第三章还探讨了品牌合作生产、物流业务、国际业务、人力成本、企业内部投资、对外投资、筹融资等预算管理模式。

（四）预算定额标准

正确认识和理解预算定额标准是开展相关工作的重要前提。现阶段已经建立起成熟的预算定额标准体系的企业相对较少，实际工作中的难点主要涉及：谁来制定定额标准、如何推动定额管理工作，以及制定定额标准采用的技术方法等。本书第四章对这些难点问题进行了探讨，并进一步讨论了固定资产配置标准、原辅料消耗定额、维修费用定额、能源消耗定额、宣传及促销费等预算定额思路。

（五）预算编制

实践中，人们普遍认为预算编制要"准确"，但本书认为，预算编制重在"真实"。本书第五章探讨了预算编制开始时点、预算编制起点、预算项目的设计思路、预算编制主体以及预算编制程序等问题。

本书认为，不应仅将零基预算、弹性预算、滚动预算以及作业预算等作为预算编制方法，更要关注它们的管理意义。零基预算主张"从零开始"考虑工作是否必要以及资源配置是否合理。弹性预算可以协助企业考虑不同业务量水平下的资源获取和使用状况，以便作出相关决策。滚动预算可以促使企业密切关注市场等因素变化，并适时调整资源配置。作业预算倡导预算管理从作业开始，考虑业务流程优化、作业效率以及投入产出效益等。

本书分析了实际工作中，企业编制具体预算项目需关注的问题。其中，针对财务预算，分析了现阶段企业较少或几乎不编制资产负债预算的原因，并指出财务预算方法并不等同于会计核算方法。

（六）预算审核与批准

"分粮票"不是预算审核与批准的意义，预算审核重在沟通，降低部门间的信息不对称。由于"预算松弛"加之"信息不对称"，预算审核机构有时不得不"一刀切"，或者出现"老实人吃亏"、"鞭打快牛"等情况。本书指出，解决这些问题需要制定并完善预算审核依据，按重要性排序或许是可借鉴的思路之一。

（七）预算执行与控制

实际工作中，企业在预算执行中更多地关注资金支出及成本费用情况，但从业务源头看，预算执行即业务执行。本书第七章重点探讨预算分解、预算控制模式、预算调整、应急机制以及预算预警机制等内容。

"预算刚性"在实践中存在广泛的误会，本书认为要辩证理解"预算刚性"，它既不是片面的"刚性"，也不是极端的"灵活性"。本书分析了企业在预算执行中常见的"得不偿失"、"压单"、"提前执行"、"东挪西用"以及"突击花钱"等情形。这些情形产生的主要原因是预算管理缺乏柔性。本书注意到，片面强调"预算执行率"考核不时加重了上述情形。

（八）预算分析与评价

本书第八章探讨了预算分析如何更好地服务于经营管理，探讨了预算分析与经济业务分析相结合的思路，进而提出预算分析报告框架的要点。

本书指出，"不搞考核、奖惩，预算没有必要"是普遍的误会，要谨慎使用"预算执行率"作为考核指标。

本书提出企业宜根据不同时期的预算管理工作重点，确定预算评估或考核内容。在预算实施初期，不宜进行预算考核，可重点评估全面预算管理体系完善状况。本书进一步分析了"老实人被收拾"、"实际值接近理论值"、"节约有奖"等情况。

（九）制度建设与信息化应用

本书第九章概括了烟草行业全面预算管理制度建设情况，并结合卷烟工业企业实际情况，提出了制度建设的三种思路。三种思路均以"基本制度+实施细则"作为制度结构，但实施细则有所差异——分别按照预算管理环节、业务流程、组织机构等思路制定。三种思路各有利弊，企业可根据本单位管理需求和预算管理实际情况，确定制度建设思路。

根据对卷烟工业企业预算信息化应用现状的调研以及调查对象对预算信息化应用的建议，本书提出，预算信息化应用需要把握好三个方面：一是梳理流程和职责；二是结合管理需求明确信息化解决方案；三是实现各信息系统之间的数据共享。

（十）预算推动和预算文化

本书第十章分析了企业实施预算管理"由粗到细"及"由细到粗"的演变过程，以及实施过程中产生"预算疲劳"的原因，提出：企业可着重从梳理业务流程和管理职责、建立定额标准体系、制度建设、信息化建设以及培训等方面推动预算管理工作；从提炼预算文化、提升工作管理水平以及提升基础管理水平等方面持续优化预算管理。

"虚"的预算文化可以落实到实际工作中。本书提出预算文化包括预算价值观、预算意识以及预算规则三个方面。预算价值观包括战略导向、预算真实以及预算合作；预算意识包括预算动因和预算主动性；预算规则主要体现在制度规范和行为导向两个方面。企业可以根据预算管理的实施阶段，推动预算文化建设，并结合企业文化建设，从工作价值观、工作关系价值观、客户关系价值观、企业利益价值观等方面促进预算管理。

任何管理工具、管理方法最终都要努力实现其管理价值，全面预算管理也不例外。预算管理并非复杂的、高深莫测的精密工具，其"行"之不易可能与"知"有关，抑或与"知"的不完备相关。实际上，"行"之前，"知"总是不完备的。随着烟草行业全面预算管理工作的不断推进，绝大多数卷烟工业企业对预算管理工作的认识也逐步深入，认识的深入又将进一步有力地促进管理水平的提升。

三、致谢

感谢中国烟草总公司、云南中烟工业有限责任公司对课题的大力支持。感谢所有参与课题调研的卷烟工业企业和相关人员，他们为课题研究提供了丰富的实践素材和许多有益的建议。此外，本课题的完成，离不开厦门所罗门祥星管理咨询有限公司等有关各方的支持和配合，这里一并谨致谢意！

红塔集团财务总监

张　萌

目　录

第一章
几个关系的认识问题

全面预算管理[①]是企业管理系统的一部分，如何定位全面预算管理，并恰当处理它与其他管理活动之间的关系，是全面预算管理发挥合适职能的重要前提。本章重点从几个关系入手，探讨全面预算管理对卷烟工业企业品牌战略、四中心建设、业务管理以及内部控制的作用，理清预算管理与会计核算、对标管理等之间的关系。

一、全面预算管理与品牌战略

探讨全面预算管理与品牌战略之间的关系，首先要明确的前提是全面预算管理定位。我们认为，全面预算管理是联结战略与执行的管理工具，而非单纯的"成本费用控制"。只有明确了该定位，讨论预算管理与品牌战略之间的关系才有意义。

卷烟工业企业的核心竞争力是品牌。从品牌战略出发，企业可通过多种管理工具将品牌战略落实到具体的经营管理活动中，全面预算管理是企

---

① 除特别说明外，本书中相关简称的含义如下：（1）"预算"、"预算管理"：指全面预算管理。（2）"行业"：指烟草行业。（3）"企业"、"公司"：指卷烟工业企业。（4）"各中心"、"四中心"：指卷烟工业企业的技术中心、市场营销中心、物资采购中心、生产制造中心。除特别说明外，生产制造中心不包括卷烟厂。（5）"单位、部门"：指卷烟工业企业所属单位和部门。（6）"我们"：指"全面预算管理在卷烟工业企业的应用"课题组。（7）"受访者"：指课题调研过程中的受访对象。（8）"调查对象"：指课题调研过程中的问卷调查对象。

业可以借助的管理工具之一。企业可以借助预算管理落实品牌战略，反过来，品牌战略也会对企业预算管理模式产生重要影响。

（一）预算管理落实品牌战略

实践中，全面预算管理工作的成效很大程度上取决于企业以及员工对预算管理的定位和作用的认识。例如，某企业召开了导入全面预算管理的动员大会，会后便有人私下里表达了看法，"平时工作那么忙，又搞七搞八的折腾。预算不就编编几个数字填填几张表嘛！这不是财务部的事吗？和我又有什么关系？"这是导入预算管理初期的常见认识。我们认为，要从根本上解决问题，首先要理清全面预算管理究竟在企业中发挥什么作用。

据调研显示，绝大多数调查对象认为全面预算管理的首要任务是支持企业战略、优化业务流程和资源配置，提升企业核心竞争力。具体而言，对于落实品牌战略的预算管理重点，调查对象的看法则有所差异，这与各企业的品牌战略差异相关，也可能受到调查对象自身对预算管理认识的影响。对于在落实"卷烟上水平"的总体要求和战略目标中，调查对象认为全面预算管理的主要作用包括：

1.核心业务的资源配置

全面预算管理要以品牌发展为中心，以有利于品牌发展为目标，科学预测和组织原料保障，规划技术创新目标，并通过分析、对比、预测，合理定位营销市场，将有效资源分配给市场，促进市场营销。[①]

2.完善管理机制，建立有效的工作责任制

明确各预算主体在达成经营目标过程中应承担的预算编制、执行控制、分析评价等工作责任，明确各责任中心的预算工作规范、管控重点，把预算工作做实，为品牌发展、原料保障、技术创新、市场营销等工作提供有力保障。

3.控制经营风险和财务风险

帮助企业改善经营管理，促进企业计划工作的开展与完善，有利于防范企业的经营风险与财务风险，通过实施预算管理，保持企业经营环境、

---

① 在不影响理解的情况下，本书尽量保持调查对象或受访者的原话，一般表现为正文引号内的相关内容，以便更好地向阅读者展示其真实想法。对于个别可能引起歧义或模糊的地方，以括号内文字标注说明。

资源和发展目标的动态平衡，识别、预测、评估和控制经营风险。

4.增进单位和部门之间的沟通

通过增进部门与部门之间的相互交流与沟通，增进相互之间的了解，加深部门及员工对公司战略的理解，有效降低公司的营运成本。

5.成本费用管理

要想实现卷烟上水平的总体要求，全面预算管理要以成本费用控制为重点，形成统一的预算编制、审核、控制、考核体系，全面建立预算定额标准，提高预算执行率，促进财务管理水平全面提升。

全面预算管理作为一项管理机制，企业管理需求决定了预算管理所发挥的作用。尽管从调研信息看，调查对象基本认同预算管理对品牌战略的支持作用，但在实际工作中，预算管理似乎更多地仅停留在成本费用控制层面，无论是预算管理的"计划"功能，还是"控制"、"评价"功能，预算管理的对象多为"成本费用"，而真正能够将预算管理延伸至工作活动层面的，相对较少。

总之，预算管理工作绝不仅仅是"填几张表格"而已。我们认为，企业宜从预算组织开始，到预算编制、审核、执行与控制，再到分析与评价，全面考虑预算管理如何体现品牌战略，落实战略执行力。企业在预算管理中宜注重把握经济活动的实质，只有把握住经济活动的实质，才能促使预算管理不局限于"编几个数字"，而是真正与品牌战略联系起来，落实下去。

（二）以品牌战略为导向的预算管理模式

既然预算管理的首要任务是协助企业实现品牌战略，那么如何充分发挥全面预算管理的功能，建立以品牌为导向的责任传导机制呢？我们建议，可以关注以下几点：

1.品牌战略

清晰的品牌战略是预算管理中的价值判断标准。品牌战略需明确品牌战略目标及发展规划，明确品牌结构和品牌定位，明确各品牌在提升品牌价值、扩大品牌规模等方面的发展目标。

我们注意到，尽管多数企业认为自己单位有清晰的品牌战略，但在战略传达方面还比较欠缺，品牌战略要么停留在管理者的头脑中，要么停留在书面文件中，企业内一些部门和员工对自己单位的品牌战略并不是很清楚，或者对品牌战略的认识仅停留在一些简单的口号上，并不清楚自己的工作与品牌战略有何联系。因此，企业不仅要制定清晰的品牌战略，而且要建立自上而下的传导机制，确保品牌战略得以贯彻落实。

2.关键作业

所谓"关键作业"，是指那些对企业实现品牌战略目标至关重要的工作。识别哪些作业是关键作业，是为了明确资源配置的重点。虽然全面预算管理强调"全面"，但在"全面"中宜不失重点，因为企业的任何一项管理活动都需要付出管理成本，所以企业要在管理效益与管理成本之间寻求满意解，既要实现管理目标，又不能牺牲管理效率。

在调研中，我们发现，有些企业并没有明确的预算管理重点，对预算内容"胡子眉毛一把抓"。这种做法一方面使参与单位和部门"很疲惫"，另一方面使一些应重点管理的工作反而没有管理到位。

我们认为，对关键作业的管理主要包括三个方面：一是识别哪些作业是关键作业；二是建立并优化作业流程；三是明确作业内容及资源配置要求。相应地，在预算管理中，对于关键作业也要关注三个方面：一是预算管理的重点是哪些关键作业；二是具有资源需求的作业环节包括哪些；三是各个环节的具体资源需求与作业量的匹配。

3.工作职责

明确关键作业的工作职责是落实预算管理责任的基本前提。预算管理责任不是凭空产生的，而是充分依据各责任主体的工作职责确定的。企业宜将品牌发展的关键作业全面落实到各责任主体，以保障重要品牌责任无遗漏。

据调研，大部分调查对象认为应当承担品牌责任的单位和部门主要包括：营销部门、技术部门、战略和计划部门等。此外，有部分调查对象将财务部门也列入品牌责任承担部门，这些调查对象认为财务部门应当承担"提供品牌成本信息"的责任。从调研情况看，大部分企业并未明确品牌责任的内涵以及相关责任主体的范围，实际工作中尚存在一些有待进一步明确的工作职责。

4.资源配置

企业可以依据战略相关性确定资源配置规则，建立资源投入产出的评价机制。资源配置规则包括企业对于各类作业的资源配置的倾向性态度以及配置标准。

我们认为，"倾向性态度"就是企业对各类资源需求的重要性排序，如哪些资源需求优先安排，哪些次之，哪些可暂缓考虑等。各企业对各类资源需求的态度差异受本单位品牌战略的影响，也与企业决策层对各项业务的定位判断有关。例如，多数卷烟工业企业对营销资源配置具有比较明显的倾向性态度。再如，某中烟"把预算项目分为政策性项目、战略性项目和一般性项目，……资源配置的顺序是优先配置战略性项目，其次配置政策性项目，最后配置一般性项目"。

"配置标准"可能是明确标准，也可能是非明确标准。卷烟工业企业的维修费定额标准便可以是"明确标准"，无论是以"产量"作为定额标准，还是以"固定资产原值"或二者的结合作为定额标准，其标准都是明确的、易于理解的。"非明确标准"是那些没有明确表现形式的标准，这些标准或者难以确定依据，或者难以量化，或者变动较为频繁，或者无法确定其表现形式。例如，技术改造项目的投资标准，企业通常按项目进行管理，由于项目的个性化特点，企业很难确定每个项目具体按照什么样的标准确定投资额，其投资标准更多要依赖于管理机构或管理者的专业判断。从实际工作来看，尽管没有明确的表现形式，但这些标准却在企业管理中发挥着重要作用。由于"非明确标准"主要依赖于相关机构和人员的专业判断，因此可能造成不同机构和人员对"非明确标准"的认识存在差异，这又依赖于预算管理的沟通机制——我们认为，在沟通中取得共识也是预算管理的重要意义之一。

二、全面预算管理与四中心建设

"完善四大中心体制机制，做实四大中心"既是行业要求，也是企业建立经营管理模式的关键。"把四中心抓住了，就是把主营业务抓住了；把四中心的预算抓住了，就是把整个企业预算管理的基础抓住了。"这里要说明的是，近年来，烟草行业提出卷烟工业企业的物流中心建设，但本部分内容不包括物流中心。如果物流中心实行非法人相对独立运作机制，则也可参考本部分内容。此外，本部分的讨论内容涵盖了卷烟厂。

（一）全面预算管理在四中心非法人实体建设中的作用

从调研情况来看，各企业四中心非法人实体建设的情况有所差异。部分企业四中心建设较为成熟，非法人相对独立运作机制相对完善。例如，红塔集团按照"分权有序、授权有章、集权有道、用权有度"的原则，建立了四中心非法人相对独立运作机制，明确集团与各中心之间的责权划分，集团集中行使重大决策权、财务控制权、高层人事权以及考核监督权等，授予四大中心行使经营管理权、内部组织机构设置权、人力资源及薪酬管理权、财务管理权以及干部管理权等。我们认为，这种管理模式适应了"大市场、大品牌、大企业"的发展方向。

我们注意到，大多数企业的生产制造中心（不包括卷烟厂，除特别说明外，下同）尚未实行非法人相对独立运作机制——这恐怕是四中心建设过程中的难点问题，可能还需要企业在实践中创新。个别企业的营销中心尚未实行非法人相对独立运作模式，仍以厂为单位进行管理。个别企业截至本课题调研时，四大中心均未实施非法人实体建设。这或许说明，各企业都有因地制宜的考虑。

从发展方向看，四中心要由管理型转变为经营型，就需要具有相对独立的人权、财权、事权，能够相对独立地调配、优化内部资源，这样才能提高管理效率，提高资源使用效率与效果，落实责任，提高四中心的专业化经营水平。企业借助预算管理，一方面，可以结合授权经营，实现四中心非法人实体相对独立运作的模式。例如，部分调查对象认为，"通过预算管理设立四中心非法人实体的量化经营目标"，"衡量企业及四中心的经营绩效"，"在授权范围内，按预算项目总额控制，非法人实体自主分配资源"。另一方面，企业通过与各中心之间建立预算关系，可加强对四大中心的管理控制，完善企业和四大中心的内部控制。例如，有调查对象认为，"通过预算控制，使业务规划更加系统、更富效率"。

（二）四中心的预算管理机制

四中心的预算管理机制包括两个方面：公司与各中心之间的预算管理

关系；各中心的预算管理责任。这两方面均与企业对四中心的定位以及管理模式紧密相关。

1.公司与各中心的预算管理关系

公司与各中心的预算管理关系体现了公司对各中心的预算管理模式。据调研，根据四中心非法人实体建设情况，各企业对四中心的管理模式也有所差异。例如，有的企业在非法人实体管理模式下，对中心实行预算总额管理，中心内部以自我管理为主；有的企业的某些中心，则在预算管理方面只承担和一般管理部门类似的职责。

部分调查对象认为，"公司是预算管理主体，履行预算指导职能，各中心与卷烟厂是预算执行主体"。我们认为，在非法人实体运作模式下，中心不仅是预算执行主体，而且是预算管理主体；中心不是单纯的成本费用控制中心，而是要在权限范围内承担经营管理责任，考虑中心的"经营业绩"。有调查对象认为，"应创新预算管理模式，切实控制四中心的投资冲动，建立资产经营评价指标体系"。关于将四中心和卷烟厂的预算管理与业绩评价相结合，少数企业作出了有益的探索。

为了处理好公司与中心之间的预算管理关系，企业应明确各中心的各项预算管理权责，并明确公司与各中心之间的审批和报告关系。公司对各中心的定位和管理模式不同，各中心的预算管理模式也不尽相同。例如，现阶段大部分企业对生产制造中心的管理模式就与其他三个中心的管理模式有所差异。

绝大多数调查对象认为，本单位的四中心与公司本部之间的流程衔接顺畅；少数调查对象反映，本单位"四中心与公司本部及公司本部各职能部门的衔接有待提高"，主要由于"业务职责不清晰，交叉管理问题突出，管理职能模糊，流程繁琐，效率不高"。

2.四中心的预算管理责任

企业可以依据经营管理责任及公司对各中心的管理模式，确定各中心的预算管理责任，各中心在其权限范围内承担预算管理责任。

（1）技术中心。技术中心的管理重点在于科学合理地制定企业的科技发展规划，制订或改进产品配方方案，从技术支持角度保障企业品牌发展目标的实现。技术中心预算管理需体现科研资源在品牌之间、科研项目之间的配置机制。我们建议，企业可根据技术中心在产品开发与维护、技术创新等方面的经济责任，重点落实科研项目、产品开发与试制以及产品配方等预算管理。

（2）市场营销中心。市场营销中心的管理重点在于科学合理地规划与组织营销活动，实现企业销售目标，有效控制投入产出。营销中心预算管理需体现营销资源在品牌之间、销区之间的配置机制。我们建议，企业可根据市场营销中心在产品销售、品牌培育、市场开拓等方面的经济责任，重点落实销售品牌与数量、销售收入、营销费用等的预算管理。

例如，某企业主要从两个维度考虑销区资源配置：一是目标销量大小；二是目标销量同比增加量。在预算执行中，各销区根据工作计划及其预算，结合市场变化情况，在年度销售目标确定的前提下，按季度滚动制订营销方案，并报品牌管理部门评审；品牌管理部门对方案可行性、费用合理性、活动规范性进行评审，并将评审意见及时反馈给各销区；各销区按照品牌管理部门的评审意见对营销方案进行修订，并按营销方案的开展要求，选择合适的合作方开展营销活动。

3.生产制造中心及卷烟厂

生产制造中心及卷烟厂的管理重点在于科学合理地组织生产，保证产量、质量，合理降低消耗，管控生产成本。生产制造中心及卷烟厂的预算管理需要体现生产资源在品牌之间、卷烟厂之间的配置机制。我们建议，企业可根据生产制造中心及卷烟厂在卷烟生产、半成品生产以及品牌合作生产管理等方面的经济责任，重点落实卷烟生产品牌与数量、生产成本、自制半成品等的预算管理。卷烟厂还要落实原料耗用、辅料耗用、能源消耗、人工成本等的预算。

4.采购中心

采购中心的管理重点在于科学合理地规划物资采购量与批次，提供原料及各类物资保障，降低采购成本费用，减少存货占用资金成本。采购中心的预算管理需要体现采购资源在烟叶、烟用物资、备品备件等各类采购物资之间的配置机制。我们建议，企业可根据采购中心在烟叶、烟用物资、机配物资的采购、储存、调配以及供应等方面的经济责任，重点落实烟叶、主要材料以及备品备件的采购与库存等的预算管理。

此外，各中心的预算管理也需考虑中心对内设部门、机构间的资源配置机制。受各部门工作特点的影响，其资源配置机制可能有所差异。例如，对于营销中心的销售业务部门与综合管理部门来说，即便是对同一项资源（如差旅费）的使用需求，也可能要采取不同的管理方式。

（三）预算管理与业绩评价相结合

据了解，目前少数企业开始探索四中心和卷烟厂的预算管理与业绩评价相结合的模式。

例如，某中烟采用"模拟利润中心"的管理模式将预算管理与业绩评价相结合。以下内容摘自该中烟反馈的调查报告："按照总公司加强'四个中心'建设的要求，中烟自 2007 年实施了'四个中心'相对独立运行，为进一步明确预算管理责任，强化'四个中心'资产经营和管理意识，提高重建运行机制后的工作效率，激发活力，我们积极探索'模拟利润中心'管理模式，率先在条件相对成熟的生产制造中心推行。我们以生产计划产量和标准价格为基础模拟各卷烟厂的销售收入，以定额消耗与实际消耗产生的差异模拟各卷烟厂的销售成本，以年度内批复的各项预算管理指标为基础，模拟各卷烟厂的成本费用目标，建立了'模拟利润中心'运行核算考核体系，设计 30 多张内部管理报表，包括模拟利润表、资源配置表等，并通过报表开发实现了 ERP 系统自动出具，基本构建了以预算管理为统领、以'模拟利润中心'运行管理为手段的绩效考核机制，使各单位承担与公司总体经营目标保持高度一致的资产管理责任及经营管理责任，为进一步深化预算管理，提高企业运行管理效率，激发生产经营活力奠定了基础。"

我们认为，该中烟"模拟利润中心"的思路为卷烟工业企业探索预算管理与业绩评价相结合提供了可借鉴的思路。

此外，我们认为，可借鉴"超越预算"的思路（关于"超越预算"见附录 1 的相关内容），让企业对已经实施非法人相对独立运作机制的中心和卷烟厂，探索实行以绩效目标考核为主的管理模式，而不实行"预算考核"，但中心和卷烟厂需要利用预算管理来落实并达成绩效目标，即将预算考核融入绩效考核中。在此种管理模式下，预算管理由"不得不完成的工作"转变为中心和卷烟厂"自我管理"的工具。同时，企业需要对中心和卷烟厂进行相对充分的授权。

三、全面预算管理与业务管理

据调研，绝大多数调查对象赞同"全面预算管理要紧密结合业务管理"。在实际工作中，我们注意到，通常全面预算管理水平较高的企业，其业务管理基础也比较扎实；而业务管理基础比较薄弱的企业，其预算管理水平也相对弱一些。需要说明的是，本部分所说的"业务管理"，不仅限于技术、营销、采购、生产等业务，而是泛指卷烟工业企业的所有工作。为便于理解，这里按照实务工作中的习惯说法，称其为"业务管理"。

全面预算管理作为协助企业实现战略目标的管理工具，其重要任务是将企业战略分解到各个业务环节。各环节的预算管理水平有赖于其业务管理水平。二者的密切关系体现在预算管理的各个环节。

（一）预算目标与业务目标

预算管理服务于业务管理，从这个意义上说，预算目标即是业务目标在预算管理中的反映。从调研情况看，很多调查对象在预算目标中均提及了税利目标。税利目标是卷烟工业企业预算目标的重要内容之一，但预算目标的内涵不仅仅是税利目标，其内容更为广泛。

从全面预算管理内容上看，预算目标包括业务预算目标、资本预算目标及财务预算目标。其中，部分预算目标可直接来源于业务目标，例如，卷烟生产量预算目标；有些预算目标则需要根据业务目标派生出来，例如，卷烟生产成本预算目标。企业在制定预算目标之前，必须有清晰的业务目标。从调研情况看，有些企业受成本费用观的影响，在制定预算目标时会先设定"成本费用控制目标"，有时甚至忽视业务量对相关成本费用的影响。

从预算管理层级上看，预算目标可分为预算总目标以及分项预算目标，企业针对不同层级的预算目标，可以采取不同的管理方法。预算总额目标由公司决策层决定，分项预算目标则根据预算总目标及具体业务目标确定，分项预算目标可根据企业责权划分，由有权机构确定。

值得说明的是，预算目标不仅取决于企业的业务目标，而且受上级主管单位政策导向的影响。例如，由于行业管理需要，对业务招待费用、会议费用、公务车辆运行费用以及出国经费进行严格控制，故此设置相关费用预算目标也需要考虑上级主管单位在预算年度的管控政策导向。

（二）预算编制与业务计划

有观点认为，"预算编制就是用数字编制未来某一时期的业务计划"，从二者的关系上看，预算编制的基础和依据是业务计划，没有业务计划，预算编制也就无从下手，因为预算管理的重要功能是进行资源配置，没有具体业务安排，如何进行资源配置？虽然道理显而易见，但在实际工作中，不制订业务计划就直接编制预算的情况并不少见。一方面，由于一些单位的预算管理尚以"财务预算"为主，人们往往把关注的焦点放在"成本费用"的高低上，而忽视"成本费用"赖以产生的业务基础；另一方面，编制预算时，人们常常会依赖于过去的数据，根据历史数据编制预算的工作成本比较小，也相对较为容易，在预算审核环节，审核机构也常常会依据历史数据进行预算审核，这也是为什么"业务计划"常常会遭到忽视的原因之一。

此外，实际工作中还存在预算管理与计划管理两条线的情况，也就是说，预算是预算，计划是计划。在现阶段，行业管理也存在这种情况。当两种管理手段都对同一业务进行管理时，尤其是在由不同管理机构分别承担管理职责的情况下，就可能产生管理政策不一致的情况。如何将预算管理与计划管理相结合，或者将二者纳入到一条管理轨道上，可能不仅是从企业层面需要解决的问题，而且也需要从行业管理层面来考虑。

本课题组在制定"卷烟工业企业全面预算管理制度体系示范"（本课题的工作成果之一）时，为了突出业务计划在全面预算管理中的重要作用，在各项实施细则中均明确了相关单位需要制订的、与预算管理紧密相关的业务计划，并指出相关业务计划所涉及的具体预算管理内容。

下例是实践中某企业技术部门与预算管理办公室关于烟叶预算编制的沟通讨论要点。

主题：烟叶相关预算的编制

时间：20××年6月23日上午

地点：××公司8楼财务部会议室

参加人员：

技术中心：陈××、郑××

预算办公室：王××、李××、张××

技术中心和预算办公室就烟叶相关预算的编制问题进行了讨论，双方意见如下：

1.技术中心认为，配方的特殊性决定了同一牌号卷烟可以使用跨年度、跨地区和跨等级的烟叶，不同牌号卷烟也可以使用同一等级烟叶，在年度生产计划未分解到月的情况下，无法为每种产品准确预测将使用哪些烟叶，因此填报原料配方表存在一定困难。

2.技术中心认为，预算的编制应当考虑编制成本问题，若要完成原料配方表的编制，需耗用技术中心配方人员大量的时间，同时估计成分过多将导致较大的预算误差。

3.技术中心建议财务部参照去年耗用烟叶的平均单价，同时考虑烟叶价格的上涨因素确定今年耗用烟叶的平均单价，按照年度计划的生产量计算烟叶成本，从总量上来控制烟叶成本。

4.技术中心认为，除非能获知未来三年的生产计划，否则无法科学准确地测算出需采购烟叶的数量和结构，可以仿效××卷烟厂模式，制订严格的生产计划。

5.预算办公室认为，通过预算的形式可以体现技术中心一年的工作计划；技术中心应当根据计划生产量和品牌结构估计所耗用烟叶的数量和结构，从而计算预算年度烟叶成本。

6.预算办公室认为，预算作为管理工具可以控制烟叶库存；预算信息同时可以支持企业领导层更好地制订未来年度的战略计划。

鉴于双方的意见分歧过大，且双方均认为烟叶相关预算问题重大，建议提交预算委员会，并组织专门会议予以讨论。

针对以上情况，可考虑如下建议：

1.技术中心先确定预计在预算年度内可供投料的烟叶总数量，并尽可能提供此部分烟叶可能与其价区相关的信息（比如：列明代码、等级、所属年度）以及数量。本步骤可结合烟叶库存普查工作进行，直接使用年初的普查工作成果。

2.技术中心进一步根据产销计划确定拟在预算年度内投料的烟叶总数量。本步骤的目的在于了解在总的生产成本中与烟叶投料相关的部分的概况。

3.技术中心为需要优先保证烟叶使用的牌号（重点牌号）编制烟叶投料计划，其原则是确保产品质量稳定，其目的是预先了解在重点牌号的生产成本中与烟叶投料相关的部分的概况。需要说明的是，预算执行过程中，在预算编制时预计的供重点牌号使用的烟叶也可根据实际情形的需要用于非重点牌号。除了供重点牌号使用以外的烟叶，可不编制投料计划，只确定总量即可。

4.财务部测算烟叶单价。其中：测算重点牌号所使用的烟叶的加权平均单价，其依据是年初相关烟叶的库存量和库存金额以及本年采购量和采购金额；测算非重点牌号所使用的烟叶的综合平均价格，其依据是除供重点牌号使用以外的烟叶的库存量和库存金额以及本年采购量和采购金额，在此基础上，根据拟在预算年度内投料烟叶总数量扣除供重点牌号使用的烟叶的数量计算非重点牌号配方成本，此成本为平均配方成本，即财务部测算的非重点牌号配方成本均是相同的，其意义在于，可用于判定技术中心提供的非重点牌号标准配方成本是否合理。

5.技术中心确定各牌号的配方成本。其中：重点牌号的标准配方成本需根据该牌号的烟叶投料计划和财务部提供的烟叶加权平均单价计算（依此计算的成本可同上年数比较）；技术中心为各非重点牌号分别制定标准配方成本，但依各非重点牌号标准配方成本计算的烟叶投料成本应当与已在预算年度内投料烟叶总数量扣除供重点牌号使用的烟叶的数量计算的烟叶投料成本一致。如有差异，应反复测算。

6.财务部根据技术中心提供的各牌号标准配方成本编制各牌号的生产成本预算。

7.技术中心和财务部之间尚需进一步沟通，以确定最终选用的方法既能达到预算管理目的，能为相关考核提供量化指标，又能将预算编制的成本控制在合理水平，并确定方法的细节。

从两部门之间的讨论焦点可以看出预算管理与业务管理紧密相关。此外，也可以看出该单位的预算管理职责还需进一步理清。

（三）预算执行与业务执行（包括控制、分析及评价）

有观点认为，"预算执行是预算执行，业务执行是业务执行，二者没有什么关系"，这其实是预算管理脱离业务管理的具体体现，很容易造成预算执行仅关注"要花多少钱"；也有些财务部门抱怨说，"我们只能管钱，管不了业务……"，这是由于执行过程中控制责任不清、责任落实不到位造成的管理本末倒置。

我们主张，预算管理要关注前端管理，即业务管理。从这个意义上说，预算执行就是业务执行。在预算执行过程中，主要涉及业务审批、资金审批以及业务实施。（关于预算执行如何与业务审批、资金审批相结合，本书在第七章预算执行与控制中专门讨论。）

在开展具体工作时，预算责任主体可从两个方面重点关注工作进展状况：一是业务流程是否优化。二是影响工作的关键性因素，特别是未预测到的因素，预算责任主体可以记录、分析有关因素及其影响程度，提高业务预测水平，以便进一步提高预算编制质量。

在分析与评价预算执行情况时，则需要深入业务层面来分析与评价相关工作的进展情况，而不仅限于"成本费用的高低"、"预算执行差异的正负"等方面。预算分析与评价要以企业战略目标、经营管理目标为标准，判断相关工作和预算执行是否与目标一致，而不是仅仅关注"预算执行率的正负差"，否则会出现"老实人被收拾"、"鞭打快牛"等不合理现象。（关于此点，本书将在第六章至第八章中探讨。）

（四）预算语言与业务语言

从调研情况看，在实际工作中，业务部门反映难以参与预算管理的重要原因之一是"很多财务术语看不懂"，因此，全面预算管理能否使用业务语言，是实现全员参与的重要影响因素。有调查对象认为，企业应当"使用业务管理部门熟知的业务语言来编制、调整、控制和考核预算"。

预算管理中体现业务特性的重要表现是预算项目，关于如何制定体现业务特点的预算项目，本书将在第五章预算编制中进行专门探讨。除预算项目外，预算管理制度也是体现业务语言的重要内容。预算管理制度的适用对象涉及企业各单位和部门，为了更好地提高制度的适用性和可理解性，预算管理制度可以按照预算管理服务于业务管理的思路，充分考虑业务特点，使用业务语言规范和指导业务部门参与预算管理工作。这是发动全员参与预算管理的重要途径之一。

四、全面预算管理与内部控制

2008年，财政部、证监会、审计署、银监会、保监会联合发布了《企业内部控制基本规范》（以下简称《内控基本规范》）。《内控基本规范》第二十八条规定："……控制措施一般包括：不相容职务分离控制、授权审批控制、会计系统控制、财产保护控制、预算控制、运营分析控制和绩效考评控制等。"由此可见，从内部控制角度看，预算管理是企业内部控制的措施之一，也是做实内部控制的有效方法。

最初，很多对内部控制的理解都停留在"会计控制"，即从会计角度进行的内部控制，这种定位显然是不合适的。或许将"会计控制"理解为对会计信息质量的控制更为合适些。现行《内控基本规范》已经突破了"会计控制"，将内部控制定位为企业管理系统。现阶段，国内多数大中型企业已着手建设内部控制体系，部分烟草企业也正在着手开展相关工作。

《内控基本规范》第三十三条从内部控制的角度对预算管理提出了相关要求，即"预算控制要求企业实施全面预算管理制度，明确各责任单位在预算管理中的职责权限，规范预算的编制、审定、下达和执行程序，强化预算约束"。我们认为，除明确预算管理在内部控制中的定位外，企业在进行内部控制体系建设时，需要考虑涉及预算管理的相关问题可能还包括：

1.预算管理如何与其他内部控制措施相结合

从《内控基本规范》可以看出，预算管理与其他内控措施存在交集，例如，预算管理与授权审批、预算管理与绩效考评、预算管理与运营分析等。企业在进行内部控制体系建设或者预算管理体系建设时，如果能够将其与各种内控措施相结合考虑，既可以降低管理成本，提高管理效率，又可以促进内控体系更合理化，避免各项措施"只扫门前雪"，造成管理手续繁琐和流程冗长。本书在预算执行、预算分析以及预算评价等章节探讨了预算管理与其他内部措施相结合的思路。

2.预算管理如何促进企业达到内部控制目标

《内控基本规范》提出了内部控制的五个目标：一是合法合规；二是资产安全；三是财务报告真实完整；四是提高经营效率和效果；五是促进实现发展战略。5个目标总体上着眼于防范经营管理风险，提高经营管理水平。企业在实施预算管理时，可以结合考虑以上5个目标。实际上，内部控制的5个目标与预算管理支持企业实现战略目标是一致的。

3.关注全面预算管理中的风险

《企业内部控制应用指引第15号——全面预算》（以下简称《内控应用指引第15号》）第三条规定："企业实行全面预算管理，至少应当关注下列风险：①不编制预算或预算不健全，可能导致企业经营缺乏约束或盲目经营。②预算目标不合理、编制不科学，可能导致企业资源浪费或发展战略难以实现。③预算缺乏刚性、执行不力、考核不严，可能导致预算管理流于形式。"除上述风险外，财政部在解读《内控应用指引第15号》的相关文件中，按预算管理环节分别提出了各环节可能存在的风险。企业在实施预算管理时，可充分关注相关风险，以保证预算管理质量。

五、全面预算管理与会计核算

关于如何认识和处理全面预算管理与会计核算之间的关系，行业在着手制定《烟草行业全面预算管理办法》之初就比较重视，为此，专门制定发布了《烟草行业全面预算管理应用指南——全面预算与会计核算》（以下简称《全面预算与会计核算指南》）。

（一）纠缠不清的预算管理与会计核算

我们认为，全面预算管理与会计核算可以完全没有关系，即企业可以按照两条平行线管理：预算是预算，核算是核算。预算管理服务于企业内部管理需求，不受外部约束（除需遵守行业和上级主管单位的规定外，从某种程度上看，这也属于行业内部管理）；会计核算是强制规范，受到我国会计法、会计准则等约束。

需要说明的是，本课题的调查问卷并未涉及与二者关系直接相关的调查题目，但部分调查对象填写的其他调查题目的相关内容，却在一定程度上可以反映出二者的关系。实践中，二者的关系在以下几方面还存在一些模糊：

1.将会计科目等同于预算项目

"……掌握预算编制的理论和方法，初步了解常用会计科目的归集口径。"（此条摘自某中烟营销部门的调查问卷。）

2.将核算口径等同于预算口径

"……各主体（预算）编制范围不统一，通过不断统一会计核算口径来解决。"（此条摘自某中烟的调查问卷。）

3.将核算要求等同于预算要求

"……要求做到预算科目和工作事项的有效映射，即先从某个事项出发，根据事项的成本费用驱动因素确定各项费用，再将这些费用按财务会计的要求按科目进行归集，完成从实现'工作计划'到'财务报表'的转换。"（此条摘自某中烟下属卷烟厂的调查问卷。）

4.将会计核算信息等同于预算执行信息

"从财务账上能及时反映业务预算的执行情况，为企业管理决策提供及时、有效的数据信息保障。"（此条摘自某中烟的调查问卷。）

以上这些认识在实际工作中也比较常见。从调研情况看，预算管理与会计核算常常纠缠不清的原因主要包括：

一是相关单位和人员对二者的本质认识不清。比较典型的看法是"预算就是提前核算"，这种观点本质上将"预算"和"核算"等同，只不过存在时间差异而已。从预算管理发展的某个阶段看，这种观点并非完全不合适。但随着预算管理上升到管理活动层面，其重心已经从单纯的"提前核算"转变为"管理"，即包括事前的预测和计划、事中的过程管理和控制、事项过程以及结果的分析与评价。但会计的本质是"信息系统"[①]，其重心则是事后的反映和监督。

二是在实务中，预算管理与会计核算往往存在一定联系。现阶段，出于管理成本以及信息获取便利性的考虑，预算管理会利用一些会计核算信息。例如，预算编制参考会计核算的历史数据。特别是有些企业全部或部

① 余绪缨．管理会计[M]．北京：中国人民大学出版社，1999．

分采用"会计科目"设置"预算项目",这样就可能产生"预算口径必须与核算口径一致"、"预算方法必须与核算方法一致"等要求,从而让一些单位和部门认为"我们不懂财务,只有财务部门更清楚(预算)"。

（二）实际工作中二者的关系处理

既然实际工作中预算管理与会计核算存在一定的联系,那么如何处理二者之间的关系,需要企业在预算管理中合理把握。我们认为,处理预算管理与会计核算之间的关系,重点把握三点:一是明确职责;二是明确口径与方法;三是处理好衔接关系。

1.明确职责

明确职责是处理预算管理与会计核算关系的关键,有受访者提出,"按照《办法》、《规程》的有关规定,落实业务部门、预算归口管理部门的预算管理责任,会计核算机构不得替代其他部门编制业务预算和资本预算"。

2.明确口径与方法

从调研情况看,很多调查对象所反映的,实际工作中预算管理与会计核算之间的问题基本上都是口径与方法问题。例如,"研发费用预算中的人工费、材料费、燃料动力费没有体现在会计核算口径的'研发费用'中";"会计核算对项目资本化和费用化有着明确的界定,但是项目申报、审议和审批部门对资本化和费用化不一定有较清楚的认识,从而导致投资项目挤占成本费用预算"。

会计核算的口径和方法在一定程度上要受到会计准则、会计制度的制约,企业无法任意改变(企业可以出于管理需要,设置管理会计信息系统)。预算管理的口径和方法除行业或上级主管单位明确规定外,企业可以根据管理需要进行规范。无论预算管理和会计核算是否有关系,以及预算管理是否要与会计核算衔接,明确预算口径与方法,是保证预算信息质量的基础。

值得说明的是,《全面预算与会计核算指南》中特别强调:"预算单位不得基于预算执行率等原因随意改变经济事项的会计处理方法。"实践中,存在预算责任主体为了达成"预算执行率"而改变会计核算办法的做法,关于此点,本书将在第七章预算执行的相关内容中探讨。

3.处理好衔接关系

《全面预算与会计核算指南》从预算编制、预算执行与控制、预算分析与评价、预算信息系统、预算报表等方面，明确规范了预算管理与会计核算的主要衔接内容。

我们认为，预算管理并不必然要与会计核算衔接。之所以谈到衔接问题，主要是因为预算信息和核算信息都是经济业务的反映，二者之间建立衔接关系，可以在一定程度上减少企业管理成本。例如，通过建立预算项目与会计科目之间的衔接，利用信息系统将预算执行信息反馈至会计核算系统，减少会计核算工作量。

（三）会计核算方法对决策信息的影响

在调研中，有技术中心的受访者反映了这样一个问题："相同等级的（烟叶），CX厂与YX厂差别就很大，年初的价格与年终的价格变化也很大，我们也弄不清，配方成本这块我们搞不了。""复烤的量不一样时，费用分摊的就不一样，量小时，分摊的其他费用就多，导致烟叶烤片价格变化很大。月头和月尾的价格差异都很大。我们有自己的复烤车间，其他工业是直接买来的，问题不大。"

这个问题反映出会计核算方法对决策信息的影响。由于受复烤环节会计核算方法的影响，经过复烤加工的烟叶成本信息已经无法真实反映出"烟叶本身"的成本信息。例如，相同产区、相同等级的烟叶，在不同复烤企业进行复烤加工后，其成本可能会有所差异。无论是自己复烤加工的企业，还是委托加工的企业，都存在同样的问题。

我们认为，企业在利用会计核算信息时需关注会计核算方法对相关信息的影响。企业想要通过改变会计核算方法来满足内部管理需要，未必可行。为了避免决策受到会计核算方法的影响，企业可以建立能够满足内部管理需求的信息系统（如管理会计信息系统）。

六、全面预算管理与对标管理

全面预算管理与对标管理（此处泛指对标管理，不限于行业对标工作）都是管理工具，二者适当结合可以降低企业管理成本，提高管理效率。据调研，绝大多数调查对象认为，全面预算管理可与对标管理适当结合，相关思路主要包括：

1.预算项目与对标指标相结合

例如，有调查对象认为，"若预算指标（预算项目）设置与对标指标设置口径一致，两者可以结合。行业对标指标因指标本身口径在理解或实际使用中各单位存在偏差（卷烟物耗指标未体现因卷烟规格不同而造成的消耗水平差异），横向可对比性较差。我们建议统一预算及对标统计口径。"

我们认为，企业可选取能够体现企业核心竞争能力的指标作为对标指标，这些指标可能比较综合，无法将其与具体工作相对应，要落实到具体工作中，则可以通过预算项目进行分解细化。因此，通过预算项目的分解细化，将对标指标细化为具体工作，对标指标也才有可能达到可对比的标杆水平。

2.预算管理标准与对标指标的目标值相结合

例如，有调查对象认为，"将对标指标与个别预算指标保持一致，可作为预算管理控制的目标"；"预算定额标准的制定，部分可以结合对标指标制定，但是二者完全结合还不现实"。

我们认为，对标目标值是通过设立标杆值指导企业提升经营管理水平，而预算管理是通过事先制订资源配置计划指导企业开展具体经营管理活动，预算管理需要一定的标准作为依据，例如，烟叶消耗定额标准。因此，在口径一致的前提下，部分对标标准可以作为相应预算项目的管理标准。

3.预算分析、评价与对标指标分析相结合

一方面评价对标指标，深入查找原因，可分析具体预算项目的执行情况；另一方面通过定期分析与评价预算执行情况，也可以分析出其对"对标指标完成情况"造成的影响。在分析与评价环节，对标管理与预算管理在诸多方面表现为殊途同归。

此外，企业全面预算管理可以借鉴对标管理思路。例如，某企业采用内部对标的方式衡量、评价下属卷烟厂重要预算项目的管控水平。

我国著名画家吴冠中先生曾经针对绘画说过这样一句话："笔墨等于

零。"大致意思是说，画画要风筝不断线，不要脱离现实世界，至于工具、手段、笔墨怎么使用是另外一个问题。同样道理，我们认为，无论预算管理还是对标管理，都是管理工具，都是"笔墨"，任何管理工具都离不开企业的具体环境，都不能断掉"战略"这根"线"；否则，任何管理工具都是经不起考验的，"轰轰烈烈一阵子也就无疾而终了"。

附录1　全面预算管理的产生、发展与定位

全面预算管理定位决定其所发挥的作用，管理需求不同对全面预算管理的定位也不同。定位没有对错之分，只是满足的需求不同。全面预算管理以成本费用控制为重心，也是一种定位，只是这种定位是否能够满足现阶段的企业管理需求？即使同样是烟草企业，由于管理水平发展的阶段不同，对全面预算管理所发挥的作用也有不同要求。总之，适合本企业实际情况并满足本企业经营需求的管理活动才是行之有效的。

一、起源：科学管理和预算管理的职能

（一）泰罗"科学管理理论"与标准成本

在"科学管理"之前，企业主要是凭经验进行管理，由此造成的一个矛盾是：企业主根据自己的经验"嫌工人干活少，拿钱多"，工人按照自己的经验觉得"自己干活多，但得到的工资少"，于是，工人们在工作中"磨洋工"，造成生产效率低下。由此，可以看出，企业管理需要一种"标准"，使企业主和工人们就"工资该支付多少"达成一致。

泰罗"科学管理理论"正是为了满足上述管理需求而产生的。"科学管理理论"产生于20世纪初，其核心思想是"强调提高生产和工作效率，要求生产经营中一切可以避免的损失和浪费尽可能降低到最低限度"，其具体做法是通过对计件和工时的研究，进行科学的测量和计算，制定出一个标准制度，以确定合理的劳动定额和恰当的工资率，从而改变过去那种以估计和经验为依据的方法。[①]

为了配合这种管理方法，会计上通过制定"标准人工成本"，严格按

① 泰勒. 科学管理原理[M]. 马风才，译. 北京：机械工业出版社，2007.

照这种事前标准进行控制，并对实际执行情况进行差异分析，根据差异的正负和大小决定工人的工资标准。这种控制方法可看做"预算控制"在企业管理中的最初应用。之后，"标准"概念引申到材料消耗、制造费用、销售费用以及财务费用等管理中，逐步形成相对系统化的预算管理工作①。

从以上背景可以看出，"预算"最初是由企业管理者事先制定的成本费用控制标准。但"科学管理"方式"把人当做机器的奴隶，强调管得严才能提高效率，使广大工人处于消极被动和极度紧张的状态"②，因此，引起了工人们的不满和反对。为了缓解这种矛盾，企业管理者开始让工人们也参与到标准的制定中，预算管理发展到"参与预算"阶段，但"参与预算"加上上下级之间的信息不对称，导致了"预算松弛"。

（二）预算管理的职能："管理"、"控制"及"管理控制"

从"预算"在企业管理中的应用可以看出，"预算"最初的重点在于控制。随着预算应用范围的发展，"预算"的职能逐步从"控制"向"管理"转变。

根据管理学史上最重要的管理学家之一法约尔对"管理"的定义，管理包括计划、组织、指挥、协调、控制。从管理的定义看，"全面预算管理"包括了计划、组织、指挥、协调和控制的所有职能，即企业实施全面预算管理要从计划开始，根据计划编制预算、分配资源，组织企业内部各单位和部门落实资源使用和占用责任，协调和控制各单位和部门，实现资源的合理配置和优化使用。因此，全面预算管理的重点从"控制"转变为"管理"。

随着全面预算管理与战略目标相结合，预算管理的职能进一步转变为"管理控制"。"管理控制是从'战略计划'和'经营控制'中单独出来的，'管理控制'是一个过程，通过这个过程，管理者能够保证获取资源并有效率和有效果地使用资源，从而实现组织的目标"③。从"管理控制"的角度看全面预算管理，预算管理是一个"中间环节"，它"向上连接战略计划、向下连接具体经营业务的控制，将企业各部门组织起来，并引导它们为实现企业战略目标而协调一致地工作。

---

① 许云. 预算管理研究：历史、本质与预算松弛[D]. 厦门：厦门大学管理学院，2006.
② 余绪缨. 管理会计[M]. 北京：中国人民大学出版社，1999.
③ 许云. 预算管理研究：历史、本质与预算松弛[D]. 厦门：厦门大学管理学院，2006.

二、批评预算、改进预算、超越预算

随着预算管理的应用发展，其逐渐在实际工作中暴露出一些弊端，针对这些弊端，有人批评，有人改进，也有人超越。无论何种做法，其目的基本一致，都是为了促使企业的管理活动能够更好地服务于经营管理需求。

（一）批评预算

对预算管理的批评与仅将"预算管理"作为"成本费用控制工具"的定位有关系。"成本费用观"下的预算管理表现是：

1.预算组织以财务部门为主；

2.预算编制片面强调成本费用降低，极有可能产生"预算松弛"；

3.预算审核过程中，预算审核机构和预算编制部门之间由于"信息不对称"而"斗智斗勇"，甚至产生"对立情绪"；

4.预算执行中，"预算内的钱，只有应该花的，没有不该花的"，预算与执行"两张皮"；

5.预算控制以财务部门为主，导致财务部门"很郁闷"；

6.财务部门代劳预算分析，以分析执行差异为主，且看重不利差异；

7.预算考核"诱导员工说谎"，考核内容以财务指标为主。

由此，无论理论界还是实践界，都对预算管理提出了批评。在理论界，著名学者迈克尔·詹森提出，"预算管理是为撒谎者买单"，其大意是：为了应对预算考核，预算责任主体在编制预算时，会将费用预算编高一些或者将收入预算编低一些，导致产生"预算松弛"，进而如果按照"费用节约多少，按一定比例奖励多少，收入超过多少，也按一定比例奖励多少"的预算考核思路，那么就可能导致企业"为撒谎的人买单"（具体参见本书附录4）。在实践界，曾担任通用公司CEO的杰克·韦尔奇认为，"预算根本不应该存在。制定预算就等于追求低绩效。你永远只能得到员工最低水平的贡献，因为每个人都在讨价还价，争取制定最低指标。"由于预算管理存在这些弊端，人们开始寻找改进预算的途径。

（二）改进预算

改进预算的前提是认为预算管理尚可利用，但应对预算管理加以改进，以便促进其能够进入良性循环，而不至于企业"自己管死自己"。改进预算的途径主要包括三个方面：

1.推行"作业预算"

作业预算倡导者提出："预算计划应以业务流程为编制基础，将经营预算（针对作业量）与财务预算（针对单价）分开，使预算先深入到作业层面，与经营活动紧密结合后，再综合成为财务预算。"[①]作业预算强调，预算管理应深入经营管理活动的各项作业，使预算管理的基础更扎实。

2.预算管理系统更为开放

此种方式是认为克服预算管理缺点，不能通过单独完善预算管理体系，而是应"以战略目标为导向，将各种不同的管理职能和意图整合到一个持续改进的系统中"[②]，使预算管理与其他管理系统兼容、整合，使预算管理目标更突出企业价值管理。

3.将人文理念引入预算管理

"'行为科学'在企业管理中的应用，要求管理由原来的以'事'为中心发展到以'人'为中心，这是管理思想和实践上的一个重大转变"[③]。企业实施预算管理"离不开人"，因此，也应注重"人的主体意识和人性智慧的回归"，预算管理要"从命令、控制转移到激励、引导的轨道上来"。

（三）超越预算

超越预算的主要思想是将业绩评价与预算管理相脱离，业绩评价不再采用传统的预算评价，而是采用标杆法或其他方法制定业绩目标。超越预算重点强调通过激励手段充分调动员工的智慧，实现预算责任主体自我管理，从而达到业绩目标。

超越预算主要"从避免传统预算评价所引起的各种不良行为入手，这些不良行为包括在预算年度开始之前操纵预算估计（获得更容易的目标）、在整个预算年度内操纵上报数据（调整收入或费用的时间性）、即使有损企业价值仍选择不当的管理决策（比如推迟维护性支出）。为避免这

---

① 许云. 预算管理研究：历史、本质与预算松弛[D]. 厦门：厦门大学管理学院，2006.
② 许云. 预算管理研究：历史、本质与预算松弛[D]. 厦门：厦门大学管理学院，2006.
③ 余绪缨. 管理会计[M]. 北京：中国人民大学出版社，1999.

些不良行为，超越预算建议用事后相对业绩评价代替传统的业绩评价。"①

超越预算还建议，"评价业绩时采用各种与战略目标相一致的非财务指标。它的假设是：通过实现这些业绩指标，所期望的财务业绩和组织的战略目标将会实现。超越预算不仅建议运用更宽泛的非财务指标，而且强调这些指标也应当以事后相对业绩的方式评价，即选择内部（或外部）标杆和采取主观的业绩评价方式。"②

从"超越预算"的实质看，"超越预算"不是不要预算，而是更高境界的预算管理，预算管理不再是上级控制下级的标准，而是责任主体实现自我管理的手段。"超越预算"实际上对企业管理水平和员工素质的要求更高。

三、发展：联结战略目标与战略执行的工具

前面介绍到，随着全面预算管理与战略目标相结合，预算管理成为落实企业战略的管理工具。为了使全面预算管理更充分体现和落实企业战略目标，企业可以借助平衡计分卡（BSC）的思路实施全面预算管理。

"平衡计分卡是一个全面的框架，它帮助高级管理层把公司的愿景和战略转变为一套连贯的业绩指标。"③平衡计分卡的"一套指标"主要包括财务、客户、内部业务流程、学习/成长四个方面。这四个方面分别立足于股东（出资人）、客户、企业内部管理和未来发展角度来评价企业的业绩。其中，财务目标要符合股东（出资人）利益最大化，是四个方面的终极表现形式，其他三个方面是财务业绩的驱动因素：客户是企业收入的来源；内部流程可以促使客户满意，从而达到财务目标，也可以通过提高流程效率或降低成本来直接驱动财务业绩；学习与成长通过培养企业和员工未来发展潜能来驱动客户和内部业务流程两方面目标，从而驱动财务业绩。④

全面预算管理可以利用平衡计分卡的四个方面来实现"全面"的管理过程。按照平衡计分卡的思路，预算管理联结战略目标与战略执行，其管理内容不仅限于财务方面，而且包括客户、内部流程以及学习与成长这三个方面。第一，企业按照以上四个方面，根据战略目标制定预算目标，突

① 许云. 预算管理研究：历史、本质与预算松弛[D]. 厦门：厦门大学管理学院，2006.
② 许云. 预算管理研究：历史、本质与预算松弛[D]. 厦门：厦门大学管理学院，2006.
③ 卡普兰，诺顿. 平衡计分卡：化战略为行动[M]. 刘俊勇，译. 广州：广东经济出版社，2004.
④ 三明烟草卷烟网建工作组. 卷烟营销网络建设调查研究报告[M]. 大连：东北财经大学出版社，2007.

破单纯以财务指标作为预算管理目标。第二，企业需要制订客户、内部流程以及学习与成长方面的工作计划，以支持实现相应的目标，从而达成财务目标。第三，根据上述工作计划，制订相关方面的资源配置计划，即形成预算方案。第四，在预算执行、控制、分析以及评价中始终按照平衡计分卡的四个方面，关注相关作业是否与战略目标一致。

由此，全面预算管理可借助平衡计分卡的思路，兼顾企业的财务和非财务两大方面的业绩表现，促使企业在追求财务结果的同时，关注客户满意度、内部业务流程效率以及培养学习与成长能力。

第二章
预算组织

　　预算组织是全面预算管理中的关键问题。预算组织问题处理好了，全面预算管理就有了一个好的开始。但在实际工作中，预算组织问题并未得到足够的重视，或者很多企业未真正认识到预算管理中暴露的许多问题其实根源在于预算组织。本章重点探讨企业预算组织机构设置、定位以及职责落实，分析归口管理部门、财务部门以及其他部门的工作职责和工作方式等。

一、为什么要强调组织问题

　　预算组织实质上是一种微观生产关系，解决的是全面预算管理的责权利分配。全面预算管理服务于企业经营管理，是企业的一项日常管理活动。因此，"预算组织"所强调的并不是要独立于企业经营管理组织而另设一套组织机构，而是要通过"预算组织"落实全面预算管理职责。

　　在实践中，很多问题解决不好，归根到底是组织问题。例如，购买打印机预算究竟是办公室（归口管理部门）编制，还是打印机使用部门编制，还是采购部门编制？再如，工作任务承包费预算究竟是人力资源部门

（归口管理部门）负责管理（不仅是编制，而且包括执行、控制、分析以及考核等），还是使用人工的部门负责管理？如果二者都需要承担责任的话，二者之间的职责又该如何划分？因此，如果企业在实施预算管理过程中，发现存在预算编制主体不明确，或是流程衔接不顺畅，或是重要信息缺失，那么应该先考虑职责是否划分清楚。当然，所说的"职责划分清楚"不仅仅是停留在办法、制度中的职责清晰，更重要的是各单位、部门、员工是否能够清楚地认识自身的职责并明确地贯彻下去。这也是为什么很多企业在制度层面上将职责规范得很清晰，但在实际工作中却小问题不断的重要原因。此外，预算责任单位对自身职责的认识有从被动到主动的过程，这对预算管理的实施效果也会产生重要影响，本书在第十章预算文化中作相关探讨。

从调研状况看，大部分企业在"大流程"、"大职责"方面划分得相对清楚，例如，研发、营销、生产以及采购等这些大流程和职责基本上没有问题，但其往往忽视了一些"小流程"、"小职责"以及如何处理各项流程、职责的交叉点，从而导致这些看似"不起眼"的工作却很纠结，就比如前文提及的购买打印机的例子。

某大型国有企业在总结全面预算管理时，提到"任何管理业务中存在的缺陷和漏洞，都会在预算管理中无处藏身"；"一项预算在现有管理分工中找不到真正的责任部门，说明管理有缺位"；"同一项预算有两个以上的部门在编制和管理，说明管理中分工不明、职责不清"；"一个部门或一项业务的预算与另一部门或业务的预算相矛盾，说明管理流程脱节"。我们认为，这些总结是对预算组织的概括，企业可以其作为检验标准，衡量本单位的预算管理情况。企业明确预算管理职责，应全面梳理管理流程与职责，大到战略管理，小到购买笤帚、铅笔等。只有处理好职责问题，才能真正提高管理效率，实现管理目标。

二、全员参与

"预算管理是财务部门的事"、"财务部门单打独斗"、"财务部门里外不是人"等是实际工作中常见的情形，究其原因，从财务预算到全面预算管理、从财务部门的预算到全员预算，是一个逐步认识的过程。

通过调研，我们发现，目前大部分企业已经能够"认识"到全员参与预算的意义，但"认识"的方式以及程度不同。有些单位和部门停留在被动认识阶段，"因为行业这样要求，所以我们必须做这个（预算）"，而在实际工作中比较普遍的、典型的观点是"不编预算，就没钱花"。这样的认识，极可能导致实际工作中出现"预算松弛"、"预算审核要砍一刀"、"年末预算一定要用完，否则明年预算就少了"等现象或观点。追根究底，行为问题最终还是要从"认识层面"上认识和解决。

我们注意到，全面预算管理实施效果较好的企业，其所属单位和部门基本上都能够较好地认识到实施全面预算管理的意义——从自身角度思考预算管理对本单位或部门工作的好处，而不是"通过预算，要去争取到多少钱"。在调研中，我们也常常被问到一些这样的问题："怎样才能让业务部门愿意参与全面预算管理"、"他们（业务部门人员）认为预算就是捆住自己的手脚，没有什么好处"……这些问题基本上都是财务部门人员提出的，这些也是他们在实际工作中很苦恼的事情——"道理也讲了，工作也做了，但业务部门人员为什么还是无动于衷？"

我们认为，解决"全员参与"的问题，可以从认识和技术两个层面入手。相对于认识层面，技术层面简单一些，企业可以重点从制度建设和信息化应用两个方面考虑：通过制度建设，规范预算管理职责和管理流程，为各单位和部门参与全面预算管理提供指导。信息化应用重点解决各单位和部门的预算管理需求，固化管理流程，尽量减少繁琐的管理程序，提高预算管理工作的便利性（制度建设和信息化应用如何为全员参与提供更贴近实际工作的指导，请参阅本书第九章全面预算管理制度建设和信息化应用）。

至于认识层面，其与企业文化、各单位和部门对自身工作认识，以及单位和部门主要负责人的认识等方面紧密相关。企业除了在文化建设方面积极培养与促进所属单位和部门形成主动参与意识（请参阅第十章）外，也需要认识到"认识的提升是一个逐步的过程，不可能一蹴而就"，"在某个阶段存在某些认识、某些行为，是正常的"，管理上做到相对满意，可以允许和宽容一些行为的存在。在逐步探索的过程中，企业可以借助一些外力来进行积极引导，但不可过于严格，否则极易导致动作变形。

三、预算组织与企业经营管理机构的关系

从组织运行成本来看，预算组织的理想状况是，充分利用企业已有的组织机构落实预算管理责任，不单独设置一个专门的机构，将全面预算管理纳入企业日常经营管理工作中。

但从预算管理实践角度看，设置"预算管理委员会"和"预算管理办公室"似乎已成为企业实施全面预算管理的必要条件。实践中存在的一种观点就是"要体现这项工作的重要性，就要设置一个专门的机构对其进行管理，否则就体现不出重视程度"，或许正是为了体现出相关工作的重要性，企业存在很多诸如"战略管理委员会"、"绩效管理委员会"、"招投标管理委员会"等机构。这些现象司空见惯，以至于似乎不用追究这些机构存在的必要性。

我们认为，无论是预算管理工作，还是其他管理工作，组织的问题都在于职责落实。因此，无论是单独设置，还是利用现有组织机构，企业都需要重点关注职责是否能够真正落实，也就是说，"组织"的实质意义更大于形式意义。同时，企业也需要考虑组织运行成本、决策效率以及决策成本，甚至相关"组织成员"的开会成本或许也是需要考虑的因素之一。

企业可重点从以下几个方面把握预算组织问题：一是预算组织重在职责落实，企业可充分利用已有的组织机构落实预算职责，降低组织运行成本。二是预算管理的专门机构要有清晰的定位和职责，要处理好专门机构的上下级报告关系，要处理好与其他专业机构（如"三项工作"管理委员会等）之间的工作关系。三是预算管理专门机构要根据机构定位充分考虑组成人员的胜任能力，明确组成人员以及负责人的产生程序。四是预算管理专门机构要制定工作机制，明确其日常机构的工作内容、工作形式和工作程序。

四、股东会、董事会与总经理的预算管理责任

我国《公司法》规范了股东会、董事会以及总经理的职权。从公司治理结构上看，三者的关系是：股东会由全体股东（出资人）组成，董事会对股东会负责，总经理（在《公司法》中简称"经理"）负责组织落实董事会决议。

（一）股东会和董事会

《公司法》对有限责任公司股东会和董事会的职权作出了规范，其中针对预算管理，《公司法》规定股东会"决定公司的经营方针和投资计划"，"审议批准公司的年度财务预算方案"；董事会"决定公司的经营计划和投资方案"，"制订公司的年度财务预算方案"。由此可见，一般情况下，股东会是财务预算决策机构，董事会是制订财务预算方案的机构。根据《公司法》规定，股东会可以对董事会进行授权。按照卷烟工业企业现有管理体制，依据《烟草行业预算管理办法》（以下简称《行业预算办法》），董事会是预算决策机构。

从完善公司法人治理结构的角度，行业、企业可以重点从以下几个方面考虑加强董事会的预算管理职责：

1.处理好董事会与股东（会）、上级主管单位之间的关系

现阶段，按照行业管理体制，企业年度预算方案既要通过董事会批准，同时又要报送上级主管单位批准。在调研中，部分受访者认为，二者审批有时候会存在差异。例如，"董事会已经审批过了，并且已经下达到各单位了，但最后批下来（指总公司审批）的又不一样。"为了避免出现差异，大部分企业都是等到总公司批准后再正式下达，有的企业甚至等到总公司审批后董事会再审批。

2.董事会与总经理（班子）之间的关系

按照现阶段卷烟工业企业董事会组成，总经理班子成员也是董事会成员。因此，人员组成有利于董事会与总经理班子之间的沟通衔接。部分受访者认为，为提高效率，董事会可对总经理（班子）就某些工作进行授权。

3.明确董事会的预算管理重点

有受访者认为，"董事会一年仅召开一两次会议，需要决策的事情很多，很难做到面面俱到"，因此，董事会履行预算决策职能，"应充分突出重点管理事项"，"特别是与品牌战略紧密相关的预算事项以及对未来经营管理影响较大的战略性投资"。

4.董事会的决策机制

为确保董事会的各项决议（包括预算决议）代表出资人利益，董事会必须建立完善的决策机制。董事会决策机制包括决策程序、决策方式、意见表决等。各专业委员会（包括预算管理委员会）要为董事会决策提供充分的支持信息。

需要说明的是，《公司法》对股东会、董事会的预算职权规范仅提到"财务预算"，并非"全面预算管理"。此处"财务预算"似乎不能简单地理解为"全面预算管理"。我们猜测，此处存在两种可能：一是当时制定《公司法》时，立法者尚未认识到二者的区别，以"财务预算"概括"全面预算管理"；二是立法者已经认识到二者的区别，但认为股东会、董事会的管理重点在财务预算，业务预算方案、资本预算方案终究要反映到财务预算方案——此种可能性更大。

根据烟草行业规定，现阶段卷烟工业企业尚未设立监事会，仅设有一名监事。监事可以从经营管理的规范性角度，合理监督预算管理状况。

（二）总经理（班子）的预算管理职责

总经理（班子）在预算组织中的作用往往"被省略"，这表现在大部分企业的预算制度中关于预算组织部分均没有明确规定总经理班子的职责。有部分受访者认为，"有了预算委员会就不用总经理班子了，总经理（班子）可以通过委员会发挥作用。"我们认为，尽管总经理（班子）作为预算委员会的成员，在某种程度上发挥了实质性作用，但从企业经营管理层面来说，总经理（班子）具有无法替代的预算责任。总经理（班子）履行预算管理职责可重点把握以下几个方面：

1.重视预算管理工作

在调研中，我们发现，企业主要负责人对预算管理工作的重视程度，直接影响了整个企业对预算管理工作的认识，很多受访者也提到企业实施预算管理的重要条件之一是"领导要重视"。我们认为，"领导班子重视"的首要前提是领导要认识到全面预算管理对企业品牌战略以及经营管理活动的作用。

2.借助预算管理落实经营目标

我们认为，某种程度上，预算管理也是总经理（班子）落实其经营管理责任的工具，因此，总经理（班子）可以借助预算管理落实董事会以及上级主管单位下达的经营目标，协调各项业务与年度经营管理目标保持一致，并促进目标达成。

3.落实预算管理责任

总经理（班子）作为企业的经营管理机构，可依据经营管理责任落实预算管理责任，促进各单位和部门对实施预算管理的认识，将预算管理工作情况纳入对单位绩效和部门绩效的评价中。

我们认为，按照现阶段卷烟工业企业的治理结构，总经理（班子）承担了实质性的经营管理责任，企业的总经理（班子）可以充分发挥预算管理的计划、组织、协调、控制等功能，贯彻落实董事会以及上级主管单位下达的各项经营指标，并与品牌管理、业务管理、财务管理以及绩效管理等相结合，促进实现品牌战略目标。

五、全面预算管理委员会

全面预算管理委员会在预算管理中的定位和职责、人员组成、议事规则以及与其他专门委员会之间的关系，是实践中关于预算委员会的常见问题。

（一）决策还是决策支持？

关于全面预算管理委员会是全面预算管理的决策机构还是决策支持机构，在实际工作中存在着一些争议。清晰的定位是预算委员会恰当履行管理职责的前提。

根据《公司法》的规定，公司的预算决策机构是股东会或者股东会授权董事会，因此，将全面预算管理委员会定位为公司预算管理的决策机构是不合适的。根据行业预算办法，全面预算管理委员会是董事会的预算决策支持机构。我们认为，这样处理二者之间的关系是合适的。

关于全面预算管理委员会的定位，对于改制后的卷烟工业企业来说相对比较清晰。但对于烟草商业企业来说，在实际工作中有些模糊，有些商业企业将其定位为预算决策机构，这与企业日常决策机构并不一致。由于预算管理实质上是企业经营管理活动的一部分，因此，两个机构所作出的决策可能会产生差异。但有的受访者认为："多年以来，企业都是这样运行的，也不存在什么问题。"实际上，从预算委员会人员组成上看，这也是"正常"现象，虽然预算委员会是名义上的"决策机构"，人员组成包括总经理班子成员和相关职能部门人员，但实践中比较常见的是，预算委员会的决策机制是"听领导的"。从这个角度看，如果将预算委员会实事求是地定位为决策支持机构，可能会更充分地发挥职能部门人员的专业支持作用。

（二）预算委员会组成人员：发言权

根据《企业内部控制应用指引第15号》第四条："……企业应当设立预算管理委员会履行全面预算管理职责，其成员由企业负责人及内部相关部门负责人组成"。在实际工作中，我们发现，出于平衡的目的，绝大多数企业的预算委员会是由总经理班子成员（即通常所说的"领导班子"）以及公司本部所有职能管理部门负责人组成。

对于实行四中心非法人实体运作的企业，是否应该将技术、营销、采购、生产、物流以及卷烟厂的负责人纳入预算管理委员会中，我们建议可重点考虑两点：一是与企业预算管理模式相关，即职能管理部门是否能够充分代表企业对中心和卷烟厂的管理职权；二是组成人员过多是否会影响预算委员会的工作效率。

在调研中，我们发现，多数基层单位希望参与预算委员会，其实是希望"能够拥有更多的发言权"。从这个角度看，企业需要更多考虑的问题是在决策过程中以何种形式听取基层单位的意见。我们建议，一方面，企业可以从预算委员会的定位（决策支持）出发考虑其人员组成，以便其能够充分发挥专业职能；另一方面，企业可以多种形式听取基层单位的意见（例如，召开审核沟通会），充分发挥其主动性并参与预算管理。

（三）议事规则

全面预算管理委员会议事规则的实质是委员如何进行表决。比较典型的例子是《公司法》关于股东会和董事会议事规则的规定。例如，有限责任公司股东会会议"由股东按照出资比例行使表决权，但是，公司章程另有规定的除外"，也就是说，股东会会议是按"钱"投票的，除非股东之间有特别规定；而"董事会会议实行一人一票"，其则是按"人头"投票。"钱"、"人头"都是投票的基本依据。

据调研，部分企业预算委员会实行"三分之二"原则，也就是对于预算方案的表决需要2/3以上委员会成员同意方可通过。但在实际工作中，由于现阶段预算委员会是由总经理班子成员和相关部门负责人组成，因此，委员会会议实际上存在着一种"非正式规则"，也就是在调研中常常提到的"最后肯定要听领导的"。"听领导的"实际上已经成为一种议事规则，正如前面提到的，尽管有些企业将"预算委员会"定位为预算决策机构与企业日常决策机构存在矛盾，但可能并没有产生多大麻烦。"听领导的"导致一些委员会成员放弃了表决权，从这个方面看，一些部门负责人层级的委员会成员参与委员会会议更多地是得到一项"发言权"，而非"表决权"。当然，这些潜在的规则并不是明确的书面表达，而是人们在日常工作中形成的一种似乎已经约定俗成的规则。

我们认为，无论是决策机构（董事会）还是决策支持机构（预算委员会），建立完善的决策机制或议事规则都是其充分发挥专业职能的重要保障。合理的议事规则也是保障每个委员会成员行使"预算管理参与权"的重要保障，避免职能部门参与预算委员会成为流于形式的工作。关于如何召开预算审核会议，本书在第六章预算审核与批准中作了进一步探讨。

（四）几个专门委员会

现阶段，企业中存在很多委员会，例如，科技委员会、"三项"工作管理委员会、预算管理委员会、薪酬管理委员会、绩效考核委员会等。最初，这些委员会以"决策机构"存在。

《企业内部控制应用指引第1号——组织架构》第四条："……设立战略、审计、提名、薪酬与考核等专门委员会，明确各专门委员会的职责权限、任职资格、议事规则和工作程序，为董事会科学决策提供支持。"从这一点上看，这些专门委员会宜定位为董事会的决策支持机构。

近年来，随着行业体制改革的深入推进，以及对公司治理结构认识的逐步加深，行业已对这些"委员会"作出了较为明确的定位。《国家烟草专卖局 中国烟草总公司关于加强董事会建设的意见》（国烟办[2009]219号）规定："将已改制的公司的投资、预算、薪酬等专门委员会调整为董事会的专业机构……"，这些委员会作为董事会的决策咨询机构，主要承担决策支持职责。从这个方面看，此类专门委员会与董事会之间的责权已经相对清晰。

但这些委员会之间的责权，似乎还有待进一步理清。例如，预算管理委员会与科技委员会、预算管理委员会与"三项工作"管理委员会之间的关系。它们之间的关系比较明显地体现在对业务事项的审批上。对某项工作的审批不仅涉及事情应不应该做，也涉及做这项工作要花多少钱，即经济上的可行性。例如，根据行业采购管理规定，"三项工作"管理委员会要审议企业的年度采购计划，审议采购计划包括两个层面：第一个层面是各类物资的采购必要性；第二层面是采购金额。但这两个层面，也是预算管理委员会对年度采购预算的审核范畴。这涉及"三项工作"管理委员会与预算委员会之间的职责划分。实践中，部分企业的一些专门委员会是"多个牌子、一套人马"，这在一定程度上避免了相关机构审议结果出现矛盾。

此外，由于每个专门委员会均需审议相关事项，导致部分业务事项的审核流程过长，审核手续比较繁琐。有调研对象认为，"预算相关组织工作应与其他委员会共享信息，明确各组织议事重点，提高效率"。为了解决此问题，部分企业采取召开联席会议的方式，以提高审核效率。

我们认为，专门委员会作为董事会的决策支持机构，董事会可以从决策支持信息方面对各专门委员会提出需求，各专门委员会根据董事会需求明确自身职责，分别从不同专业层面提供决策支持。对于存在审核事项交叉的专门委员会，应明确各委员会的审核重点和审核权限。对于相关业务事项，相关专门委员会可以采取联席会议等方式，以简化审核流程，提高审核效率。

六、全面预算管理办公室

（一）常设机构：财务部门或者其他部门

绝大多数企业将预算管理办公室的常设机构设在财务管理部门。这种设置，有其优点，例如，在财务预算管理方面可以充分利用财务管理部门的专业技能；预算管理所需要的一些财务数据比较容易取得，可以降低部门之间的沟通成本等。然而，其缺点也是显而易见的，例如，如果预算管理办公室不能建立有效的工作机制，那么很可能造成"预算管理最终沦为财务部门自己的事"的局面。因此，从这个角度看，预算管理能否实现"全员参与"与预算组织机构设置、工作机制是紧密相关的。

《行业预算办法》对预算管理办公室的常设机构没有明确规定。据调研，在其初稿中，参照了实际工作中的一般情况，规定了"一般情况下，预算管理办公室的常设机构设在财务管理部门"，但在最终定稿时，为了避免误解，最终删掉了这句话。一方面，这反映了行业允许企业根据自身实际情况和管理需求设置，允许多样化存在；另一方面，这也反映了行业对全面预算管理的认识在逐步加深。

个别调查对象认为："全面预算管理办公室作为处理企业日常预算管理的常设机构且通常设在财务部门，其权威性、专业性往往大打折扣"。部分调查对象建议，"将公司预算管理办公室单独设立，且比业务职能部门级次略高一些，并直接向董事会汇报工作，这样才能使预算管理真正管理到位"；"单独成立全面预算办公室，成员由各业务部门人员组成，充分发挥各业务部门的职责，全面预算管理办公室也更具权威性和统一性"，以避免"预算成为财务部门的事"。

我们认为，无论预算管理办公室的日常机构设置在财务管理部门，还是设置在其他部门，其重点都在于预算管理办公室的定位以及其工作职责是否能够真正落实，是否建立有效的工作机制，否则，预算管理就会成为"财务部门"或其他部门的"独角戏"。此外，我们不赞成单独成立一个

"全面预算管理办公室"，其主要原因是企业增加一个部门，就会增加相应的管理成本、沟通成本；除预算管理工作，其他工作也可能会产生类似情况，如果都设置一个单独部门进行管理，那么企业的组织机构有多庞大，沟通成本有多高，就可想而知了。

（二）如何发挥作用

从实践观察，尽管"预算管理办公室由财务部门和职能管理部门相关人员组成"，但绝大多数企业的预算管理办公室主要是财务部门在发挥作用。这大概也是为什么财务部门总会抱怨"自己把自己做得很累"的原因。因此，企业有必要建立预算管理办公室的工作机制，以便充分发挥预算办公室其他组成单位和部门的专业职能。

建立工作机制的前提是明确预算管理办公室的定位和职责。关于预算管理办公室的职责，大部分企业的预算制度均提及"负责处理预算管理的日常工作"（这似乎也是此类办公室比较常见的职责规范）。我们认为，如果将预算管理办公室定位为企业预算的"管控机构"，那么其势必要对各单位和部门的预算方案作出实质性判断和审核，但从预算管理办公室在组织机构所处的层级来看，这样的定位显然是不合适的。因此，将预算管理办公室定位为预算管理的服务机构，可能更有利于实际工作的开展，其职责重点是为各单位和部门提供技术指导和支持。

从实际工作出发，我们建议，预算管理办公室的工作机制可以重点把握以下三点：一是规范预算管理办公室的工作范畴，此点与上述预算管理办公室的定位和职责紧密相关，即哪些是预算管理办公室的工作，哪些是预算管理委员会的工作，哪些是归口管理部门的工作……预算管理办公室的工作范畴要符合自身定位，"服务到位不越位"。二是明确预算管理办公室的工作形式和程序。由于预算管理办公室组成人员往往分散在各单位和部门，因此，预算管理办公室需要建立合适的工作机制和程序，例如，通过常规化例会形式促进预算管理办公室人员参与到相关工作中。实践中，往往也是因为预算管理办公室没有建立合适的工作机制而导致很多工作往往是财务部门单独完成。三是要充分发挥组成人员的专业管理或技术职能。全面预算管理涉及企业经营管理的各个方面，预算管理办公室需充分发挥组成人员的专业管理或技术优势，为相关单位和部门的预算管理工作提供技术指导和支持，避免预算管理局限于财务范畴。

七、归口管理部门

"归口管理"是实际工作中企业普遍采取的一种管理模式，目的是更好地落实预算管理职责。"预算归口管理职责"的确认依据是各单位和部门的经营管理责任。例如，人力资源部门是企业人力资源的职能管理部门，因此，其也是人力成本预算的归口管理部门。由于各企业组织机构设置和部门职责的差异，其归口管理部门也有所差异。

每个归口管理部门都存在两个方面的资源管理：一是归口管理的资源，这部分资源并非是本部门的资源耗用，而是整个企业的资源耗用；二是本部门自身的资源耗用，此职责与其他部门的预算职责相同。本部分重点讨论第一方面的预算管理职责。根据调研，现阶段各企业预算管理中归口管理存在的问题主要包括：

1.条块管理模式的衔接不畅

多级归口管理，归口（条）与烟厂（块）之间的衔接，以及与管理委员会之间的衔接。

2.归口管理职责不清晰

有时也会存在同一个预算项目多头管理或某个预算项目无法明确归口部门的问题。

3.归口管理部门职责履行不到位

归口审核把关不严。一些归口管理部门的审核流于形式或尺度宽松，做老好人，没有切实发挥归口管理的职能；个别归口管理部门因人员配备不足或责任心不强未尽到管理责任，造成资源浪费。

4.归口管理部门与使用部门之间的信息不对称

信息不对称造成全局意识不强。由于信息不对称，归口管理部门对公司整体预算管理情况缺少整体认识，难以站在全局的高度对自己归口管理的局部或部分预算项目加以考量评判。

我们认为，企业可重点强调归口管理部门对归口管理资源的统筹规划职责。企业资源之所以要进行归口管理，其重要原因是要进行资源的统筹分配，也就是说，归口管理部门不是局限在某个单位或部门，而是要站在整个企业的高度，管理其所归口的资源，既要体现资源管理的整体性，也要充分体现资源使用的效率，在资源有限的情况下最大限度地发挥资源效能。

此外，在实际工作中，归口管理部门的预算职责还体现在制定归口预算管理政策，指导预算责任主体编制具体预算，监督各预算责任主体相关预算的执行情况，分析和评价归口预算执行情况等方面。

八、财务部门在预算管理中的职责

或许有人疑问，财务部门在预算管理中的职责有必要如此重视地一再探讨吗？不妨看看实践中的一例：某集团公司（非烟草行业内企业）将其对子公司经济事项的审批职能交由集团财务部承担。某日，子公司报请集团财务部批准其购置笔记本电脑15台，集团财务经理认为子公司没必要购置电脑15台，认为今年固定资产预算已经偏紧，便不予批准；子公司总经理汪某闻讯后便给集团财务经理打电话，双方争执不下，最后汪某咆哮了一句"你们搞会计的懂什么?!"后便挂了电话。在此例中，子公司总经理汪某与财务部之间的争执大概就由于集团对财务部的定位不清引起的。

在看一下现阶段行业内的企业，其财务部门在预算管理中基本上都承担了比较重要的职责，有些企业的财务部门甚至"一手包揽"了预算管理的大部分工作。我们认为，企业是否能够赋予财务部门以合适的职责直接影响财务部门的工作能否顺利开展。例如，在调研中，一些调查对象将财务部门列作企业的品牌战略管理部门之一，其理由是财务部门要承担产品成本责任以及测算新产品的盈利能力。我们认为，在战略决策中，财务部门更多地是发挥提供决策支持信息的作用，也就是说，财务部门是一个"信息处理和供给系统"，从品牌战略的角度来说，似乎谈不上承担"管理职责"。实践中存在"人人都要承担品牌责任"的看法，此观点另当别论。

财务部门自身也要有明确的定位，否则很可能"越做越累"，还"费力不讨好"，在实际工作中，发出此类抱怨的财务部门和财务人员不在少数。这种状况的出现，一方面，有企业对财务部门不恰当定位的原因，或者说是企业领导人对财务部门不太合适的期望，抱着"财务部门能发挥实质性控制作用"的"美好"想法；另一方面，也有财务部门自身对本部门职责认识不清的原因。例如，有企业的财务负责人在预算审核时，抱着"干毛巾也要拧出水"的态度，结果使业务部门与财务部门之间产生了很多矛盾，业务部门认为"财务部门根本不懂业务"，财务部门则认为"业务部门总是想方设法地多花钱"。我们认为，在预算管理中，财务部门的职责主要包括三个方面：一是作为预算管理办公室的组成部门和常设机构，参与预算管理办公室的工作，为其他单位和部门提供专业技术支持；二是作为财务预算的归口管理部门，承担财务预算的归口管理职责；三是作为资源耗费部门，承担相关资源的预算管理职责。

在实践中，我们发现，企业的预算管理水平与财务部门（或者说以财务部门为主的预算管理办公室）的工作水平似乎有着或多或少的关系，究竟有多大关系没有办法判断，但预算管理水平相对较高的企业，其财务部门工作水平也相对比较高一些。这或许与财务部门能够较好地认识自身在预算管理工作中的定位有关。

九、预算责任主体之间的职责划分和流程衔接

本部分所说的"预算责任主体"是指占用和使用资源的单位、部门以及岗位。预算责任主体可分为不同层级的责任主体：第一层级是企业；第二层级是各中心、卷烟厂以及本部职能管理部门；第三层级是第二层级下设部门；第四层级是各部门下设的岗位。

从调研情况看，各级预算责任主体在"上下"、"左右"之间均存在尚需进一步理清的地方，主要包括：

1.存在多头管理

例如，"公司实行直线式管理模式，在'上下'衔接中，存在部分部门职责不明确、不具体，形成预算管理工作交叉或多头管理情况。"

2.信息传递不及时

例如，"在'左右'衔接中，存在信息传递时间影响工作效率问题。建议进一步细化部门职责，明确具体工作。"

3.各责任主体职责划分不明确，参与性不够

例如，"目前，在实际操作中，因职责划分不明确，预算的主要工作都集中在公司财务部、各厂财务科，预算归口管理部门及各部门参与全面预算管理的力度不够。"

4.相关业务事项的责任主体缺少一致性目标

例如，某企业营销中心和办公室同样涉及企业品牌宣传工作，但在编制预算之前缺少沟通，"各编各的"，缺少协调一致的工作目标。

5.由于管理责任不清而导致预算职责不清晰

例如，某企业下属卷烟厂动力部门承担公司本部办公楼的维修工作，电梯的管理部门则是公司办公室，但没有明确电梯维修预算的申报责任。

6.相关岗位没有明确的预算管理职责

在实践中，很少有企业将预算管理职责明确至各岗位。有受访者认为："有些预算分解到部门都很难，何况要明确到岗位，这就更难了。"从目前卷烟工业企业全面预算管理实施现状来看，有些预算的确没有必要分解到岗位。但我们这里强调的是预算管理责任，而预算"绝不仅仅是花多少钱"的问题，它更注重的是管理责任。例如，每个岗位都承担了一定的工作职责，每个岗位都需要制订并实施工作计划，这些工作包含在部门年度工作中。部门预算实质上是通过岗位执行的，因此，每个岗位均需要承担与本岗位工作职责相关的预算管理职责，包括计划、编制、执行、控制、分析以及评价等。

预算责任主体之间的职责清晰、流程衔接顺畅是保障预算管理效果和效率的前提。正如前文提到的，企业在预算管理中的很多问题追根究底是组织问题，即职责与流程。这里需要说明的是，有些职责和流程并非预算管理范畴，可能是业务管理的职责和流程尚未理顺。特别是涉及多个单位、部门的预算管理工作，应清晰界定各单位和部门职责，规范各预算责任主体之间业务流转程序，各责任主体之间需要充分协作。例如，某企业的固定资产购置预算，是在固定资产购置项目预算批准后，由工程设备管

理部门在ERP系统进行主数据及预算的维护；申报部门需要购置时，根据固定资产购置预算表上所列项目的数量与金额，向工程设备管理部门提出采购需求，由工程设备管理部门综合平衡各类资产的型号、规格，本着降低资金支出、提高资产使用性能的原则，组织相关人员进行技术论证，选择合理的资产采购项目，并统一汇总后向采购中心申报采购。

十、预算管理员

（一）做哪些工作

实践中，很多企业设置了兼（专）职预算管理员。在调研中，我们发现，预算管理员往往承担了一些不该承担的职责。这与预算管理员本身无关，与企业的预算管理流程设计有关。例如，预算管理员在编制预算时，往往一个人算算、填填就完成了，缺少事前很重要的工作计划过程，即使有，如果只是由预算管理员来制订一个部门的工作计划，很显然也是不合适的。

根据调研，多数调查对象认为，预算管理员的定位是负责或参与预算的编制、审核、申报以及对预算执行的控制与分析，成为全面预算管理工作的"情报员"。个别企业对预算管理员定位较高，"在全员预算管理模式下，企业各岗位人员都应当成为兼职预算管理员，都应当围绕企业长远规划与年度工作目标思考问题（而不能仅限于参与预算编制）。"

我们认为，每个单位和部门的预算管理工作均涉及整体资源配置，单位或部门主要负责人应从整体上把握本单位和部门的预算管理工作。单位或部门中的各个岗位均可以视为一个资源消耗单元，每个岗位的人员均需参与本岗位工作相关的预算管理工作。因此，从责任划分来看，从技术层面而非管理层面定义兼（专）职预算管理员的工作职责更合适些，即预算管理员主要负责本单位和部门预算管理技术方面（如汇总预算）的工作。

（二）谁来担任

在实际工作中，承担"预算管理员"职责的具体人员存在两种情况：一种与具体的人相关，懂一些财务知识，与财务部门比较好沟通；另一种与岗位相关，例如，对于本职工作量相对比较小的岗位，让岗位上的人多承担一些兼职工作，在这种情况下，往往会出现一个人有很多兼职，如，兼职预算管理员、兼职绩效考核员等。

根据调研，多数单位认为可兼职或者全部由兼职人员承担预算管理员职责，"应选择在本职岗位上经验丰富的人员来承担预算管理员职责，了解部门事务，才能对预算的编制和执行提供强有力的保障"。我们认为，从预算管理员的职责出发，预算管理员的胜任能力需要考虑：

1.对预算管理工作有正确认识和理解；

2.相对熟悉本单位或部门的业务流程和各项作业；

3.相对熟悉本单位或部门业务领域的相关法律法规、行业政策以及企业制度。

除财务部门的预算管理员外，财务知识并非预算管理员的必备资格要求。

第三章
预算管理模式

预算管理模式是企业预算管理思路的重要体现。预算管理模式与企业业务管理模式和责权划分紧密相关，其关键点包含各项预算的管理职责划分、管理流程以及资源分配机制等。本章重点探讨企业主要预算内容的管理模式，并结合业务管理分析相关预算管理中需关注的重点问题。

一、科技研发项目预算

（一）项目管理与预算管理并行

绝大多数企业对科技研发项目预算实行项目管理与预算管理并行的管理模式。有调查对象建议，"在处理预算管理与项目管理的关系时，需明确预算的宏观和管理的微观的尺度差异。在预算管理中需进一步明确预算范畴，考虑运行预算的偏差；在项目管理中，应以规范项目运行、有效推动项目执行为目的，明确项目关键节点，变过程管理为节点管控，变结果管理为过程服务。"

我们认为，科技研发经费预算是科研项目管理的组成部分，企业应将经费预算纳入项目过程管理。在立项时，除技术可行性外，企业需考虑项目预期的经济效益或管理效益（可根据项目性质不同进行考虑）。在项目进展过程中，关注经费预算是否足够支持项目开展，经费预算执行进度是否与项目进度相符合。企业可建立适当的评价机制，评价项目的投入产出效益；项目效果不局限于可量化的经济效益，需兼顾对企业品牌战略的长期影响。

例如，红塔集团利用预算信息系统中的"项目管理"模块对研发费用作为专项预算进行单独管理，以便按项目对预算执行情况进行追踪、查询、分析及评价。由于科研项目本身的特点，其工作周期往往是跨年度的，因此对项目经费预算执行情况的分析并不局限于会计年度，而是贯穿项目周期始末。科研项目全部完成后，项目负责人要对项目经费预算的执行情况进行说明与分析。项目经费预算如有结余，集团对结余部分予以追回，并在预算信息系统内对项目进行技术性关闭。

（二）归口管理模式

根据调研，科技研发项目预算普遍由技术中心归口管理，企业所属单位和部门向技术中心申报科研项目，科研项目经企业科技委员会审核通过后，一并报预算管理办公室及预算管理委员会。

针对此种管理模式，有技术中心的受访者认为，"中心以外的科技项目的预算管理在实际操作过程中，中心无法掌握其科技项目的预算实际执行情况"；"我们想有所作为，集团只给总数，我们负责分到项目。"但也有技术中心以外的受访者反映，"由于专业性较强，导致预算审核无依据，技术中心自编自控，预算执行率较低。"

科技委员会以及技术中心立足企业全局，非局限于技术中心，开展科研项目预算管理。从调研情况看，技术中心以外其他单位和部门发生的科研项目比例较少，针对此部分科研项目经费预算，技术中心可重点发挥监督作用，各项目组定期向技术中心备案项目进展情况。对于技术中心内部的科研项目预算，可以技术中心自我管理为主，科技委员会监督其执行情况，技术中心定期向科技委员会报告科研项目进展情况。

（三）基础研究与应用研究

调查中，部分调查对象提到科研经费预算在基础研究与应用研究之间的分配比例问题。有的调查对象认为，"在研发资源配置方面，重心在应用研究上是无可厚非的。在条件允许时，需在管理制度和机制上，逐步增加对基础研究的投入，以期通过不同类型的研究项目的有效开展，有效激发科研人员的研究激情，历练科研团队，进而增强单位科研实力，为应用研究的有效开展积累资源。"但也有调查对象认为，"在资源配置方面，以解决品牌发展制约的应用研究为主，以支撑应用研究和提高质量安全的基础研究为辅"，"建议在确定研发项目经费预算时应该做更充分的调研；在资源配置方面，应该在做好基础研究的基础上更加重视应用研究的开发，把握市场脉络，进行创造性开发研究"。

科研经费究竟如何在基础研究与应用研究之间分配，与行业、企业战略规划对科研工作的要求相关，企业应兼顾长期目标与短期目标，不仅立足当前，更要注重科研工作对行业、企业长远目标的影响。

二、产品配方成本预算

产品配方不仅是卷烟品牌的重要品质因素，配方成本也是产品成本的重要影响因素，正如有的观点认为，"一个产品设计完了，75%的成本就已经定了"。

关于技术中心的成本责任，有受访者认为，"原料采购来以后，在烤片、配方打叶之前，我们（技术中心）什么都左右不了。原烟的价格我们左右不了，运输、加工我们也都不可控。唯一可控的就是要提出配方。"

（一）产品配方成本管理

据调研，各企业均比较重视产品配方，大多数企业开展了产品配方成本预算。针对新、老产品采用不同的配方成本预算管理模式如下：

1.新产品 "根据品牌规划，确定所开发产品价位，结合同档卷烟成本制定新产品配方成本预算"；"新产品配方预算是按照公司各类烟的范围指标来制定其烟叶及香精香料的配方预算。"

2.老产品 "依据市场反馈及时调整配方，对配方成本实施动态维护"；"中心的老产品配方预算是按照公司的对标指标制定的"。

有技术中心的受访者认为，"对于已经定型的老产品，尽管可以通过调整材料来降低成本，但是创新会带来风险，甚至直接影响产品的销量。比如，公司要求将某个牌号卷烟的每箱成本降低300多元，尽管在材料调整以后，其外在感观和内在品质变化都不是很大，但它的销量就降下来了，所以是否采取这样的做法，要慎重考虑。"

产品配方对于卷烟工业企业的重要性，不言而喻。由于产品配方涉及商业机密，因此本次调研未得到太多关于各企业如何管理产品配方的相关信息。仅从企业管理层面来讲，我们认为，企业需建立常规的产品配方管理机制，包括产品配方的职责落实、管理流程、成本决策以及追踪评价等。

（二）技术中心与其他中心的协调

在调研中，绝大多数调查对象未提及本单位的产品配方的管理流程（或许因为填写调查问卷的绝大多数是财务人员，其对本单位的产品配方管理流程不是很熟悉）。

我们认为，产品成本管理流程是企业中的重要管理流程，其不局限于技术中心内部，也涉及企业战略部门、营销中心、采购中心、生产中心之间的协调。

1.技术中心与营销中心

技术中心与营销之间的工作协调主要涉及新产品开发与老产品维护、市场调研等方面。

关于产品创新，有技术中心受访者认为，"理论上讲，技术中心追求创新，营销排斥创新。对于常规的事物，它（营销中心）不需要投入很多，靠惯性就能效果显著。而对于创新，它需要投入大量的营销。各个公司的技术和营销都是这样。"

关于如何建立两个中心的协同机制，某卷烟工业企业尝试对两个中心实施新产品销量捆绑式考核，即技术中心和营销中心共同承担新产品销量责任。有受访者建议，共同考核应分清主次责任，"现在考核，营销3分，我们（技术中心）8分。颠倒了，我们推大象的屁股，怎么推得动。（应该是）它拉着我们走。结果就是，去年给我们的考核是4分，跳起来要够得着，如果够不着，我们就放弃。"

在两个中心的沟通协调方面，有的企业建立了技术中心和营销中心之间的定期交流机制，"每个月都有，一般技术中心负责产品策划、产品开发的人员，营销中心负责市场和品牌的人员，集团负责战略研究的人员，以及分管销售的副总经理或分管技术的副总经理会在，总经理有时也会来"。

2.技术中心与采购中心

技术中心与采购中心之间的工作协调主要涉及原料采购、辅助材料采购等方面。

关于烟叶采购流程的衔接，各企业基本上都是由技术中心提出烟叶需求，采购中心负责具体采购工作。但有技术中心的受访者认为，"技术中心对于原料采购和使用的可控性相对比较低，采购中心能采购到什么烟叶，我们就用什么烟叶。即使我们每年都向采购中心提出采购需求，有年度原料采购计划，也有长期规划，但每年大概也只有60%~70%能够落实。原因之一是，烟叶作为农产品，其收成容易受气候等各种不可控因素影响；原因之二是，烟叶在国内是卖方市场，大家都抢着要。"

关于辅助材料的采购，有受访者建议，"技术中心应与采购中心沟通衔接，尽可能减少包装材料的规格，促使供应商改进包装材料工艺，减少从设计、采购到生产业务流程中的不增值工作，从源头上有效降低成本费用"。

3.技术中心与生产制造中心、卷烟厂

技术中心与生产制造中心、卷烟厂的工作协调主要涉及产品成本管理、质量管理等方面。

技术中心的产品配方成本是生产成本管理的基础和依据。企业需建立和完善生产成本管理机制，建立包括技术中心与生产制造中心、财务部门、经济运行部门等在内的成本管理组织，制定产品消耗定额及产品考核BOM（物料清单），设定成本管理目标。

技术中心在资源配置过程中，充分考虑与生产点的协同，完善制丝工艺质量管理、卷包质量保障、打叶复烤质量保障等体系的建设，为实现多点同质化加工、降低生产成本奠定基础。

三、产品定价

（一）产品定价管理责任和流程

从调研情况看，各企业产品定价管理涉及的具体单位和部门有所差异，一般包括战略管理部门、技术中心、市场营销中心及财务管理部门等。例如，某企业的产品定价由战略管理部门、技术中心、市场营销中心及财务管理部门共同参与，其中，战略管理部门负责"研究决定新产品的定位"，技术中心负责"研究新产品的配方成本"，市场营销中心负责"研究新产品市场可接受价位"，财务管理部门负责"测算新产品成本、收入和毛利"。

有部分企业的产品定价缺少战略管理部门参与，仅有技术中心、市场营销中心及财务管理部门参与。有受访者认为，在产品定价中市场营销部门发挥了重要作用，"领导、财务、经济运行、技术、营销等部门参与，但领导肯定要听营销部门的，因为最后是由它去卖。营销代表了市场"，这主要是因为"质量、成本是相对固定的，好卖不好卖，跟销售做到什么程度有很大关系。"

此外，有受访者反映，技术中心与营销中心之间在产品定价方面存在思路不一致的情形：一方面，"营销中心人员总是希望把价格定低一些，这个想法可以理解，毕竟把金子当铜卖、把铜当铁卖肯定好卖，他们压力会比较小"；另一方面，技术中心则担心，价格定得过低会影响产品获利能力，比如，一旦遇到烟叶配方调整、烟叶价格波动等情况，就容易导致"不赚钱"。

现阶段，一些企业是先有"价格"再有"产品"，即根据市场需求、本单位品牌结构以及市场同类产品等因素，先确定所开发产品的大致价位，再进行产品开发。在此种模式下，企业更关注的是产品的配方及成本。

无论是"先有价格再有产品"，还是"先有产品再有价格"，企业都应建立常规化的产品价格管理机制，其关键点主要包括：产品定价的参与部门以及具体职责、定价决策部门以及决策流程、产品定价需考虑的相关因素、产品盈利水平以及产品价格调整机制等。

（二）产品定价决策

从调研情况看，企业进行产品定价决策时重点关注三个方面：一是盈利能力。"新产品定价既要有市场竞争力，也要有一定的盈利能力，还要考虑长期盈利能力"；"单箱获利能力，肯定是要考虑的，但还要考虑品质因素"。二是成本导向。"新产品市场需求预测后，其成本取决于研发成本，要建立产品保本点的理念，实行成本否决机制"；"产品定价决策的成本信息要综合考虑公司整体的成本费用水平情况，以及成本费用刚性增长对产品成本的影响，从长远的角度加以考量，不能仅仅局限于并不全面的设计配方成本信息"。三是同类竞争产品。"在符合行业成本控制标准要求的同时，要与竞争品相比，具有一定的成本优势"。

在调研中，有技术中心的受访者反映，由于受到烟叶成本会计核算方法的影响，可能会导致"20元（零售价格）的烟的成本（配方成本）比30元的还高"。关于会计核算方法影响烟叶成本的问题在第一章会计核算信息相关内容中已探讨。

我们认为，虽然从会计核算信息系统比较容易获取相关参考信息，但由于受到会计核算方法（如存货计价方法、固定资产折旧方法、费用摊销方法等）的影响，相关信息未必能够有效支持产品定价决策。为了满足产品定价相关信息需求，企业可以从决策相关性、定价参与者可理解等角度建立产品定价决策支持信息系统。

四、卷烟销售预算

（一）卷烟销售目标管理

从调研情况看，一般情况下，卷烟销售目标管理涉及经济运行部门、营销中心、技术中心、生产制造中心以及财务部门等单位和部门。例如，某企业由经济运行部门制定一级方针目标，包括销售总量、总收入、单箱销售收入、税利指标等；营销中心根据一级方针目标确定销售总盘子，包括各牌号、规格的卷烟销售量和收入、各销区销售情况；营销中心与技术中心沟通衔接产品维护、新品推出等计划；营销中心与生产制造中心沟通衔接生产安排、品牌合作以及卷烟回购等计划；营销中心与财务部门沟通衔接货款回收等计划。

（二）销售目标在销区之间的分解

销售目标在销区之间的分解，是营销中心内部重要的预算管理内容。据调研，不同企业的管理模式有所差异，大部分企业采取"自下而上，自上而下，上下沟通"的模式，即由各销区先行申报本销区的销售目标，再由中心根据年度销售总目标进行平衡，审定并下达各销区的销售目标。少数企业采取"自上而下"的销售计划分解方式，即直接由中心确定分解计划并下达至各销区。

例如，某企业制订销售分解计划重点考虑以下因素：

1. 企业品牌战略、营销战略和战术需求。

2. 各销区历史销售（可使用该销区的历史销售数据，老产品可参考一至三年的历史数据分解到销区），营销环境（指该销区的主要竞争品牌的营销策略以及烟草商业公司、终端零售户、消费者对产品的认可度），资源配置（指为该销区投入的人力、物力和财力等资源）等因素。

3. 各销区主管草拟的所在销售区域的分解计划。销售分解计划在制订过程中应注意上下结合，反复沟通，确保分解计划切实可行。

企业对牌号（规格）进行分类，以确定分解顺序。维度1为销售目标增长率（与上年实际销售量相比），以低于0、0~40%、高于40%为区间。维度2为销区烟草商业公司的订货量与销售目标的比率，用来评估与销区的衔接，以低于90%、90%~100%和高于100%为区间。维度1和维度2的组合见表3-1。

表3-1　　　　　　　　**牌号（规格）分类维度表**

分类维度	维度1(<0)	维度1(0~40%)	维度1(>40%)
维度2(>100%)	第1类	第2类	第3类
维度2(90%~100%)	第4类	第6类	第8类
维度2(<90%)	第5类	第7类	第9类

第1~3类牌号（规格）的分解注重各销区间销售量的平衡，以品牌结构方案中的该品牌（结构）确定的年度销售量为上限。

第4~6类牌号（规格）的分解较为困难，可根据对各销区市场类型的划分确定合理的销售量目标。

第7~9类牌号（规格）属于在上年基础上有较快增长的新推出的产品或者与销区烟草商业公司订货意向脱节的产品，其分解最为困难，是需要重点关注的牌号（规格）。

（三）关于销售货款管理责任

据调研，绝大部分调查对象认为，营销中心应当承担实质收款责任，即"营销部门负责客户资料的建立和维护，定期进行内部对账，具体操作回收货款及催讨逾期货款"；财务部门"定期将逾期货款清单提交销售部门，协助销售部门催讨货款"。

部分企业"往来账款的职能没有放在营销中心，而放在公司财务部门"，相关受访者认为，"开发票、回收款、催收这三块应该在一起。营销中心目前的职能只能是协助，营销代表协助财务部收款"。

我们认为，在销售货款管理中，财务部门需要承担向有关部门报告应收账款超出（或接近）信用政策账期等相关信息的职责，销售部门则需承担回收货款职责，一是因为销售部门不仅承担卷烟销售责任，而且还应充分关注销售业务的现金流管理；二是因为销售部门承担客户管理职责，包括掌握客户信用状况。

五、宣传促销预算

（一）是"行业内部交易成本"还是"市场化改革的必要投入"？

对于卷烟工业企业发生的宣传促销费用，有看法认为此耗费属于"行业内部交易成本"，也有看法认为其是"市场化改革的必要投入"。

根据本次调研，绝大部分调查对象认为，宣传促销费用是市场化取向改革的必要投入，其理由主要是："宣传促销的重点应该是品牌市场，让消费者了解此品牌区别于其他品牌的特征与优点，让消费者和批发、零售客户得到更多的实惠，建立起对品牌消费和销售的信心，树立消费者利益至上的宗旨，扩大品牌的影响力，因此推销品牌是需要成本的。"

少数调查对象认为，现阶段部分宣传促销费用属于"行业内部交易成本"，其理由主要是："宣传促销费用在一定程度上对本公司卷烟品牌的推广宣传起到了很好的作用。但是它近些年增长过快，而且其中的大部分被用于工商之间的协调配合方面。所以，原则上赞同此耗费属于'行业内部交易成本'的观点"。相关调查对象进一步提出："建议总公司进一步理顺行业工商之间的关系，避免不必要的内部耗费，在同行业内应该可以大幅降低此费用。"

据调研，绝大多数企业的宣传促销预算由营销中心归口管理，但办公室和党政部门也会承担少量企业形象和品牌形象宣传工作。例如，某中烟根据宣传促销工作内容，明确了营销中心、办公室以及党政部门的管理职责："我公司宣传促销工作包含企业形象宣传和品牌形象宣传两个层面，企业形象宣传又包含政策层面企业形象宣传和企业文化建设宣传两方面内容。（1）宣传促销工作由营销中心统一归口管理，营销中心负责宣传促销计划和预算的统一编制，同时负责品牌形象宣传的组织实施。（2）办公室负责政策层面企业宣传的计划、预算提报和组织实施。（3）政工部负责企业文化建设宣传的计划、预算提报和组织实施。通过实际运行，宣传费管理的职责更加清晰，流程更加顺畅，确保了宣传促销工作的有效开展。"

（二）宣传促销费用管控机制

宣传促销费用是行业目前重点控制的费用之一，因此，各企业也将其纳入了重点费用管控范畴。关于宣传促销费用管理机制和倾向性，调查对象的看法主要包括：

1.重点支持

营销费用多少年都没增加过了，这块是在市场中硬碰硬的；费用实际投入多了，是否真的浪费，值得讨论。另外，从个体企业来看，品牌宣传费，在允许的情况下，投入多一点。费用花多少，倒是其次，主要是其产生的效果。

2.结合品牌发展目标实施管控

总公司要对该项费用进行控制的话，首先要把握好公平原则，其次要考虑行业政策，而不能按上年实际数搞"一刀切"做法。

3.宣传促销费用向终端建设倾斜

4.分类管理

对于品牌发展趋势较好、市场销售增量较明显、急需重点培育与巩固的卷烟产品，可以在总量控制的前提下优先给予预算支持；而对于消费者认知度较高、市场销售平稳的卷烟产品或者新发布的、对企业战略有重大意义的卷烟产品要采取专项预算支持。

5.建立评价机制

宣传促销费投入前应实施可行性论证，评估投入回报率，同时建立事后评价机制，适度控制宣传促销费用，从而取得最好的效果。

（三）销区宣传促销费用管理模式

销区宣传促销费用管理主要涉及销区费用预算申报和分解下达流程、费用预算执行管控以及执行效果分析等方面。我们认为，企业销售部门可注重培养销区的责任意识，建立销区自我管理模式，提高费用投入产出效率。

例如，红塔集团对营销费用预算采用"先上后下，上下结合"的编制流程。首先，营销中心主要依据各销区的销售目标，并适当兼顾下一年度营销规划的重点工作，将营销费用总预算分解至各销区；其次，各销区再根据自身的工作计划以及下达的初始预算，编制具体预算草案并提报到营销中心预算管理委员会评审。营销中心预算委员会主要从两个维度考虑各销区资源配置：一是目标销量大小，二是目标销量同比增加量。这样做既能实现资源有效配置，也能反映出资源配置过程的公平性，同时使各级市场营销人员体会到营销资源与目标任务的紧密联系，充分发挥其工作积极性与创造性。

在预算执行中，各销区要根据工作计划及其预算，结合市场变化情况，在年度销售目标确定的前提下，按季度滚动制订营销方案，并报品牌管理部门评审。品牌管理部门主要对方案可行性、费用合理性、活动规范性进行评审，并将评审意见及时反馈给各销区。各销区按照品牌管理部门的评审意见对营销方案进行修订，并按照营销方案要求，选择合适的合作方开展营销活动。在这个过程中，营销中心预算委员会强化了品牌管理部门对营销作业活动及预算执行的过程参与和结果监督。

红塔集团注重强调由各销区对营销费用预算执行情况进行分析，这样做，有利于预算分析与经济运行分析相结合，提高分析质量。品牌管理部门在各销区分析的基础上进行整体分析，这有助于落实品牌发展目标以及资源在不同品牌之间的有效配置。

六、烟叶采购与烟叶基地建设预算

（一）烟叶采购与库存预算

1.烟叶采购管理模式

据调研，大部分企业烟叶采购由采购中心统一管理并实施；部分企业在统一管理下，由生产点分片区实施具体采购工作。技术中心负责制定年度烟叶需求规划，采购中心依据规划编制烟叶采购资金预算方案并组织实施。由于受行业计划管理和烟叶生产特点的影响，因此，烟叶实际采购与年度规划会存在部分差异。

2.烟叶库存管理责任

烟叶库存管理主要涉及技术中心、采购中心、物流中心以及卷烟厂。部分调查对象认为，技术中心承担烟叶库存价值责任；"技术中心对以前年度库存一直未用或使用较少的烟叶和烟用物资要提出较好的消化使用方案，避免长期不用造成的损失和浪费"；采购中心也需承担烟叶库存价值责任（受采购计划安排的影响）；物流中心承担库存烟叶在库保管责任；烟叶库所在的卷烟厂则需要负责烟叶仓库的安全责任。

3.烟叶生产年度对烟叶采购预算的影响

据调研，绝大多数企业按照公历年度（每年1月1日到12月31日）编制烟叶采购资金预算，但烟叶采购期间通常会跨年度（每年7月1日到次年6月30日为一个烟叶生产年度），导致资金预算执行与预算方案之间容易产生衔接问题。有受访者表示，"比如，在2012年年底编制2013年烟叶采购资金预算时，因为2013年1—6月的烟叶采购工作已经基本完成了，所以这段时间支付的资金相对较少。而2013年7—12月将要发生的资金支付，属于2014年这个烟叶年度的，资金支付占大头，但在编制年度资金预算时，2014年度的烟叶采购计划还没出来，预算缺少依据，要等到2013年年中出计划了以后，才能编制出这段时间的资金预算，执行起来也才有依据。"

此外，也有受访者反映，烟叶采购资金预算执行情况会受商业企业是否及时结算的影响，"烟叶采购款是否及时结算对现金流影响很大，结算和采购进度有关，采购完成结算以后就要向商业企业付款，有70%的资金预算都是这样执行的；也有我们需要提前向商业企业支付预付款的情况，大约占采购资金的20%；另外，商业企业有将结算时间延后的趋势，一般情况下，到当年的12月31日，这个烟叶生产年度的烟叶就都采购完成了，但实际结算会延迟到第二年，这可能和烟叶分级、交付（比过去要花更长的时间）有关系"。

（二）烟叶基地建设预算

1.烟叶基地建设管理责任

在卷烟工业企业内部，烟叶基地建设工作涉及的单位主要包括技术中心和采购中心。从调研情况看，各企业承担烟叶基地建设管理责任的单位也有所差异，部分企业由技术中心提出基地建设规划，采购中心负责组织实施，"技术中心做规划、做评价、做指挥，它说这里品质好，我们就去做基地"；"烟叶基地建设支出预算由物资采购中心依据公司烟叶基地发展规划，编制年度基地建设支出预算，经技术中心审核，提报公司审批，按批复后预算执行"。部分企业直接由"技术中心根据公司工作目标编制烟叶基地建设支出预算"，少数企业采取"由公司原料供应部门归口管理"的方式。

2.烟叶基地建设的投入形式

行业相关文件对烟叶基地建设的投入机制进行了规范。在实际工作中，对烟叶基地建设以何种形式投入还存在一些模糊。

关于烟叶基地建设投入，我们建议，行业应在资源配置改革的基础上，进一步深入研究工业企业参与烟叶基地建设的方式，工业企业对基地建设投入的具体方式及相关产权归属等问题。既要使投入资产产生效益，又要处理好与商业及当地政府之间的关系。

七、物资（除烟叶外）采购预算

（一）集中采购与分级采购

据调研，绝大多数企业均采取了集中采购和分级采购相结合的管理模式。例如，某企业针对常用烟用物资（盘纸、嘴棒等），由采购中心"统一管理、统一招标、统一采购，生产点负责接收、使用和日常仓储管理"，其他烟用物资则由"生产点提出预算申请，在批复范围内自行组织采购"；机电配件由"公司统一对供应商评价筛选，建立供应商档案库，生产点在档案库选择供应商并进行采购"。

有受访者建议，物资采购可以充分授权下属生产点，以便降低采购成本，"采购业务在归口方式上依据原、辅、备等不同属性分别归口到不同的业务部门，公司通过招投标管理模式统一确定合格供应商后，应当充分授权各厂归口部门，原则上采取避远就近，降低采购业务的周转成本。归口部门在采购资金的配置上应优先满足生产急需，合理规划经济批量，合理安排库存"。

（二）物资需求、采购资金预算及库存管理

从调研情况看，大部分调查对象提到本单位采购资金预算是根据物资需求部门提供的年度物资需求计划编制的。从实践观察看，部分企业存在采购资金预算与物资需求计划之间相脱节的现象，主要是因为：一方面，采购部门与物资需求部门之间缺少沟通衔接，采购部门编制采购资金时"一般根据往年情况编制"，而没有根据物资需求编制，这样可能导致采购预算无法真实反映物资需求。另一方面，企业在审核预算时，"对费用审核比较严，通常会砍一些，对采购资金基本就不怎么审"，这样导致"采购资金预算比较松，费用预算比较紧"，在这种情况下，部分使用单位和部门产生了"公司鼓励采购，但不鼓励使用"的误解，从而可能导致物资库存过大。

我们建议，采购预算可以重点把握三点：

一是使用部门合理预测物资使用情况。此点是采购与库存预算的重要基础。以机电配件的采购与库存预算为例：在实际工作中，部分受访者反映，编制预算的难点是机器设备故障很难预测，特别是对于生产车间来说。使用部门可通过注重积累基础数据，分析影响设备故障的重要因素，逐步提高工作管理水平。

二是采购部门要注重与使用部门之间的流程衔接。采购资金预算要能够反映使用需求和库存情况。

三是企业要合理制定库存管理政策。库存管理政策要充分考虑紧急需求、物资采购便利性、临时采购成本及资金占用需求等。企业可以根据物资特点，对库存实行分类管理政策。

实际工作中，部分企业提出"零库存"的管理目标，"机电配件的采购要实行总额控制，同时按供应商的远近、供货时间等进行区分，有条件的配件采取'零库存'或'低库存'，尽量避免采购进来的机电配件'低使用'，造成资金沉淀，甚至造成损失、浪费"。但有受访者认为，实际中也存在"假零库存"现象。"不论车间是否真正需要，采购部门都要求配件采购回来以后马上领用，还必须领完你申请的金额，以追求所谓的'零库存'，因为公司要考核库存。但是配件有可能还'躺在车间睡大觉'，账面上看库存是零了，如果是这样的'零库存'，建议还是不要为好。"

（三）关于寄售制

调研中，部分调查对象提到本单位的部分物资采购（如辅料、零备件等）采取了寄售制模式。"规范的程序选定供应商后再寄售，是很好。我们这边也做了两家寄售。寄售是不入库的，系统里可以看见，只是没有价格。先手工记，再一个季度跟供应商结。多的时候，供应商提出要求也可以提前结。机电配件一般周期长，季度结。机电配件一年寄售结算金额不多。从公司角度来讲，辅料的寄售资金相当大。"

部分受访者反映，目前寄售制存在实际耗用滞后反映的情况。例如，"成本反映不真实——实物用了，账没下，这造成他们自己可以控制成本"；"有些物料采用寄售，要等东西用了，采购中心过一段时间才会向供应商下单采购，才能在账上反映出来用了多少。有时物料用了，几个月后才反映出消耗，比如5月用了150万元物料，实际只反映出40万元，没法完全反映出哪个部门用了多少，这容易导致预算控制滞后。合适的做法是：寄售的物料入库就应该马上预估入账，一边计入资产，一边计入负债，在领用时就可以马上作费用，并且反映出哪个部门实际领用、消耗了多少，但这样操作比较复杂，谁来负责处理呢？"

我们认为，企业可以根据物资使用特点和采购便利性等因素，适当采用寄售制，但应规范管理寄售物资的保管、领用以及成本核算等工作。

八、生产成本预算

（一）生产成本管理责任

实践中，很多企业将生产成本的管理重点聚集在生产制造环节。我们认为，卷烟工业企业的生产成本管理责任并非只由卷烟厂承担，技术中心、生产制造中心、采购中心也需承担相应的管理责任。例如，技术中心的产品配方和生产工艺要求、生产制造中心的生产计划安排、采购中心的物资采购单价，以及物资供应及时性和质量的稳定性等都会对生产成本产生影响。从这个方面看，生产成本管理内容也不只是生产实物消耗。因此，不论企业对生产业务采取何种归口或分级管理模式，均需要明确各中心、卷烟厂以及相关部门的成本管理责任。

就卷烟厂内部而言，需要明确各生产环节的成本管理责任，例如，将生产相关环节划分为制丝、卷包、薄片生产、嘴棒成型、能源供应、生产准备、生产管理等，按照工作职责明确各环节的成本管理责任。

（二）标准成本管理

据调研，部分行业企业实施了标准成本管理。例如，红塔集团将卷烟生产划分为制丝、卷包等7个环节，对每个环节的每种半成品及产成品均制定了标准消耗定额、标准价格和定额费用标准，细化了成本管理的对象，成本管理由过去的结果管理转变为过程管理。

根据调查对象的看法，目前企业在实施标准成本管理过程中遇到的问题主要包括：

1. 责任落实

部分环节成本管控责任不明确；"制定成本定额不是财务部门自己的事，应与生产车间、能源管理部门、人事部门、设备管理部门联系起来，各自制定额标准并进行相应的管理，共同起到控制产品成本的作用。

2. 相关责任部门间信息不对称

3. 标准成本管理与成本预算之间的关系处理

预算与标准成本中的费用控制存在重复，比如，维修费、劳动保护费在预算中被控制一遍，在标准成本中又被控制一遍，以致形成重复控制；

标准成本考核与预算考核存在冲突。

4.管理水平达不到要求

受企业技术、设备及生产力现状的影响，标准成本定额与行业标准，甚至与省内标准都有一定差距，造成预算编制的最终结果达不到中烟预算管理工作要求，使标准成本管理处于粗放模式。

我们认为，标准成本管理与成本预算管理都是进行成本管理的手段。二者之间的关系有两种处理方式：一种方式是两条线管理。尽管前文提到"预算管理在企业的应用"是由"标准成本"衍伸产生的，但随着预算管理的发展，其已成为一项独立的管理工具，成本预算未必要以标准成本为基础进行管理。但"两条线"的管理方式不仅增加了管理成本，而且容易给生产单位造成困扰。另一种方式是成本预算直接利用标准成本进行管理，即将标准成本作为成本预算管理的依据。此种方式降低了管理成本，但标准成本需要在每年编制预算时进行修订，否则按照原辅料、人工、费用等需求预测编制的成本预算，与按照标准成本编制的成本预算，可能会存在差异。从现阶段的实际工作来看，有的企业的标准成本中的人工标准、费用标准多是根据生产环节的人工预算、费用预算倒算出来的。

（三）维修费用预算管理

维修费用预算是生产预算管理的重要内容。据调研，维修费用预算管理主要采取归口管理与自我管理相结合的方式，即公司设备管理部门（或其他管理部门）归口统筹所属单位和部门的维修费用预算，各单位和部门在总额核定的基础上实行自我管理。

在实际工作中，企业可根据维修项目类别，对维修费用实施分类管理。例如，某企业将维修费用分为大修理维修、基建维修及汽车维修等，对各类维修费用制定了不同的管理模式：

1.大修理维修费用预算：由装备技术部门归口统筹，各厂上报大修理项目计划，实际发生时占用企业设备设施大修理维修费用预算，而不占用企业核定给各厂的设备设施维修费用预算。

2.基建维修费用预算：采取专项管理，各厂按照明细项目进行申报和执行，统一由企业装备技术部门审核。

3.汽车修理费用预算：授权各厂自行控制。

4.其他修理费用预算：除大修理、汽车修理和基建维修以外的所有修理项目采取总额核定的方式，综合考虑各厂的资产原值、维修费用历史数据、产量、成新率等进行核定。

此外，关于维修费用预算管理，受访者提到，其在实际工作中的难点主要是很难准确预测设备故障率，因此，"很难编制相关预算"。我们建议，可从三个方面把握这一问题：一是预算编制并不是追求准确，管理也无法达到百分之百满意，只要相对满意即可。也就是说，在现有管理水平下，努力达到相对满意的故障预测水平。二是卷烟厂等单位在执行维修费用预算时，需做好记录及核对，从维修类别、受益环节等多个维度分析预算执行结果及各种措施对维修费用的影响。通过对历史数据的积累和分析，在可能的情况下，尽量提高设备管理水平。三是企业可以通过维修费用预算评价，提升卷烟厂等单位的经营意识和自我管理意识，调动相关单位和员工的工作积极性和主动性。

（四）能源预算管理

能源管理所涉及的责任单位主要包括卷烟厂、计划管理部门、设备管理部门、采购中心等。卷烟厂内部的相关责任机构涉及生产计划管理部门、能源供应部门、能源使用部门、能源采购部门及设备管理部门等。企业明确能源相关责任单位和部门的管理责任，可以重点把握以下几点：

1.各级计划管理部门（如企业经济运行部门、卷烟厂生产计划部门）要为能源消耗相关预算决策提供生产量等参考数据，评估生产组织方式对能源消耗的影响，在不影响卷烟销售的前提下，通过合理安排生产计划以降低生产环节的能耗水平。

2.卷烟厂能源供应部门（如动力车间）通过采取节能降耗措施，提高能源转换效能和综合利用水平，既要确保能源供应设备正常安全运转，又要确保合理的资源投入，尤其是要合理配置人员，并努力降低物料消耗。

3.卷烟厂能源使用部门（如制丝、卷包等生产车间以及卷烟厂各管理部门）的能源需求由能源供应部门统一预测：

（1）一般通过生产量和历史数据或预算定额标准即可计算出生产部门能源需求量（除非设备能耗水平发生重大变化）。

（2）管理部门若非有特殊情况（工作内容、范围等发生变化而影响能源需求的），可不专门提报。由于能源使用部门涉及面较广，企业或卷烟厂可根据实际情况和管理模式，指定不同需求环节的归口管理部门，划分归口管理责任范围。

4.能源采购部门以合理的采购价格实现外部能源供应与质量的稳定。企业可根据不同的能源项目或性质（由公用事业单位统一供应或市场竞争性供应），指定不同的采购部门，但应明确各自的预算管理责任。

5.企业各级设备管理部门在参与投资预算过程中需统筹考虑采用新的能源转换和利用方法以更新能源、生产等相关设备，提高能源供应部门能源设备的转换效率，降低使用部门能源使用设备的消耗水平。

此外，在考虑成本效益原则和重要性原则的前提下，企业可采用一定的计量方式，对能源相关预算执行结果进行记录，尽可能区分各环节的能源耗用，不能用计量工具计量的，可采用合理标准进行分摊，尽可能区分责任以及不同因素的影响结果。

九、品牌合作生产预算

品牌合作生产是行业整合资源、增强强势品牌竞争力的一项有力举措。从本次调研情况看，无论是品牌输出企业还是品牌输入企业，关于品牌合作生产工作提及内容相对较少。除个别调查对象外，绝大多数调查对象认为，本单位与合作方的"合作关系较好，不存在问题"。

（一）品牌输出方

企业作为品牌合作输出方，其与品牌合作生产相关的预算管理内容主要包括：卷烟回购及销售、烟叶销售、辅材及备件销售、运输费、相关人员的差旅费和招待费等预算。从降低管理成本，提高资源利用效率以及产品品质的角度，品牌输出企业的相关预算管理可重点关注提升单点加工规模。

有受访者认为："现阶段，作为品牌输出方，算下来基本上是亏的。"从这方面看，对于品牌输出企业来说，品牌合作生产的战略意义或许更大于其经济意义。有受访者建议："总公司应采取相应措施，从各方面协调好输出方与输入方的利益关系，加入输出方的品牌宣传投入费用，在真正意义上做到双赢。"

本次调研，了解到的关于合作生产卷烟"落地销售"情况的有关信息较少，因此无法分析"落地销售"与"卷烟回购"的具体情况。从个别企业来看，某输出方企业受访者反映，2011年，其合作生产卷烟"一半能够当地销售，即落地或就近销售，一半拉回××（该企业所在地）入库，根据订单配货后再发到最终实际销售地"。由于该企业地处相对偏远的西南地区，"回购卷烟"的做法增加了企业的物流费用。从有效利用资源的角度，企业需合理规划合作生产品牌是"落地销售"还是"回购后销售"，并考虑其他不可控因素的影响。此外，从战略合作的角度，品牌输出方应更加注重自身管理理念和管理模式对合作生产企业的影响，以便打下更坚实的合作基础。

（二）品牌输入方

企业作为品牌合作输入方，其与品牌合作生产相关的预算管理内容主要包括：卷烟销售、生产成本、烟叶采购、辅材及备件采购等预算。从有效利用资源、降低管理成本的角度，品牌合作输入企业的相关预算管理可重点关注明确专门生产点，集中生产合作品牌。

有受访者反映，在品牌合作生产方面尚存在一些待解决问题，主要包括："联营加工总量变数大、不易确定"；"加工品牌结构偏低，加工意义不大"；"加工后款项回收不及时"；"自有品牌与合作生产品牌在产量计划和生产安排方面存在矛盾"。

对于上述问题，我们建议，品牌输入方可从战略层面认识品牌合作生产对本企业的意义，加强与输出方的沟通衔接，做好自有品牌和合作品牌之间的生产计划安排，合理安排品牌合作生产所需资源。我们认为，从长期来看，品牌输入方不仅要输入生产加工，更重要的是，要输入品牌输出企业的先进管理模式。

十、物流业务预算

从调研情况看，对于大部分卷烟工业企业来说，由于物流业务整合时间不长，物流业务管理基础比较薄弱，从而使得物流业务预算管理工作尚缺乏规范的业务管理基础。

（一）物流业务管理模式

目前，部分企业已着手建立物流中心。在物流业务整合之前，卷烟工业企业物流业务管理和具体运作的职责分布在营销中心、采购中心、卷烟厂等单位；物流业务整合后，涉及这些单位与物流中心之间的职责划分。

从调研情况看，总体而言，物流中心与营销中心、采购中心之间的职责划分相对比较清晰，主要涉及卷烟销售、原辅料采购和入库、配件采购与入库等相关信息的衔接。

物流中心与生产点之间的职责相对复杂。由于仓库分布在各生产点，实际承担仓储保管责任的是各生产点，因此，各生产点基本上都设有仓储部门和配送部门。物流中心与各生产点仓储配送部门之间的管理关系，是理顺物流中心与生产点之间职责划分的关键。

按照物流中心与生产点之间的管理关系，企业在物流中心建设中需明确哪些职责由物流中心集中管理，哪些职责由生产点进行属地管理。例如，有企业物流中心的受访者反映，"目前物流中心报预算，各厂执行，但各厂发生的仓储保管费，如买不买、买多少，物流中心并不知道，建议由各厂申报，这样作预算，属地执行会更好，申报、执行与公司沟通也会更方便。对于运输费用、仓储保管的杀虫等费用，不知道哪些由工厂负责，哪些由物流中心负责，则需要进行明确"。

我们建议，对于物流预算可实行分类管理：对于需要物流中心统筹管理的预算项目，可由物流中心集中管理；对于属地化较强的预算项目（如仓库的警卫消防预算），可由卷烟厂自行管理，并报物流中心备案管理。

行业个别企业有独立的储运公司，相关业务较为简单，物流业务预算仅涉及支付给储运公司的相关费用预算。

（二）物流作业管理

正如前文所提到的，规范的物流作业是物流预算管理的基础。现阶段，相对商业企业来说，卷烟工业企业的物流作业规范尚不是很成熟。尽管行业已经颁布了卷烟工业企业物流作业规范相关文件，但由于物流作业实际因素（如物流线路、仓库位置、运输工具等）影响较多，因此对于具体企业来说，制定符合本企业实际情况的物流作业规范是物流体系建设的重要内容。

此外，物流作业量也受到一些非正常因素的影响。例如，有受访者反映以下情况："（1）仓库不够用，导致需要不断调库，这会增加无效作业量；（2）市场变化，导致业务量增加；（3）公司业务调整，影响到各厂时，各厂原预算业务量要给予相应调整。例如，从联营加工企业回购烟运回 A 地比运到 B 地远 800 千米，调整到 B 地后，从公司角度来讲，节约了成本，但从 B 厂的角度来讲，增加了成本。业务调整后，B 厂的相关业务量预算要增加，费用要给予调整。但现在 B 厂没调整，工作量大了，费用少了，搬运工走了很多，年轻力壮的都走了，剩下了很多老弱的搬运工。

（三）物流信息化应用

我们认为，信息化应用在物流业务管理以及预算管理中起着重要的作用，信息化应用的重点在于相关业务数据的传递和衔接。例如，通过烟叶调运计划的信息传递，物流部门合理安排烟叶物流作业计划。

虽然提升物流系统的信息处理能力会导致信息系统成本的大幅攀升，但作业和时间的节省可以降低其他物流成本。提升物流信息处理能力，可以确保信息流畅通，便于安排仓储作业计划，降低仓储成本；还可以提高订货提前期的稳定性，可降低安全库存，降低库存持有成本；此外，还便于安排运输计划，缩短运输时间和提高运输准确率，降低运输成本。

十一、国际业务预算

卷烟工业企业与国际业务相关的预算管理内容主要包括：出口产销量预算、出口卷烟收入与成本预算、品牌宣传促销费、运输费、保险费、代理手续费等预算。

根据行业关于拓展卷烟国际市场的文件规定，卷烟工业企业扩展国际业务的主要运作模式包括：海外生产销售基地建设、境外销售网络建设、一般贸易出口等；其他运作模式包括：与跨国烟草公司的战略合作、与海外经销商合作、并购重组、资本运作等。

目前，大部分企业的国际业务方式以一般贸易为主。与建厂、建网等实体运作相比，卷烟一般贸易风险小、短期效益大、压力小、对销量目标的贡献大，因此，工业企业更有动力采用一般贸易手段来完成海外销售目标（省级工业公司业绩考核主要关注销量目标，并不是很关注销量是通过什么模式实现的）。

有调查对象认为，尽管行业出台了拓展卷烟国际市场的激励政策，但相关文件中"专项资金的内容不明确，无实施细则，执行困难"。因此，调查对象建议细化国际业务的专项预算。

从预算管理的角度来讲，可以考虑从以下四个方面支持国际业务发展：

1.行业可考虑将国际业务预算列为或视同"专项预算"管理，要求中烟国际、省级工业公司等涉及国际业务的单位编制国际业务专项预算。国际业务专项预算管理应注重：增强各层面国际业务的工作计划性、资源配置的配比性；整体把握全行业国际业务专项投入；对资源配置结构、流动方向、投入产出效率等做到心中有数；行业、企业可有的放矢地考量国际市场投入。

2.从行业层面明确或完善各项激励政策，如配套支持资金、境外宣传促销费、出口产品研发经费等。

3.可考虑制定国际业务专项预算指南，从行业、企业两个层面规范国际业务专项预算管理。

4.在国际市场拓展初期，强化预算管理的资源配置功能，淡化费用控制功能，预算分析与评价侧重业务分析以及相关业务的效率和效果。

十二、人力成本预算

（一）工资

工资预算由企业人力资源部门归口管理。工资预算重点涉及企业对相对独立运作的中心、卷烟厂的管理模式，例如，某企业对"四中心"和卷烟厂的薪酬管理权限的划分是，企业决定四中心和卷烟厂的工资总额、岗位工资标准，各中心和卷烟厂在工资总额管理政策下，可自行确定绩效工资基数和系数。从预算管理角度看，企业管控四中心和卷烟厂的工资总额预算，四中心和卷烟厂进行本单位内部的工资预算管理。

（二）员工福利

相对于工资，员工福利组成项目较多，归口管理模式相对复杂，企业需要根据实际情况和部门职责，确定具体福利项目的预算归口管理部门。例如，某企业员工福利项目、离退休人员费用等由人力资源部门归口；体检、医疗等费用由公司服务中心归口；防暑降温费用由安保部门归口；疗养、慰问、困难补助等费用由工会归口。

员工福利也涉及企业对相对独立运作的四中心和卷烟厂的管理模式，即哪些福利项目由公司统一管理，哪些福利项目由各中心、卷烟厂在福利总额控制下实行自我管理。企业需要根据"四中心"的人力资源管理权限确定。

（三）职工教育经费

与工资和员工福利相同，职工教育经费也涉及两级管理问题，即职工教育经费项目由公司集中管理、统一分配，还是由各中心和卷烟厂自我管理、自主使用。针对职工教育经费，两种管理模式各有利弊：

1.集中管理有利于企业根据职工教育发展规划统一使用相关经费，避免重复出现相同培训项目，提高资源利用率，但此种方式不利于各单位和部门的自我管理，统一培训项目未必能够满足各单位的个性化需求。

2.自我管理有利于满足各单位的个性化需求，但在此种方式下，各单位可能出现重复培训项目，同时也未必符合企业对所属单位的培训要求。

例如，某企业对员工培训实行集中管理和自我管理相结合的模式，公司人力资源部统一负责全公司的中高层管理人员、高技能人才的教育培训；相对独立运作的中心和卷烟厂主要负责本单位基层员工的岗位技能培训（如业务类、维修操作类岗位的员工技能提升培训）。

（四）工作任务承包费

工作任务承包费是由人力资源部门承担管理职责，还是由具体用工单位或部门承担管理职责呢？据调研，人力资源部门认为，由于具体用工受到业务流程、工作性质等因素的影响，人力资源部门"对这些业务因素不是很清楚"，因此，由人力资源部门负责工作任务承包费的管理"存在一定的法律风险"，"业务部门管理更合适"。

我们认为，站在公司层面看，人力资源部门需要统筹整个公司的人力成本，工作任务承包费是其中重要的一部分内容。人力资源部门不一定要承担编制费用预算的职责，但需要承担人力资源相关政策的指导职责，以确保相关用工的规范性。人力资源部门要与用工单位共同制定相关用工数量以及费用标准。

十三、安保费用、会议费、业务招待费、差旅费等预算

（一）安保费用

据调研，安保费用预算的管理模式主要是企业安全保卫部门归口管理，各单位（主要是卷烟厂以及与企业不在同一办公地点的中心）自我管理本单位的安保费用预算。

据调研，安保工作主要承担消防、交通、内部治安、环境、禁毒、应急、防灾减灾、国家安全（出国人员等）等管理职能。由于安保工作具有较强的属地性管理特点，因此具体企业的管理模式可能会存在差异。例如，对于消防管理模式，有的企业采取每年支付给当地消防大队一定费用的方式，有受访者反映，此种方式存在"调不动"的情况，"本来想费用减下来，结果可能会更高"。有的企业采取本单位成立消防中队的形式，此种方式的"费用较高"、"涉及人员管理"，但"比较容易调动"。有的企业自有消防车，不仅内部使用，也要服务于地方（此部分比例可能更大）。

此外，安保工作的另一个特点就是存在无法预测的事项，且有些事项需要紧急处理。例如，有受访者认为，"安全这块不可预见的事情太多。按部就班做，如总公司来检查，有问题立马整改"，"安全方面的突发事件太多，如果发生变化要用钱，那就来不及了"。受访者建议，针对此种情况，可适当增加安保方面的不可预见项目预算额度，或者"给个绿色通道，由副总控制，制定规范审批程序"。

（二）会议费、业务招待费、差旅费等

据调研，会议费、业务招待费、差旅费等预算的管理方式有三种：第一种是归口管理部门集中管理，不分解到单位和部门；第二种是下达到各单位和部门自我管理；第三种是归口部门管总额，各单位和部门自我管理

本单位和部门额度。实际工作中，企业对各中心、卷烟厂和本部职能部门多采用第三种管理方式；各中心、卷烟厂内部则第一种和第三种管理方式兼而有之。

集中管理和自我管理两种方式各有利弊：集中管理有利于调控资源，但可能引起"各部门争抢资源"；自我管理有利于各部门自觉控制资源，但可能出现"这个部门有多余，那个部门不够花"的情况。

例如，有受访者反映，"办公、差旅、接待、会议费用今年是集中管理的，以前是分到部门的。改变的原因是有了总调控。分到部门，其控制力度差一点。这四项费用是紧张的，所以就资源集中调控。出差都要分管领导批准。到了年底没钱的时候，可能会存在要出差却出不了的情况。应对的方法就是压单子，明年再来报。压单子的比例都在各部门，具体不知道，数额应该不大。"（关于预算执行中的"压单"情形的具体分析见本书第六章）

十四、投资预算

（一）固定资产投资

固定资产投资预算管理的重点涉及两个方面：一是投资项目决策；二是投资项目的计划管理与预算管理之间关系的处理。

1.投资项目决策

项目投资决策重点包括固定资产投资总额以及各项目的投资额度。

有受访者反映，目前"总公司要求制定五年规划，由每年规划组成。没有五年规划，不能实施"，也就是说，如果依据五年规划确定每年的投资项目，那么基本上每年的投资额在"5年前"就已经基本确定了。正因如此，受访者认为，"5年规划只是理论上的"，基层的5年规划不可能做得那么细致，因为"市场是有变化的"。我们建议，企业可以借鉴滚动预算的思想制定投资总规划，即随着时间的延展和市场的变化而调整相关规划。

关于投资项目之间的资源分配，重点涉及长期项目（满足长期生产经营需求）与短期项目（主要满足短期生产经营需求）之间的平衡以及各单位投资需求的平衡。据调研，现阶段固定资产投资预算存在的主要问题包括：

（1）缺乏企业战略的有效指导；

（2）受控于企业整体投资规模的影响，一般性投资项目中有很多投资预算缺少长远时效性考证，往往只满足于现时需要，考虑长远配套的因素较少，易造成未来的重复投入；

（3）卷烟厂取消法人资格后，出现相对盲目的投资冲动。

我们建议，一方面企业可根据长期发展规划，按重要性对各类投资项目进行排序，明确投资项目之间资源配置的基本政策；另一方面，可借鉴EVA（经济增加值）的理念遏制投资冲动，即对各单位占用的资产模拟计算资金成本，并与其产出（如模拟利润）结合考虑，虽然此种方式未必与业绩评价相结合，但可以引导各单位从投入产出角度考虑其投资需求的合理性。例如，上述内容提到，某中烟对各卷烟厂实行"模拟利润中心"机制，"其中，体系中存在一项指标，即模拟资产占用费，以此来控制各卷烟厂投资冲动，使各单位承担与公司总体经营目标保持高度一致的资产管理责任及经营管理责任"。

2.投资项目的计划管理与预算管理之间关系的处理

现阶段，行业投资管理模式是"先计划，待审批下达，再申报预算"。有受访者认为，此种方式增加管理成本，企业审核内部流程长，"有时为了提高审核效率，往往召开'联席会议'"。

按照总公司对投资计划的审批，企业每年申报的投资计划既包括新建项目，又包括续建项目，且按照项目投资总额申报。有受访者反映，在此种模式下，"有些项目没拿到批文，就没办法实施。如ZT那个项目，3年多了，一直没拿到批文。既占用投资额度，但又没办法实施。"此外，按照此种管理方式，"年度内的现金流与经批准的投资额没有多大关系"。

（二）对外投资

现阶段，有些企业是对外投资管理部门的归口，负责管理对外投资预算；有些企业虽然成立了具有独立法人资格的投资公司，但实际上仍实行类似"职能部门"的管理方式。

对外投资预算重点涉及新增对外投资预算、对外投资处置预算、对外投资（期初、期末）总额预算以及投资收益预算等。从行业管理角度，新增对外投资与固定资产投资一样，也采取"先计划，后预算"的方式进行管理。

绝大多数企业将投资收益纳入预算管理。对外投资规模较大的企业，其投资收益对企业年度净利润的影响程度也较大。但投资收益只是"账面"的，并不一定有真正的现金流入。因此，有受访者反映，"我们（作为投资企业）当期未必能够收回那么多现金分红，但却要用我们自己的现金按'账面'上显示的收益向总公司上缴利润，这就会对我们的现金流造成很大影响，占用了企业正常经营所需的资金。"

此外，从保护出资人的利益角度看，对外投资管理还涉及企业对被投资企业的管理模式，股东、董事、监事等代表以及外派工作人员的产生程序，股东代表、董事代表、监事代表参与表决时如何形成相关表决意见等，这些内容也会对企业投资质量产生直接或间接的影响，因此企业需合理关注。

十五、筹融资预算

根据调研信息反映情况看，企业筹资渠道以银行贷款为主，企业较少考虑资本结构和资本成本。关于筹融资预算管理，企业大致可以分为两种情况：

第一种是现金流比较充裕，基本上不需要考虑筹融资预算。此类一般是卷烟销售规模较大、结构较高的企业，或者是技改投入需求较低的企业。

第二种是有银行贷款需求，需要考虑筹融资预算。此类企业一般在编制年度预算时确定筹融资需求的大致金额，并在月度中结合日常资金管理制订具体贷款计划。

有调查对象建议，筹融资预算实行月度资金预算管理模式，"目前，我单位对于筹融资预算管理不在年度预算中体现，主要考虑到有很多不可控的因素存在，例如，货款回笼率、货款支付率等不确定性因素。取而代之的是月度资金预算管理模式，从执行情况来看，其效果比较理想。建议行业筹融资预算管理采用月度资金预算管理模式，与年度筹融资预算管理相比，其生产经营信息更加明确，资金收支更符合实际，进而筹融资预算的精度将会大大提高。"

十六、财务预算

从管理模式看，财务预算相对比较简单，主要由企业财务部门负责归口管理。从调研情况看，对于大多数企业相对独立运作的中心和卷烟厂来说，其财务预算仅涉及资金预算。关于企业是否编制财务预算（特别是资产负债预算）以及财务预算的编制方法见本书第五章关于财务预算编制部分的相关内容。

第四章
预算管理定额标准

随着行业对预算定额标准体系建设工作的重视，绝大多数企业已经启动相关工作。大部分企业都在探索中，已经建立起成熟的预算定额标准体系的企业相对较少。调研结果显示，预算定额标准多集中于生产环节的实物消耗、能源消耗，以及经营管理环节的相关费用预算。

◎ 一、关于预算定额标准的认识和理解

预算定额标准究竟在企业全面预算管理中发挥着什么样的作用呢？从调研情况看，促使企业对"制定预算定额标准"越来越迫切的重要原因是企业管理者对预算审核"非常头痛"，因为没有标准，沟通成本增加，决策效率低，有时候不得不采用"一刀切"的办法。也正是因为这个原因，很多管理者希望通过制定定额标准为预算编制、预算审批提供可靠的标准，以降低审核工作的压力。

在调研中，我们发现，很多企业对预算定额标准的认识和理解仅停留在"一项指标对应一个数值"的层面，预算定额标准管理工作的焦点、难点也往往集中在"如何确定数值"上，而对与预算定额标准相关的基础工作以及制度建设涉及甚少。

如何认识和理解"预算定额标准"是企业定额工作能否取得成效的关键。"预算定额标准"的实质是"管理标准","定"的关键在于"定思路"和"定方法","数值"仅仅是管理思路、管理办法应用的结果。无论是管理者还是执行者，单纯的"数值"对他们的作用都是有限的。同时，以"数值"作为预算定额重点，也使得相关单位和部门多数争论的焦点在于"数值"或高或低，而忽略了定额背后的管理意义。

我们认为，合适的定额管理思路是：制定机构与执行单位或部门就管理内容（哪些项目需要制定定额）、定额关键性因素（如何制定）达成一致意见。在此过程中，制定者与执行者要反复沟通，博弈也是不可避免的。这样做的好处是制定者能够比较明确地将管理思路传达给执行者，从而促使执行者真正从基础管理层面思考如何达成相关标准，而不是仅仅关注数值本身。

关于"定"字，在实际工作中，人们对其也存在误解。一些单位和部门担心，"定额一旦定下来，未来情况发生了变化，怎么办"，"定额标准管理往往也存在滞后于实际工作变化的情况……"。我们认为，可以从两个方面理解"定额"的意义：一方面，定额管理的关键是确定管理思路和管理办法，思路和方法定下来以后，定额标准的相关数值可以根据经营管理环境变化进行修订与完善；另一方面，企业可以根据经营管理环境、管理重点或者影响定额标准的其他因素的变化调整或持续完善定额标准的管理思路和制定办法。因此，从这两方面看，定额管理并不意味着一成不变。

二、定额体系建设的三个难点

从调研情况看，企业建立预算管理定额标准体系的难点主要集中在三个方面：一是谁来制定定额标准；二是如何推动定额标准的有关工作；三是制定定额标准的技术方法。

（一）难点一：谁来制定定额标准

此难点主要涉及责任落实问题。据调研，大部分企业是由预算管理办公室（或类似机构）组织预算定额的制定工作。其通常的工作流程是：预算管理办公室下达若干指标，由相关单位和部门填制相关数据后提交预算管理办公室，预算管理办公室统计、分析并确定各项标准的数值，决策机构审核后下达。

由以上流程可以看出，在制定定额标准的工作中，各业务单位和部门处于被动接受地位，尽管参与了定额标准数值填报工作，但基本上是在确定的定额框架和思路下完成相关工作。在此种方式下，定额标准的意义仅限于成本费用预算的编制或审核标准。前文提及，定额标准的管理意义更在于"定额"背后的管理思路和管理方法。因此，尽管预算管理办公室负责组织工作，但相关业务单位和部门要充分参与定额管理工作，特别是归口管理部门要承担其归口业务范围的定额标准组织工作。企业在制定定额标准过程中，要充分挖掘业务单位和部门的智慧，仅由预算管理办公室或几个部门"闭门造车"极有可能是行不通的。

此外，由于无法正确认识定额管理的意义，造成一些业务单位和部门不愿意参与预算定额的制定工作。例如，有些受访者认为，"制定定额没有什么好处，达不到时可能会受到惩罚，达到了，明年可能又要求更严格的标准。"针对这种情况，企业要逐步引导各单位和部门转变认识，同时企业也要认识到，各单位和部门接受定额管理思路也需要一个过程，不可能一蹴而就。"先落实责任，再分步骤推进"，或许是可行的思路。

（二）难点二：如何推动定额标准的有关工作

此难点主要涉及定额标准的工作程序。上述的难点一提到了大部分企业制定预算定额标准的工作流程，在实际工作中，很多企业往往在定额制定后，要么"一劳永逸"（"标准已经制定完了，这项工作终于有个交代了"），要么"手足无措"（"不知道下一步还要干什么"）。这其中的主要原因是企业尚没有建立合适的定额标准管理工作程序。从实践看，合适的工作程序是取得有效工作成果的基本保障。

定额标准管理的工作程序可重点从以下几个方面把握：一是落实工作职责，此点在难点一中已经探讨过了。二是工作程序不仅涉及制定环节，还包括后续修订以及持续完善等工作。三是定额标准制定工作流程，突出业务单位和部门的参与和配合，突出制定过程中的沟通讨论。实践表明，沟通讨论是有效制定定额必不可少的工作环节。四是定额标准的修订情形、修订程序以及审批。修订工作主要针对定额标准适用条件发生变化的情况，有调查对象认为，"定额标准管理往往也存在滞后于实际工作变化的情况，建议定额标准体系应根据外界因素等情况变化实行动态管理"。五是定额标准的持续完善工作。预算定额标准体系建设是一项逐步推进的工作，不可能一下子达到理想状态，这与企业管理水平紧密相关。企业可以根据管理水平的提升，持续优化预算定额标准体系。

例如，某中烟定额标准制定实施了分级管理、分步推进，"所谓分级管理，是指定额指标按细化程度分层设立，公司和基层企业分别根据不同的权责和管理需求从粗到细管理各层级指标，这一方面能使公司抓住管理的关键和重点，另一方面又能发挥下级单位的管理积极性和主动性。该中烟全面预算定额标准体系包括生产成本、生产费用、薪酬管理、行政费用四大类。在每一大类中，通过对上级定额指标的细化与拓展形成下一级定额指标，下一级定额指标通常反映上一级指标中发生金额较大或性质重要的管理内容，但并不反映上一级定额指标的全部内容。各基层预算单位可在公司发布的指标体系的基础上，根据自身管理需求进行指标的延伸与细化。所谓分批推进，是指根据预算项目实行定额管理的难易程度和应用水平不同等分批次开展，成熟一批推进一批，尽量提升定额管理的科学性和合理性，提高操作和可控程度。"

（三）难点三：制定定额标准的技术方法

此难点主要涉及定额标准的管理思路和管理方法。此问题也是目前多数企业的头疼问题。之所以成为"头疼问题"，主要是因为"无法判断哪种思路或方法更合适"，"某项定额标准所考虑的因素是否齐全，是否还需要考虑其他因素，例如，宣传促销费是按照销售收入定额好，还是按照销量定额好；再如，车辆维修费是固定每台车×元，还是要兼顾车辆的已使用年限"等诸如此类问题。有些甚至涉及具体专业领域中的技术问题，也难怪很多企业在制定定额过程中往往到企业外部去寻找专家。

关于此问题，我们认为，一方面能够解决这些问题的专家就在企业内部，就是与这些工作紧密相关的管理者、技术人员或具体岗位上的员工。相对而言，这些人员才是最了解哪些因素是定额标准应当考虑的，哪些是不用考虑的，例如，司机最了解车辆的维修规律。也正因如此，我们在讨论难点一时才强调业务单位和部门要参与制定定额标准工作。另一方面，管理思路和管理方法没有对错，只有适不适合，接不接受。对 A 企业适合的管理方法，对 B 企业不一定能行得通。如果决策者、制定者与执行者之间能够达成一致的管理思路和方法，那么就是适合本企业的。这也印证了难点二中提到的沟通讨论是必不可少的环节。当然，实践中也存在决策者自上而下地下达定额标准，而执行者不得不接受的情形，但这样的管理往往会造成"怨声载道"，而且当执行者迫于压力不得不按标准执行时，他们往往会"想方设法"达到目标，如此一来，管理标准也只是一种形式，除了能够节约一些成本费用外（有时也未必是真的节约），再没有其他管理意义了。

三、定额标准：统一、不统一

对于同一项预算定额标准，企业内部的单位和部门是否统一标准数值，还需要考虑相关单位和部门的特殊情况。统一还是不统一，受访者观点不同，各有主张。

主张"标准统一"的受访者认为，"统一，有利于企业统一控制各单位和部门的执行标准"；"如果考虑特殊情况，那需要考虑的因素很多，没办法都照顾到，不如统一，在执行时再考虑其他情况"。

主张"标准不统一"的受访者认为，"统一，抹杀了各单位之间的个性化，不利于具体执行"；"各单位实际情况各异，有些费用项目难以统一标准"；"有些单位存在历史原因，应该考虑，否则容易产生抵触"。

定额标准是否统一，企业可以主要从两个方面把握：一是单位或部门的特殊情况对预算标准执行的影响程度，企业是否可以建立针对特殊情况的预算调整机制；二是相关单位和部门对统一或不统一的认识和接受程度。虽然统一标准可以降低企业的管理成本，形成"对谁都公平"的局面，但若相关单位和部门没有形成统一认识，对统一标准有抵触的话，极可能会造成执行过程中的"动作变形"。

企业可以针对预算定额标准的特点实施分类管理。例如，某企业将定额标准分为公司级定额标准和非公司级定额标准。"公司级是指公司统一和通用的定额标准，比如业务招待费、会议费等；非公司级是指因地域不同、设备新旧程度不同等因素造成的难以统一和通用的定额标准。比如人力成本、燃料及动力消耗等"。

四、固定资产配置标准

据调研，大部分企业的预算定额标准多集中在成本费用方面，在固定资产配置方面制定相关定额标准的企业较少。

个别企业在建立固定资产配置标准方面做出了积极探索。例如，红塔集团按照部门职责落实了归口管理部门的固定资产管理责任，"集团办公室负责车辆电信类；安委办负责安保消防类；技术中心负责科研仪器类；装备技术部负责除以上三类以外的其他各类"，归口管理部门负责制定和修订相关标准。经过一段时间的探索，红塔集团已经建立了公务用车类、计算机类、科研仪器类、消防设施类、传真机电话机类、特种设备类等固定资产配置标准。

固定资产配置标准在一定程度上可以抑制下属单位盲目扩大资产投资规模的行为，企业可以结合绩效评价机制，引导下属单位更加关注资产占用与产出效益。

五、原辅料消耗定额标准

原辅料消耗定额是标准成本的重要组成内容。据调研，企业原辅料消耗定额主要在技术中心制定的产品 BOM 基础上，结合各卷烟厂的实际情况制定。

例如，红塔集团针对卷烟制丝、卷包环节以及烟叶复烤环节的实物消耗，制定了相关定额标准。其主要做法是：经济运行部门、技术中心会同各卷烟厂，采用实际测试、工艺分析、技术测定等方法，结合各厂设备运行情况和生产技术水平，对集团卷烟制丝、卷包环节和烟叶复烤环节的实物消耗情况进行全面梳理，制定出相关消耗定额标准。各卷烟厂将消耗定额管理责任落实到车间和相关部门：复烤车间关注烤片出片率，对关键环节、关键工序进行实时跟踪和控制；制丝车间对烤片来料理论重量与实际投料重量存在不足的情况进行测试，并重点关注提高出丝率；卷包车间也采取了对设备停机部位进行跟踪等手段，重点攻关，努力减少废品率。

例如，20×6 年 1—5 月，卷包二车间甲线二作业区发现该作业区因换号造成的废品数量达到了 2 075 条卷烟，辅料消耗大。经过调研，该作业区操作工发现停机换号后滞留在 X2 包装机 4 350 处的烟条因没有后续烟条推送，无法到达下一工序而成为废品，由此造成的废烟平均有 16 条/次。在这种情况下，操作工自发组成了 QC 攻关小组，创新了"加入接头烟推送滞留烟条"新操作流程，并进行推广，甲线二作业区在 20×6 年 6—10 月之间的换号次数总计达到了 155 次，比 20×5 年同期的 130 次多 25 次，但对策实施后，因换号造成的废品数量减少到 310 条卷烟，平均为 2 条/次，减少了辅料消耗。

六、维修费用定额标准

维修费用预算定额标准在企业预算定额标准体系中比较重要，也比较典型。根据实际工作需求，企业制定维修费用定额标准，重点需要把握以下几个方面：

1. "维修费用"所涉及的维修对象范围要明确，各执行单位口径统一，以便实现可比。例如，针对信息化维修费，企业应明确信息化设备的范围，"对于信息化维护费，各厂不太能够进行横向比较，没有统一的口径。要考虑资产和前 3 年发生的情况这两个因素。我们这块还有通信设备设施，要把计算机设备单独统计出来，统计出来才能进行比较"。

2. 合理确定维修费用定额标准的关键因素及其权重。概括来说，企业在制定维修费用定额标准时，所考虑的因素主要包括产量、资产原值、设备成新率等。具体企业确定的因素组合有差异，主要有以下几种模式：

（1）以产量作为唯一的确定因素。有受访者认为，此种定额方式相对粗放，"单箱指标只能作为粗放预算考核与管理模式，而在实际执行过程中，各生产企业的技术设备现状差异较大，另外，受生产计划匹配和市场价格变动等影响因素较大，不利于企业适时进行考核管理"。

（2）在产量的基础上，增加了固定资产原值或设备成新率因素。

例如，某企业综合考虑生产量、资产原值等因素，为下属各卷烟厂分别制定维修费定额标准。计算公式如下：

平均年资产原值（A）=该厂维修相关资产前N年原值之和/N

平均年维修费（C）=该厂前N年实际发生的维修费之和/N

平均年度产量（Q）=该厂前N年实际产量之和/N

平均单箱维修费=C/Q

万元资产维修费=C/A

$$维修费年度预算总额标准 = \frac{C}{Q} \times 预算年度计划生产量 \times 50\% + \frac{C}{A} \times 预算年度预计资产年初原值 \times 50\%$$

该企业还在继续探索在制定维修费定额标准时如何加入成新率等重要影响因素。此外，上述历史期间的取值以及各因素的权重，也有待进一步优化。

（3）以历史数据核定。该企业部分调查对象认为，"作为工业企业，能源消耗比较稳定，通常除价格因素外，耗用定额变化不大"。

（4）按设备类别确定维修费定额标准。例如，该企业按生产设备、经营用车辆、管理用车辆、信息化设备等类别，分别确定维修费定额标准。

3.注重提升设备管理水平。维修费用定额管理的目的不只是控制费用支出，更重要的是通过定额管理逐步提升设备管理水平。正如有受访者认为，"单看设备维修费的多少并不能看出管理水平的高低。公司可能更应该综合把握，除了对工厂的设备维修费进行考核外，还要在生产效率、质量、能耗、安全这几个方面平衡好对工厂的考核，处理好维修费与这些指标的关系。对于应如何从局部探索单个设备维修费的发生规律，则可以将这样的工作交给工厂来做。"

我们认为，企业确定关键因素及其权重，体现了管理侧重点和管理导向。企业在制定维修费用定额标准时，可实行分类管理，综合考虑作业量（如生产量、行驶里程、装卸量等）、资产原值，以及成新率、历史数据等因素。卷烟厂等单位可根据本单位实际情况，对企业标准进一步分解，制定各类设备的维修费用定额标准，在条件具备的情况下，可细化至车间、机组或者单台（套）重要设备。

七、能源消耗定额标准

从调研情况看，企业制定能源消耗定额标准主要考虑产量因素。部分企业参考行业对标指标制定能耗定额标准。

综合调研信息，我们建议，企业可组织相关单位，根据各卷烟厂能源供应模式、设备现状、地区气候差异等实际情况，在历史数据统计分析的基础上，分别制定卷烟厂的能耗标准。企业还可充分考虑节能降耗措施、能源转换和利用方式等在预算年度内预计发生的重大调整可能产生的影响。卷烟厂对能耗标准进行内部分解时，可为卷包、制丝等生产制造环节分别制定各类能源的单位产出消耗量标准，确保责任落实到位。

八、宣传及促销费定额标准

在实际工作中，部分企业制定了宣传及促销费定额标准。我们认为，宣传及促销费定额标准，若用于编制预算则相对粗放（宣传及促销费预算根据相关工作计划编制），该标准的管理意义更在于结合卷烟销售状况，衡量企业整体或者各销区的投入产出。根据企业宣传及促销费的管理模式，既可按照"宣传及促销费总额"确定标准，也可按其组成项目分别确定"宣传费"及"促销费"的定额标准。

企业制定宣传及促销费定额标准，考虑的因素主要包括"卷烟销售量"和"卷烟销售收入"。单纯以"卷烟销量"确定相关定额标准，没有考虑"不同等级卷烟宣传促销工作的差异性以及对相关费用的需求"；以"卷烟销售收入"确定相关定额标准，则考虑到不同等级卷烟对宣传促销工作及相关费用的差异。

企业需结合品牌战略、市场管理策略等，制定宣传及促销费定额标准。如果企业品牌战略重在"结构"，那么就需要考虑不同等级卷烟对宣传及促销费的不同需求；反之，则可重点考虑"销量"因素。

此外，企业也需要考虑是否所有销区的宣传及促销费定额标准都采取"一刀切"。有些市场虽然销量大或销售收入高，但宣传及促销费用未必需要投入很多；相反，有些市场可能销量不大或者销售收入不高，但宣传及促销费用的需求可能比较大。这需要结合市场实际情况以及企业对各市场的定位等进行考虑。

正如前文提到的，每一项定额标准都表明一项工作的管理思路和方法，宣传及促销费定额也是如此。企业对因素的选择，其实是想传达其对品牌、市场以及营销资源投入的政策导向；反过来，作为市场营销人员，也需要认识到定额标准的意义不只在于控制费用支出，更在于明确企业的营销思路，聚焦工作重点。

九、工作任务承包费定额标准

人力成本预算是企业全面预算管理的重要内容。根据调研结果，各企业人力资源管理制度相对比较完善，同时国家、地方、行业关于人力成本也有比较明确的制度规范。企业可充分依据这些规范性文件制定人力成本预算定额标准。本部分仅探讨工作任务承包费定额标准。

工作任务承包费是工业企业人力成本的重要组成内容。比较常见的相关预算定额标准制定方法包括：按人头、按总任务、按单位任务，或者按单位时间等方法。方法不同，各有利弊，企业需要根据具体承包任务的工作特点，确定合理的制定方法。

（一）关注法律风险

有受访者认为，在制定工作任务承包费预算标准时，要考虑相关的法律风险。无论是按人头制定标准，还是按单位任务制定标准，最终费用都是要落实到人头上的，因此同样需要考虑地方政府关于"最低工资标准"的相关规范。例如，某企业外包的绿化费，原来采用按用工人数核定，现在改为按总任务核定。受访者认为，这种改变有一定的用工风险，虽然用工人数多少、支付多少工资表面上看是承包方的事情，用工单位不承担直接法律责任，但用总金额除以用工人数，是可以反算到"人头"上的，如果人均低于"最低工资标准"，就存在法律风险。还有受访者认为，只看任务总额，完全不考虑用工人数，如果承包方过分压缩人数，可能对用工队伍的工作态度、情绪等造成不良影响，这也会产生法律风险。

（二）关注人力市场的竞争力

工作任务承包费预算定额标准需要关注人力市场的竞争力。例如，有受访者反映，如果工作任务承包费逐年缩减，虽然单位人工成本会降低，但很可能会导致企业支付的工资缺乏外部竞争力，"很难招人"。"企业要多了解实际情况，我们外包的人，在我们当地的收入已经偏低了，现在人员流动也大了，培养的人才走了。各厂的情况不一样，社会平均工资都在涨，企业应该建立工资逐渐上涨的机制"。

因此，工作任务承包费预算定额标准不仅要考虑人力成本因素，也要关注相关标准对用工的影响。例如，减少相关费用可能会影响到人员稳定性，从而可能影响到工作质量。

○ 十、会议费、业务招待费、车辆相关费用定额标准

在实际工作中，会议费和业务招待费通常采取总额标准及单次标准两种管理方式。绝大多数企业参考历史状况核定下属单位的相关费用总额标准，单次费用标准则需根据相关管理制度执行。例如，某企业制定了会议管理制度，对会议实行分类管理，企业内部召开的会议，按照会议规模、参会人数、场地等因素规范相关费用标准；对于员工外出参加会议，则根据参会地点、会议类别等因素规范单次费用标准。

针对车辆相关费用，企业可以根据具体费用项目分别制定定额标准。例如，车辆燃油费标准按照单车制定，可以综合考虑理论油耗值、车辆已使用年限、行驶路况等因素；车辆维修费用标准按照单车制定，可以综合考虑车辆类型、车辆已使用年限、零配件产地（进口还是国产）等因素；车辆维护保养费用标准可以按照车辆品牌，参考一般市场价格制定；洗车费用标准可以参考一般市场价格制定；车辆过路过桥费标准可在历史数据的基础上制定。

值得说明的是，企业可以根据管理需求，确定定额标准的制定范围和

细致程度，同时也需要考虑下属单位的接受度。有些单位自我管理意识比较强，其所持观点是："公司管总额，单位或部门自行管理具体执行标准。"有些单位执行力比较强，其所持观点是："最好是公司统一制定标准，降低管理成本。"

第五章
预算编制

　　实践中，预算编制可能是现阶段企业花费精力比较多的工作，因为预算编制不仅涉及认识层面的问题，还涉及具体技术层面操作。本章从认识和技术两个层面入手，重点探讨预算编制的"真实性"、预算编制时间、编制起点、预算项目设计思路、预算编制主体、编制程序以及编制方法等内容，并结合具体工作管理分析具体预算项目编制的难点问题。

一、预算编制要准确还是要真实

　　实践中，常常用"预算编得准不准"来衡量预算编制水平，也常听见"要提高预算编制准确性"等诸如此类的说法。预算编制准确性要求预算执行情况必须与预算方案相符。与"预算准确性"相对的是"预算真实性"，"预算真实性"要求预算方案必须真实反映业务计划以及资源需求，但受内外部因素的影响，预算执行未必与预算方案一致。

　　从调研情况看，大部分调查对象赞同预算编制要保证"真实性"，而非"准确性"，其观点主要包括：

　　1.应力求预算真实第一、准确第二，准确性服从真实性，准确性要建立在真实性的基础之上。为了促进预算真实，必要时可以牺牲预算准确。

2.如果预算准确是通过突击花钱来实现的，那么该预算缺乏真实性；如果预算准确是通过提高预算管理员的编制水平，加强预算执行过程的控制来实现的，那么该预算具有真实性。通过培训提高预算编制质量，加强预算执行控制，防止突击花钱，增加预算编制质量评价指标。

3.全面预算管理过程是一个动态变化的过程，预算是建立在一定的假设前提之下的估计，但在预算执行时也会遇到很多不可预见的因素，预算与执行存在偏差是客观的、真实的。如果预算准确度极高，说明有人为控制预算执行和预算调整过频的嫌疑，反而不真实。

通常，衡量预算准确性的指标是预算执行率，也就是说，预算编制"准"还是"不准"，最终是通过预算执行结果进行衡量的，预算执行结果与预算编制完全一致，则说明预算编制"非常准"。但由于预算执行率可能受到其他因素影响，虽然预算执行率可以反映预算执行情况，但预算执行结果未必就是真实的经营管理需求。从这个方面上看，预算执行率是无法判断预算编制究竟"准"还是"不准"的。

由于预算编制一般早于预算年度开始，存在对未来情况的假设，因此，如果一味强调"预算准确性"，那么，一方面可能会导致编制部门基于对未来情况不确定的担忧，在某种程度上，对预算编制产生抵触或为难情绪；另一方面，如果加之以预算执行率指标考核，那么预算执行主体就可能会千方百计、想方设法地来达成该指标，虽然从表面上，预算编制比较"准"，但却可能严重背离企业的真实业务需求，甚至不利于企业实现经营管理目标。

"预算真实性"是指预算编制可以真实反映预算编制时的各项业务计划和资源需求。实际上，"真实性"贯穿于整个全面预算管理过程，并非仅限于预算编制环节，具体可见第十章预算文化的相关内容。本部分仅讨论预算编制的"真实性"要求。由于在预算执行过程中，预算编制基于的假设可能发生变化，因此，预算执行情况可能与预算编制方案不一致，从而导致预算编制好像不那么"准"。

我们认为，预算编制所追求的目标是能够真实反映业务计划和资源需求。对于如何促进"预算真实性"，有的受访者建议："预算编制依据要充分、合理；认真分析预算执行结果，特别是实际执行接近预算批复的；对比实际支出项目与年初预算申报内容的差异性"；"要解决'预算真实性'问题，得从预算考核评价和预算调整抓起，一方面要剔除一些政策性或不可抗力因素对企业业绩造成的影响，客观公正地评价企业的预算执行；另一方面总公司对预算调整的次数和时间要有明确要求，比如一年一次或两次，预算调整上报时间最晚不得超过10月等"。

关于预算真实性，理论界一些专家建立了"真实诱导模型"，主要利用数学模型建立预算数、实际执行数、报酬等之间的函数关系，促使预算主体能够真实编制预算数。从实践情况看，这些模型并未得到广泛的推广应用。我们认为，这些模型虽然能够在技术层面减少预算松弛产生的可能性，但过于技术性，反而不宜激发人的主观性，也易忽视管理中人的柔性。相关内容可参见本书附录3。

二、年度预算编制开始时间

据调研，绝大多数企业在每年9—10月开始编制第二年度预算方案。各企业具体完成预算编制工作的时间不一致（包括董事会审核），有的企业可在12月份完成，有的企业则可能到第二年第一季度完成。预算编制时间长度与企业预算编制组织落实、工作效率、审核机构与预算编制部门之间的沟通衔接等有密切关系。从实践看，一般来说，整体管理水平较高的企业，其预算编制工作效率也较高，工作时间跨度比较短。

企业需要关注预算编制时点对年度预算方案的影响。例如，续建的工程项目在预算编制时点至12月31日相关工作进展和资源使用状况，对预算年度该项目投资预算的影响。

如何处理预算编制时点至12月31日相关业务进展和资源使用状况对下年度预算方案的影响？首先，企业需合理安排并预测预算编制时点至12月31日相关业务进展和资源使用状况。其次，对预算编制时点至12月31日可能发生变动的因素进行预测，并说明对下年度预算的影响。最后，当实际发生与预测情况不一致并对下年度预算造成影响时，相关预算责任主体可申请预算调整。

三、年度预算编制的起点

关于预算编制起点，理论上有一些探讨。例如，有观点认为处于不同阶段的企业，其预算编制起点不同：起步阶段以资本预算为起点；成长阶段以销售预算为起点；成熟阶段以成本预算为起点；衰退阶段则以现金预算为起点。

实践中，常见的预算编制起点主要有销售目标、生产目标、税利目标、净利润、现金流增量以及净资产目标回报率等。不同预算编制起点，体现了不同的战略核心以及经营管理导向。

1.以"销售目标"为起点，体现了市场化管理导向

赞成该起点的受访者认为，"行业改革逐步引入市场机制，企业管理也应当体现市场导向"，"以年度预算来分解税利增长目标及销售收入的实现，其源头就在于年度销售目标的确定。因此，销售业务预算的重要性在年度预算管理工作中居于首位，应当优先配置资源"。

2.以"生产目标"为起点，体现了以生产为中心的管理思路

赞成该起点的受访者认为，"现阶段，工业企业的生产计划是固定的，因此，应以生产计划指标作为预算起点"。以"生产目标"为起点多见于实行"以产定销"的计划经济时代。

3.以"税利目标"为起点，体现了行业特点，反映了国家和企业的利益

赞成该起点的受访者认为，"税利指标是烟草企业重要的业绩评价指标，因此，预算管理应该以税利目标为起点，并分解到销售目标、成本目标等"。

4.以"净利润"为起点，反映企业作为市场主体或准市场主体的经营成果

虽然"税利目标"中包含了"净利润"，但其中的"税"实际上是企业承担的费用，"净利润"能够更好地反映企业收益状况。

5.以"现金流增量"为起点，体现了企业以现金流为重点的预算管理模式

该模式下，预算管理重点在于现金从哪里来、到哪里去、增加或减少多少。据了解，现阶段行业内尚未有卷烟工业企业以"现金流增量"作为预算起点。

6.以"净资产目标回报率"为起点，体现了出资人（股东）利益最大化

该模式下，预算管理重点在于企业经营业绩要满足出资人所要求的投资回报率。据了解，现阶段行业内尚未有卷烟工业企业以"净资产目标回报率"作为预算起点。

从调研情况看，现阶段行业内绝大多数卷烟工业企业以销售目标作为预算起点，少数单位在销售目标的基础上还兼顾税利目标，个别单位以税利目标为唯一起点，还有个别单位是以相对综合的生产经营目标为起点。没有单位是以生产目标、现金流增量目标或净资产目标回报率为预算编制起点。

我们认为，结合现阶段卷烟工业企业的管理体制以及未来发展，企业在以"销售目标"为预算起点的同时，可以逐步尝试建立以出资人利益为重点的预算管理模式。一方面，这是逐步完善公司制的必然要求；另一方面，这也是全面预算管理跳出"讨价还价"局面，形成与绩效管理相结合的战略执行工具。

四、预算项目的设计思路

预算项目是预算管理信息的表现形式，是对预算管理内容的具体细化。在实践中，很多企业的预算项目以会计科目为基础，在这种情形下，预算编制主体对相关会计科目核算内容理解起来比较困难，编制口径很容易存在差异，从而影响编制质量。我们认为，预算项目设计要为管理需求服务，不同类别的预算内容其管理需求不同，企业可以从管理需求出发，分别确定预算项目的设计思路。

1.业务预算项目

由于业务预算项目主要是由业务单位和部门使用，因此业务预算项目

设计要考虑业务管理需求，并尽量使用通俗易懂的业务语言。企业可以盘点各单位和部门"所要做的事"，根据这些事项确定与之相关的预算项目。例如，"×品牌10周年庆典活动"直接以此作为相关预算项目，既简单明了，又可以体现此项工作及其资源使用的完整性（企业可根据管理需要，在此项目下按照工作计划说明更为具体的项目）。若按照会计核算科目设置此预算项目，则可能会涉及宣传促销费、会议费及业务招待费等多个预算项目，既给业务部门进行费用分解带来了困难，也不利于从整体上把握相关活动的资源使用情况。

2.投资预算项目

一般情况下，投资预算往往按项目进行管理，因此投资预算项目可以按项目进行设置。例如，A地物流库建设项目预算，企业可以根据物流库具体施工计划，设置下一级预算项目。对于购置固定资产预算项目，则可以根据购置对象设置预算项目，例如，购置电脑、车辆等预算项目。

3.筹融资预算项目

相对来说，现阶段卷烟工业企业的筹融资方式比较简单。企业可以根据筹融资渠道确定相关预算项目，例如，银行借款预算等。

4.财务预算项目

财务预算项目的使用者主要是企业财务部门，但财务预算报表的阅读者包括企业高层管理者，因此财务预算项目设置可以重点突出"企业领导关心的内容"，不必完全按照财务报表相关项目设置。例如，为了突出烟叶预算单独设置"烟叶预算项目"，而非统一设置成"存货预算项目"。

结合预算项目设置，需要说明两点：一是预算项目分类是为了满足管理需求。企业管理需求不同，预算项目也可以分为不同的类别（行业统一规定除外），未必一定按照上述分类。二是预算项目设置的出发点是管理需求，因此随着管理需求的变化，预算项目也需要进行调整或优化。

此外，在实际工作中，需要考虑将预算项目与会计核算科目衔接。我们认为，预算项目与会计核算科目相互独立，分别属于不同的管理范畴，企业不应直接根据会计核算科目设置预算项目，否则预算管理极可能局限在财务预算，而无法真正实现全面预算。但从降低信息取得成本的角度看，企业可以考虑将预算项目与会计核算科目衔接。

五、预算编制主体：谁来申报电梯维修费预算

调研中，某卷烟厂受访者讲述了一个电梯维修预算的事例："在申报预算时就存在问题，申报的主体是职能部门还是使用部门？去年大楼的电梯集控不好，人多时，它老不来，改造电梯要50万左右。那么，申报的主体是我们，还是集团办公室，还是楼宇管理中心？和楼宇管理中心的人员沟通，他们说定不了；跟集团办公室的人员沟通，他们说控制在100万内的，由我们自己申报；但等到了实施时，应该是集团装备部还是我们厂来处理，也让人搞不清楚。还有大楼日常维护的修理，某一配电柜有问题，我们从厂里领用的，这个账就记在我们厂。修理过后，由谁来买单，则需要沟通。动力车间承担了很多集团通用设备设施的维护工作，有些明确的好划分，有些零星的、不好划分的就由我们厂承担了。"

上述事例是一个比较典型的关于预算责任划分问题。关于电梯维修预算，主要涉及三个主体：一是电梯的归口管理部门（在事例中，电梯归口管理部门是集团办公室）；二是电梯的维修部门（在事例中，电梯维修部门本应该是集团装备部，但装备部实际上不具有维修能力，因此委托该集团下属卷烟厂的动力车间）；三是电梯使用部门（因为电梯的使用者比较多，在该事例中可以统一看做楼宇管理中心）。

三个部门职责不同，究竟谁来申报电梯维修费预算？这类问题与企业的预算管理模式相关。在集中管理模式下，可以由归口管理部门统一编制申报；在自我管理模式下，可以由资源使用单位分别编制申报，归口管理部门统筹管理。无论谁来申报电梯维修费用预算，都要划清职责，否则在实际工作中容易造成互相推诿的情况。

总体来说，关于卷烟工业企业的预算编制主体和职责划分可以分三个层级考虑：

第一层级：公司本部与各中心、卷烟厂之间的预算职责划分。需要明确的是哪些预算项目由公司统一编制；哪些预算项目由各中心和卷烟厂编制。此点与公司对各中心和卷烟厂的预算管理模式有关。例如，培训费用若由公司集中管理，则由公司人力资源部门统一编制；若由各中心和卷烟

厂自我管理，则由各中心和卷烟厂分别编制。

在实际工作中，有的企业存在由于公司改制等历史原因造成公司本部与卷烟厂之间的部分管理责任尚未理清。特别是在以原卷烟厂为基础改制设立中烟公司的情况下，公司成立本部，原卷烟厂取消法人资格，卷烟厂可能仍然承担了为公司本部提供后勤服务的部分职能。例如，有受访者反映："我们厂很多职能部门承担了公司本部的一些职能，费用划分或分摊没有严格意义的标准。公司本部的安保、动力、后勤、离退休科都在我们厂。"在此种情况下，虽然卷烟厂和公司本部都在一个法人主体下，但从预算管理角度看，却是不同的预算责任主体，因此还是要划分清楚预算管理职责，特别是在评价卷烟厂的投入产出时，需剔除不属于卷烟厂耗费的资源。

第二层级：各中心、卷烟厂之间以及公司本部职能部门之间的预算职责划分，此点主要依据各中心、卷烟厂和本部职能部门的工作职责确定。例如，物流中心与卷烟厂之间关于物流费用预算的职责划分，主要依据物流中心和卷烟厂各自承担的物流工作职责确定。再如，营销中心与公司办公室、党政部门之间关于企业品牌宣传相关预算的职责划分，主要依据上述单位和部门所承担的宣传工作职责确定。

在企业内部发生组织机构变化时，比较容易产生调整后各机构之间职责不清的情况。例如，某企业的受访者反映，企业将物流职能从卷烟厂剥离、成立物流中心之后，物流中心与卷烟厂之间的职责尚待理清。"我们厂跟物流中心之间的大部分责任划分还是清楚的，但还是有需要理清的地方。比如，卷烟成品仓库设在厂区范围，但实际上是物流中心在使用，那么和仓库维护有关的费用，以及仓库维护涉及的零星维修配件的领用，物流中心会认账。但当涉及公共区域时，就比较不清楚了。例如，仓库外面的路灯有问题，物流中心人员没有维修能力，就和我们厂交涉，我们看过以后认为需要更换，他们认为对仓库作业的影响不是特别明显，于是就算了，因为由谁提出维修申报就由谁来承担费用，如果我们要申报，那就算我们的费用，占用我们的预算资源。后来因为不能通过安全检查，路灯还是更换了，最终还是由工厂承担了这笔钱。"在这种情况下，企业需明确划分物流中心与卷烟厂之间关于仓库设施周边公共区域的具体职责和费用责任。

第三层级：各中心、卷烟厂以及本部职能部门的内设机构之间的预算责任划分，此点主要依据内设机构的工作职责确定。例如，技术中心原料研究部门与产品开发部门之间关于科研项目经费预算的职责划分，主要依据其所负责的具体科研项目管理职责确定。

六、预算编制程序

（一）自上而下、自下而上、上下结合

理论上，预算编制程序包括"自上而下"、"自下而上"，以及"自上而下、自下而上、上下结合"三种方式。从调研情况看，现阶段企业预算编制基本上以"自上而下、自下而上、上下结合"程序为主，罕见单纯的"自上而下"或者"自下而上"的预算编制程序。

以某企业为例，其预算编制程序为："公司根据总公司预算编制指导意见制订本单位的预算编制方案，召开预算编制布置会，明确预算编制的重点和要求，各相关部门按方案的要求编制本部门预算，并对归口管理预算进行初审平衡后报预算管理办公室。预算管理办公室对上报的预算进行汇总审核，对不符合要求的预算编制反馈到相应部门，使其修改后重新上报。预算办公室汇总审核后形成年度预算草案，报预算管理委员会审查，通过后报公司董事会批准，同时上报总公司批准或备案。"（此程序包含预算审核流程。）

上述企业的预算编制程序，是现阶段企业比较普遍采用的预算编制程序。但该编制程序尚有几点需要进一步明确：一是确定年度预算目标。二是卷烟厂、各中心上报的预算与归口管理部门、公司预算管理办公室的衔接。三是总经理办公会以及其他专业委员会的审批流程（此点属于预算审核与批准环节）。实际上，无论是预算编制程序，还是审核与批准、调整或分析程序，企业可以重点把握以下三点：第一，程序中的关键环节；第二，明确各环节的主要责任部门，其他单位和部门的配合或参与责任；第三，各环节责任部门之间的衔接。

（二）卷烟厂预算申报衔接

卷烟厂预算申报衔接是指卷烟厂向公司本部申报预算方案的具体衔接

流程。从实践看，卷烟厂申报预算方案有三种衔接方式：卷烟厂业务部门对公司本部归口管理部门；卷烟厂预算管理办公室对公司本部归口管理部门；卷烟厂预算管理办公室对公司预算管理办公室，公司预算办再分发相关预算至归口管理部门。

第一种方式：卷烟厂业务部门对公司本部归口管理部门，多头对多头。此种方式有利于卷烟厂业务部门与公司本部归口管理部门之间的业务沟通，但卷烟厂与公司本部之间的衔接环节点比较多，卷烟厂预算方案比较分散，不利于企业整体把握各卷烟厂的预算方案。

第二种方式：卷烟厂预算管理办公室对公司本部归口管理部门，单头对多头。此种方式下，卷烟厂与公司本部之间的衔接点较少，公司预算管理办公室可以从整体上衡量各卷烟厂的预算方案，但不利于业务部门之间的沟通，卷烟厂预算管理办公室需具备比较专业的相关业务知识。

第三种方式：卷烟厂预算管理办公室对公司预算管理办公室，单头对单头。此种方式下，卷烟厂与公司本部之间的衔接点单一，程序简单，有利于公司预算管理办公室从整体上衡量卷烟厂的预算方案，但不利于业务部门之间的沟通，卷烟厂预算管理办公室需具有比较专业的相关业务知识。

以上三种方式，各有利弊，企业可以根据实际情况（如卷烟厂预算办公室和公司本部归口管理部门的管理水平、沟通能力等）确定合理的预算申报衔接方式。无论何种方式，均需明确的是，卷烟厂预算方案需经卷烟厂预算审核机构审核完成后，方可向公司申报，也就是说，卷烟厂预算方案是统一的整体，各项预算不能"各自为政"。

七、预算编制指导意见

据调研，绝大多数企业在编制预算前会制定预算编制指导意见，多数企业是由公司预算管理办公室制定。部分受访者认为，预算编制指导意见应以归口管理部门制定为主，这样可以更好地根据相关政策导向编制预算，以提高工作效率。例如，有受访者反映，对于投资项目预算来说，提前下达编制指导意见是很有必要的，"现在项目申请耗时长，投入的人力多。预算编制下发给各车间，各车间往职能归口报，再由归口部门评审。在将其申报到集团之前，从设备环节到理论集中评审需要10天到半个月的时间。全厂有几百个项目，需要一个一个过。投入大量人力物力论证，如果申报10项，结果只批下来2项。如果申报前相关归口部门给个指导意见，有些就不去论证了"。

预算编制指导意见可根据行业管理政策、企业经营管理目标以及年度预算目标编制，一般可包括以下内容：（1）相关工作的年度目标和管理重点；（2）各项预算的管控导向和政策；（3）预算编制依据（包括动态管理的定额标准）；（4）同一预算项目涉及多个责任主体的，各主体之间的责任划分和信息流转。此外，预算编制指导意见可明确具体预算项目所涉及的相关工作计划。例如，宣传及促销费用预算所涉及的品牌培育和推广工作的重点品牌、重点市场、重点促销活动等；会议费预算所涉及的由企业统一安排的大型会议计划及需由下属单位承办的会议计划；设备设施维修费预算所涉及的生产设备、厂房、办公楼、办公设施等不同维修对象的费用分配政策导向。

归口管理部门可以"上下沟通、进行摸底调查再形成指导意见"；"强化预算编制前期工作的调研、论证工作，确保预算申报的科学合理。"

八、预算编制方法

从调研情况看，在现阶段的实际工作中，企业的预算编制方法多以增量预算为主，即以历史数据为基数增加或减少。例如，某制药公司市场策划部经理说，他们每年在编制广告费用预算时都会事先和财务部门打招呼，他经常给财务部门打电话询问明年公司能提供多少经费用于广告投放——如果他们说是150万元，那么在过后的沟通会上他就会提出广告费用预算大约为150万元，并依此编制明细预算。他认为，不能简单地将当年广告费用投放的金额作为下一年的预算数，但到底需要多少自己心中也没数，所以财务部门可以给的额度应当是合适的，至少符合了中国人"量入为出"的传统。这位经理发现其他部门经理的做法不同，他们在编制费用预算时只不过是按照当年费用实际发生数再加上一个比例，有时候这个比例甚至是"拍脑袋"拍出来的。

理论上，预算编制有多种编制方法，如弹性预算、滚动预算、增量预算、零基预算和作业预算等。我们认为，每一种预算编制方法都体现了一种管理思路和管理模式，同时，不同的预算编制方法其编制工作成本也不同，企业可以结合管理需求，分别确定各类或各项预算的编制方法。

（一）零基预算，从零开始

根据行业预算管理办法，"资本预算、捐赠预算、研发费用预算和出国经费预算要采用零基预算方法编制"。零基预算即预算编制不依赖于以往的历史数据，而是按照新业务的思路，"从零开始"编制相关预算。

从调研反馈信息看，目前企业多在编制费用预算和资本预算时应用零基预算。但在实际工作中，除新发生的业务外，对于存续类业务（即以前发生过的业务）很难做到完全从零开始预算。这主要有两方面原因：一是受惯性思维影响，相关人员在编制、审核预算时很自然会考虑到以前年度状况，很难做到不受历史状况影响。二是应用零基预算的工作成本较高，无论是编制预算还是审核预算，均要求企业必须从零思考每项工作的必要性以及资源配置的合理性，此点必须放在企业战略的大框架下进行决策，而且往往受时间和条件的限制，所以相关人员更倾向于选择取得成本较低的历史信息作为参考。

与零基预算相对的是增量预算，增量预算的优点是预算编制参考信息比较容易获得，工作成本较低，而且预算方案可与以前年度状况作对比，相关人员往往"心里比较有底"。其缺点是预算编制部门所持的观点往往是"去年费用是这么多，今年也要这么多，甚至更多"，"存在就是合理的"，预算编制和审核更多关注预算数字是多少，很少思考相关工作是否有必要开展。

我们建议企业应用零基预算，可以重点从两个方面把握：一是应用零基思路判断工作是否必要。即，不因为以前存在就认为合理，需以预算年度为期间，根据企业战略规划以及经营管理目标判断该项工作存在的必要性。二是应用零基思路判断资源配置是否合理。即，不因为之前花了多少钱判断预算金额，而需以预算年度为期间，分析投入产出以及对品牌战略的支持作用，判断资源配置是否合理。企业可按照各项工作的重要性排序进行资源配置（关于重要性排序，具体见本书第六章预算审核与批准）。

（二）弹性预算，决策支持

弹性预算即在成本（费用）习性分类的基础上，根据量、本、利之间的依存关系编制相关预算，一般适用于与业务量相关的预算项目。与弹性预算相对的是固定预算，固定预算即根据预算内正常的、可实现的某一业务量水平编制相关预算。由此可以看出，弹性预算与固定预算的关键点在于预算项目是否随着业务量发生变化。对于卷烟工业企业来说，"业务量"可以是卷烟生产量、销售量、烟叶采购量等，不同预算项目弹性所依据的"业务量"有所不同。

我们认为，企业编制弹性预算的主要意义在于为决策提供参考信息，即通过弹性预算，考虑不同业务量水平下相关工作开展以及资源配置。例如，根据不同卷烟的销量目标，确定相关品牌的促销工作及其资源配置，并预测不同销量目标下的产品盈利水平，决策机构根据相关信息进而作出相关决策。

有调查对象认为，弹性预算有利于降低编制部门和人员对未来不确定性的担心，从而使预算方案更接近真实。"通过编制弹性预算，减少预算执行人员由于不确定事件的发生而承担的风险"，"弹性预算就对这些数量的变动加以考虑，数量的波动也不会反映在实际数与预算数的差异中，因此不会强迫执行人一定要对数量的波动负责。这样，在参与编制预算时，预算执行者就不必为了避免不可控波动对业绩的影响而制造预算松弛了"。

（三）滚动预算，适应变化

根据行业预算管理办法，对于"跨年度的资本预算和研发费用预算应当采用滚动预算方法编制"。滚动预算是指随时间的推移和市场条件的变化而自行延伸并进行同步调整的预算。与滚动预算相对的是定期预算，即在一定期间内预算方案保持不变。

从实际工作看，现阶段卷烟工业企业多以定期（年度）预算为主，较少应用滚动预算。即使对于跨年度的科研项目预算和投资预算，企业也基本上是在编制下一年度预算时，结合科研项目或投资项目已执行预算情况编制相关预算，未必是真正意义上的滚动预算。

与定期预算相比，滚动预算对于卷烟工业企业的意义在于可以结合战略规划编制长期预算方案（或者称为战略预算）。例如，企业可以根据战略规划，编制3—5年的长期预算方案，并以年度作为滚动期间，每年度末根据上一年度预算执行情况以及内外部因素的变化，对剩余预算期间的预算方案进行调整。企业实施滚动预算，需要对预算期间内外部因素（包括市场因素、政策因素、企业内部组织机构变革等）进行合理预计、假设，并关注相关因素变动对预算方案的影响。

如何确定滚动预算的滚动期间？不同预算项目，不同预算期间，其滚动期间也有所不同。例如，对于项目期间为两年的科研项目预算来说，可能以季度作为滚动期间比较合适，但对于5年的长期预算来说，可能以年度作为滚动期间比较合适。如果以季度作为滚动期间，一方面有些因素虽然发生变动，但可能在年度内即可抵消，不会对剩余预算方案产生影响；另一方面滚动期间短，滚动次数势必增加，从而增加相关的工作成本，而且从长期看，短期内的预算调整未必有意义。

有调查对象认为，对于机器设备的长期维保工作可以采取滚动预算，"规定动作的和长期维保的机器设备，可以跨年从6月份到下一年度6月份，这样可以避开因预算下达时间迟、招标时间长，而影响项目实施的问题（特别是对于需要在上半年实施的，走完全部流程可能要到下半年了）。可以滚动预算，每年付款一部分，包括两个合同。这样反映得更真实一点"。

（四）作业预算，从作业开始

据调研，某中烟针对物流业务预算采取了作业预算，具体做法是："首先，根据公司的业务特点与管理重点，将作业预算的范围与对象确定为运输、叉车搬运、租赁、杀虫、人工搬运（计件）、挑选整理（计件）、人工包装（计件）7大类作业；然后，对这七大类作业进行动因分析，找出导致成本发生的关键因素；最后，将'作业'所消耗的资源具体分配到预算主体、预算科目上，实现物流作业相关的成本费用预算编制、归集。"

作业预算对于卷烟工业企业来说的主要意义是预算管理真正从业务流程入手，以"作业"（也就是"要做的工作"）为预算单位，以衡量业务流程是否优化、作业是否必要，从而促进资源配置优化。作业预算的关键是如何划分作业单位以及确定作业是否必要，这在一定程度上已经超出了预算管理的范围，因此作业预算也有赖于业务流程和作业规范的完善。

从调研情况看，较少企业实施了作业预算。这可能主要有三方面的原因：一是现阶段企业对作业预算还不是很了解，特别是对"作业"的概念相对陌生。二是缺少明确的作业规范，在如何划分作业方面存在困难。三是作业预算编制成本高。我们认为，如果将"作业"理解为"要做的工作"，那么凡是以工作为管理源头的预算，似乎都可视为一种朴素的作业预算。如果按照作业管理的思路（未必受到"作业成本核算"的约束）进行预算管理，那么作业预算的管理意义更在于其作为一种预算编制方法。

九、预算编制中的具体问题[①]

（一）销售业务预算编制

卷烟销售量预算是销售业务预算编制起点。由于企业在编制预算时，卷烟产销计划指标尚未下达，因此，企业需合理预测预算年度的卷烟销售量，包括各牌号、规格卷烟的具体销量。关于卷烟销售目标，前文已经提及。此外，与卷烟销售量预算紧密相关的是卷烟库存预算，即企业需要合理预计预算年度期初、期末的库存状况。若企业的销售策略比较稳定，企业可以假设相对固定的期初、期末库存预算。

（二）研发业务预算编制

1.科研项目经费预算

在实际工作中，部分科研项目经费预算未必完整反映了项目经费使用情况。例如，某企业的科研项目经费预算包括了"原材料消耗、技术合作的外包、差旅、项目所需固定资产投资、相关会议、专利申请费用等预算"，但未考虑"研发人员薪酬、项目管理费用等预算"。我们建议，按照现阶段科研项目管理模式，企业可以根据科研项目有关管理办法，明确科研项目经费的预算口径，科研项目经费的预算口径最好完整反映项目使用资源情况，以提高预算管理的"管理"职能，不应受会计核算口径的限

[①] 本部分内容并未涵盖卷烟工业企业预算管理的全部内容，仅就调研中调查对象和受访者反映的相关问题，以及我们认为比较重要的难点问题进行分析。

制。至于科研项目经费预算与会计核算的衔接，则可以通过预算项目与会计核算科目的衔接解决。

2.产品研发与试制预算

产品试制预算应反映完整试制成本，包括原辅料、人工、燃料动力以及需分摊的费用预算。对于在卷烟厂进行试制的产品，技术中心与卷烟厂需沟通衔接人工、燃料动力以及分摊的费用等预算信息。

3.产品配方成本预算

产品配方成本预算可以根据原辅料消耗定额和标准单价编制。需要注意的是编制产品配方预算所使用的烟叶成本信息。前文提及，由于烟叶成本可能受到会计核算方法的影响，因此，按照"不同目的，不同成本"的原则，企业需要合理确定编制配方预算所使用的烟叶成本信息。

（三）采购业务与库存预算编制

从实际工作看，编制采购业务预算需要重点把握两个方面：一是采购部门与物资需求部门之间的信息衔接，采购预算不能"脱离需求"编制。此点在本书第三章关于物资采购预算部分已经探讨。二是关注库存预算。现阶段较少企业编制库存预算。随着行业对资产管理越来越重视，资产预算是今后行业预算管理的必然要求。我们建议，企业可以结合库存管理策略以及存货清查工作，逐步完善库存预算管理工作。

对于新出现的营业税改征增值税，由于供应商适用的税率不一，从采购方作为会计主体来衡量，供应商的税率差异并不产生实质影响。从市场公平交易的角度，我们建议，对于营改增范围内的预算项目，采用以不含税额的口径作为预算编制、执行以及控制的基础。

（四）生产业务预算编制

在本书第三章关于生产成本预算部分提到，现阶段一些企业采取了标准成本管理，在此方式下，若企业将标准成本管理与生产成本预算管理相结合，则生产成本预算仅需根据各牌号、规格产品的单箱标准成本和年度生产量编制。若标准成本管理已经细化至各作业环节，则企业可以按照作业环节编制生产成本明细预算。

对于未实施标准成本管理的企业，则需要根据各环节的作业量以及原辅料消耗定额编制原辅料消耗预算，根据职工薪酬制度编制人工预算，根据各项费用需求编制费用预算，汇总形成生产成本预算。

需要说明的是，由于受生产计划的详细程度和管理水平的影响，企业的生产作业量未必能够细化到各生产环节，更未必能够按照牌号、规格细化相关作业量。在此种情况下，企业仅能对生产成本及其组成项目进行预算总额管理。在实际执行中，生产成本预算控制很难满足各环节管理需求。

（五）物流业务预算编制

编制物流业务预算比较理想的做法是，针对不同物流对象（如卷烟、烟叶以及其他物资等），分别按物流作业环节（如烟叶从烟叶产地到复烤厂的运输费、从复烤厂到本单位仓库的运输费、入库装卸费、入库搬运费、在库保管费等）编制相关费用预算。但从现阶段的实际工作看，多数企业的物流作业管理未必能够支持此种预算管理模式。因此，企业也可根据本单位的物流作业实际管理水平和管理需求，具体确定物流费用预算编制思路。同时，编制物流费用预算也需要考虑由于生产计划变动等原因引起的非正常物流成本。

此外，有的企业采取去程运输卷烟、回程运输烟叶的方式。我们建议，在此方式下，企业应合理分摊卷烟和烟叶的物流费用，为综合衡量卷烟销售费用和烟叶采购成本提供相关信息。

（六）人力成本预算编制

尽管人力成本预算是企业预算管理中的重要内容，但由于各企业在人力成本方面均有比较规范的管理制度，因此人力成本预算编制相对容易一些。

对于实行非法人独立运作的各中心和卷烟厂，企业需明确人力成本预算的编制主体。例如，有受访者认为，既然各中心和卷烟厂的工资总额都是公司下达的，那么各中心和卷烟厂就没有必要编制工资预算了。我们认为，即使公司下达了工资总额，但从内部管理来看，各中心和卷烟厂还是有必要编制其工资预算，以便衡量各环节或各类岗位的人力成本投入情况。再如，对于培训费预算，哪些由公司统一管理，哪些由各中心和卷烟厂自行管理，也需要明确。

（七）费用预算编制

本部分所指"费用预算"主要包括业务招待费、会议费、差旅费、出国经费以及车辆运行费等预算。由于此类费用所涉及的具体工作计划有很大的不确定性（除自行召开会议费和出国经费外），因此相关预算基本无法直接依据工作计划编制。

据调研，多数企业在参考历史数据的基础上，结合行业预算年度费用管控政策编制上述费用预算。企业所属各单位和部门也多以历史数据或者费用定额标准编制相关预算。例如，某企业"预算管理办公室将根据以前年度的历史数据，剔除特殊因素后，进行综合平衡，结合公司的生产经营目标，整理出各部门费用预算标准，并上报总裁办公会审核同意后，下发到各业务部门，作为部门编制费用预算的依据"。

我们认为，企业可兼顾管理成本和管理效益，确定上述费用预算的编制思路。若相关费用预算未明确至具体工作计划，则在预算执行过程中，预算执行主体需要紧密关注预算执行进度与工作进度的匹配性。

对于企业自行召开的会议，相关单位和部门可以制订具体会议计划，根据企业相关规定，编制相关费用预算。出国经费预算，可由企业归口管理部门统一编制。

（八）投资预算编制

按照现阶段行业投资管理模式，投资预算编制的难点基本上在项目可行性论证或项目计划审批时已解决。对内投资预算，可以依据经批准的项目计划以及预算年度内的资金使用计划编制；对外投资预算，可以依据经批准的对外投资计划以及年度内投资进度编制；续建或续投项目预算，需根据剩余预算期间的资金投入计划编制。

对外投资预算编制还涉及投资收益预算。通常企业在编制预算时，被投资企业在预算年度的经营情况可能尚难以预计，企业可以先依据历史情况进行编制。待年中预算调整时，被投资企业的经营情况比较容易估计，此时可进行相关预算调整。值得说明的是，投资收益预算未必等同于企业在预算年度可收到的现金，它还受到被投资企业关于利润或股利分配决议的影响。

（九）筹融资预算编制

企业编制筹融资预算的关键是预测预算年度的现金缺口。虽然根据现金预算可以得出现金流增量或减量，但由于业务预算、投资预算的年度内分期信息不一定充分，而且实际现金流量可能受到企业不可控因素影响（如商业公司的付款政策等），可能无法判断何时出现增量或减量，因此企业可结合月度或季度现金预算安排实际筹融资。

（十）财务预算编制

1.是否编制资产负债预算？

据调研，目前绝大多数企业编制利润及利润分配预算、现金预算，但并未编制资产负债预算，主要原因包括：

（1）尚未纳入管理重点。"资产负债暂未编制，主要原因是根据公司目前重点管理目标要求未纳入。"

（2）难以确定资产负债预算的编制依据。"资产负债预算的编制有一定难度，主要难点体现在：下一年度预算的编制一般在10月份启动，在预算编制启动后还有可能增加卷烟产量计划，加之烟叶采购受自然环境因素的影响较大，以及在建工程项目受工程进度的影响等因素，导致资产负债表中的多项指标无法预计。没有编制依据编制的资产负债表，没有实际意义，不能为预算而预算。"

（3）难以取数。"资产负债目前无法编制，主要原因是预算系统无流动资产收发存预算、其他往来款预算、期初数在预算编制时无法取到。"

（4）影响资产负债预算的因素较多。"资产负债预算可以编制，但是由于不确定因素太多，准确性无法保证，编制的意义不大。"

（5）反复修改业务预算和投资预算会影响编制资产负债预算的工作质量和工作效率。"一是各项指标确定比较困难；二是预算编制经过多次修改后才能定稿，改一个数这些表就会全变一次，不仅太复杂，工作效率低，而且必要性也不大。"

我们认为，随着行业对资产管理越来越重视，编制资产负债预算是今后完善预算管理工作的必然要求。虽然从实际工作看，编制资产负债预算的确存在以上难点，但企业可以充分结合预算信息化应用，逐步完善资产负债预算相关的数据信息。此外，正如前所述，预算编制并非追求"准确"，而是要反映"真实"，在合理的管理成本下，在现阶段管理水平的限制下，资产负债预算的管理目标未必很高，但企业要对预算年度的资产负债状况做到"心中有数"。

编制财务预算比较理想的做法是以业务预算和资本预算为基础进行编制。在这种情况下，主要难点在于：

（1）业务预算和资本预算的编制质量是否足以支持财务预算编制。

（2）是否可以合理预测编制时点到编制年末经营管理状况对下一年度财务预算的影响（如资产、负债的期初余额）。

（3）直接依据业务预算和资本预算编制财务预算，可能会产生资产、负债、所有者权益不平衡的情况。此点可在资产负债预算表中特别设置"预算差额"项目作为备注说明差额。

2.财务预算方法是否等同于会计核算方法？

企业在编制财务预算时，有些项目需要一定的预算方法为基础进行编制，例如，烟叶成本的计价方法。我们认为，这些预算方法可不同于会计核算方法。财务预算是企业全面预算管理的一部分，是企业内部管理的一部分，重点为企业管理需求服务，可不必受会计核算方法的影响。如果是企业报上级单位的财务预算报告，则需根据上级单位的要求编制。

财务预算编制及管理参见附录2"卷烟工业企业财务预算指引（示例）"。

○ 附录2 卷烟工业企业财务预算指引①（示例）

一、制定本指引的目的

本指引旨在引导卷烟工业企业（以下简称企业）在实施全面预算管理过程中实现以下目标：

1.以业务预算和资本预算为基础实施财务预算管理。

2.通过财务预算管理，实现全面预算管理与会计核算、财务管理等相结合。

二、财务预算责任主体

董事会是确定企业财务预算目标的责任机构；全面预算管理委员会负责分解落实财务预算目标；财务管理部门负责根据业务预算和资本预算编

---

① 此指引示例是"全面预算管理在卷烟工业企业的应用"课题研究成果之一。

制、平衡、分析和评价财务预算。

三、财务预算项目和财务预算报表

财务预算项目和财务预算报表应体现行业和企业的管理特点。企业可根据管理需要，自行确定财务预算项目和财务预算报表，也可参考会计核算报表中的相关科目确定财务预算项目。

企业可以根据管理需要，单独反映重要的财务预算项目（例如，烟叶库存预算），或者合并反映金额较小的财务预算项目。

企业应当建立财务预算项目与业务预算、资本预算项目的衔接。

四、财务预算及其与业务预算、资本预算的衔接

（一）财务预算目标

财务预算目标是业务预算目标和资本预算目标的综合反映。企业可先根据年度经营管理目标确定财务预算目标，再分解确定业务预算目标和资本预算目标；也可以先由经营管理目标分解确定业务预算目标和资本预算目标，再确定、平衡财务预算目标。

（二）财务预算编制

1. 业务预算和资本预算是财务预算编制的基础和依据

企业应当根据财务预算项目与业务预算项目、资本预算项目之间的对应或勾稽关系，编制财务预算。

2. 编制现金预算

现金预算反映预算年度的现金流量与存量状况。

（1）与经营管理活动有关的现金预算。①分别汇总业务预算中引起现金流入和流出的预算。主要涉及销售业务预算、研发业务预算、生产业务预算、采购业务预算、税费预算、其他业务预算、职能管理部门日常运行费用预算等。②现金流量预算需结合考虑应收款项、应付款项等财务管理政策。③企业需关注因经营活动引起的现金流量净额预算，合理把握现金流入与流出之间的匹配性。

（2）与投资活动有关的现金预算。①分别汇总投资预算中引起现金流入和流出的预算。现金流入预算主要涉及转让对外投资、取得投资收益、处置资产（固定资产、无形资产和其他长期资产等）等收到的现金；现金流出预算主要涉及购建固定资产、无形资产和其他长期资产，对外投资等

支付的现金。②对于固定资产购建项目，企业需合理把握投资规模和生产规模的匹配、现金支付进度与项目进度的匹配。③企业需关注购建固定资产、对外投资等投资预算对企业现金流量的影响。

（3）与筹融资活动有关的现金预算。①分别汇总筹融资预算中引起现金流入和流出的预算。现金流入预算主要涉及吸收投资和取得借款收到的现金；现金流出预算主要涉及偿还债务、分配股利、支付利息等支付的现金。②对于筹融资预算，企业需合理把握到款进度。③企业需结合财务政策，关注资本结构和资本成本。

（4）现金存量预算。企业需合理把握预算年度期初、期末的现金存量预算，关注现金流入量预算与流出量预算是否匹配。

3.编制利润和利润分配预算

利润预算反映预算年度企业的经营成果状况，利润分配预算反映预算年度企业对外分配股利计划或根据行业规定上缴利润的情况。

（1）收入预算。①根据卷烟、烟叶及其他半成品的销售收入预算汇总编制。②企业应合理确定卷烟、烟丝等销售单价，既可与会计核算的计价方法一致，也可根据管理需要另行确定，但需说明。

（2）成本预算。①根据卷烟、烟叶及其他半成品的销售成本预算汇总编制。②在财务预算中，企业应合理确定成本预算方法，既可与会计核算中的成本核算方法一致，也可根据管理需要另行确定，但需说明。

（3）税费预算。根据消费税、营业税、城建税及教育费附加（除增值税和企业所得税外的税费）等预算汇总编制。企业编制税利预算过程中，可按规定口径另行汇总。

（4）费用预算。①企业可参考会计核算方法，将费用分为管理费用、销售费用及财务费用，也可根据管理需要，按费用发生环节分别反映费用预算。②根据业务预算、投资预算（非资本化费用）及筹融资预算中有关费月预算汇总编制。

（5）投资收益预算。①根据对外投资处置预算、新增对外投资预算、对外投资存量预算及被投资企业的损益情况、利润分配政策等编制。②对于获取被投资企业预算年度损益预算存在困难或成本较大的，企业可根据以前年度取得投资收益情况编制有关预算。③企业需关注投资收益的收现质量。

（6）资产减值损失预算。对于基本确定的资产减值情况，企业可合理预计资产减值，编制资产减值损失预算。

（7）非流动资产处置损益预算。根据企业在预算年度拟处置固定资产、无形资产等收益或损失情况编制。

（8）所得税费用预算。企业可通过必要的纳税调整，合理测算应纳税所得额，编制所得税费用预算。

（9）利润分配预算。根据净利润预算及有关规定编制。

4. 编制资产负债预算

资产负债预算反映企业在预算年度资产、负债及所有者权益的变动及存量状况。

（1）资产预算。①根据业务预算、投资预算及筹融资预算中涉及资产变动的有关预算编制。②资产分类可参考会计核算办法，也可根据行业特点和企业管理需要对资产分类。③企业需根据预算编制时点至本年度末（预算年度前一年）的资产变动情况预计预算年度的资产期初余额。④预算年度的资产变动情况和期末余额需结合考虑有关资产管理政策（例如，应收款项管理政策、存货管理政策等）。⑤资产确认及其计价可参考会计核算办法，也可根据管理需要另行确定并说明。⑥企业需关注资产结构和资产质量。

（2）负债预算。①根据业务预算、投资预算及筹融资预算中涉及负债变动的有关预算编制。②负债分类可参考会计核算办法，也可根据行业特点和企业管理需要对负债分类。③企业需根据预算编制时点至本年度末（预算年度前一年）的负债变动情况预计预算年度的负债期初余额。④预算年度的负债变动情况和期末余额需结合考虑有关负债管理政策（例如，应付款项、长短期借款等管理政策）。⑤负债确认可参考会计核算办法，也可根据管理需要另行确定并说明。⑥企业需关注偿还短期负债对预算年度的现金需求。

（3）所有者权益预算。①根据股权变动、利润及利润分配等有关预算编制。②企业需根据预算编制时点至本年度末（预算年度前一年）的所有者权益变动情况预计预算年度的所有者权益期初余额。③企业需关注资本结构。

如由于信息取得、预测未来存在的固有局限，而无法完全以业务预算、投资预算及筹融资预算为基础编制财务预算，企业可采用恰当的其他方式编制财务预算，但应作出必要的说明。

（三）财务预算审核与批准

企业在审核财务预算方案时，可重点把握以下几点：

1.以业务预算和资本预算为基础审核财务预算，关注财务预算项目与业务预算项目、资本预算项目之间的对应或勾稽关系。

2.关注现金预算、利润及利润分配预算、资产负债预算中存在勾稽关系的项目，其勾稽关系是否正确。

3.关注财务预算方案是否符合行业和企业的有关财务政策；关注企业的资产结构和资本结构；关注现金流量和资产质量。

4.关注收入、成本及费用之间的配比性；关注主营业务利润、其他业务利润、营业外收支净额及投资收益等占利润总额比率是否合理，关注利润质量。

（四）财务预算执行与控制（包括预算调整）

财务预算执行情况是业务预算、投资预算及筹融资预算执行情况在财务方面的综合反映。

1.企业可建立财务预警系统，根据财务预算项目与业务预算项目、投资预算项目及筹融资预算项目之间的对应或勾稽关系，实现经营管理活动与财务管理之间的联动，及时反馈各项经营管理活动对财务指标的影响。

2.企业可根据财务预算反馈的执行信息及其对企业年度经营管理目标的影响，调整或完善业务预算、投资预算或筹融资预算等方案。

3.企业可关注有关财务政策（如应收款项信用、销售折扣等政策）在业务预算、投资预算及筹融资预算中的落实情况，可根据实际业务需求调整或完善相关财务管理政策。

4.企业调整业务预算、投资预算和筹融资预算时，应一并调整其对财务预算的影响额；企业对财务预算进行调整时，应一并调整其对业务预算、投资预算或筹融资预算的影响额。

（五）财务预算分析与评价

企业在进行财务预算分析和评价时，可重点把握以下几点：

1.将财务预算执行分析作为财务分析的重要内容。财务预算分析不仅关注其预算执行差额，而且需从经营管理层面，深入分析财务预算执行差额产生的原因。

2.在结合会计核算信息进行财务预算分析时，应剔除或特别说明会计核算办法变化（或差异）对财务预算执行情况的影响。如存货计价方法、成本核算方法等变化（或差异）。

3.财务预算目标是企业经营管理目标的重要组成内容，因此，企业应将评价财务预算目标完成情况纳入绩效评价体系。

4.对于相对独立运作的四大中心、卷烟厂及物流中心，企业可探索采用模拟独立核算的方式，评价其财务预算目标的完成情况。

五、财务预算与会计核算

企业在处理财务预算与会计核算之间的关系时，可重点把握以下几点：

1.财务预算报表与会计核算报表。企业可参考会计核算报表设计财务预算报表，也可根据管理需要另行设计财务预算报表。企业需报上级主管单位的财务预算报表应当按照有关规定执行。

2.财务预算编制与会计核算。若财务预算编制方法（例如资产、负债、所有者权益、收入、成本、费用、税费、投资收益等预算的确认或处理方法）与会计核算方法不一致，则企业应恰当处理财务预算与会计核算之间的差异。

3.财务预算执行、控制与会计核算。财务预算执行与会计核算均是对业务预算、投资预算及筹融资预算的反映。如果财务预算项目口径与会计核算科目口径、财务预算编制方法与会计核算方法之间一致，则预算执行信息与会计核算信息一致；反之，则二者可能存在差异。

4.对财务预算的分析评价与借助会计核算信息进行的财务分析评价。通过财务预算执行结果与会计决算信息的对比分析，可对企业经营管理目标的完成情况进行评价。在结合会计核算信息进行财务预算分析的过程中，应考虑计价方法差异导致的影响，对于只承担数量因素责任的执行单位，应剔除价格因素差异所造成的影响。

六、财务预算与财务管理

财务预算应体现有关的财务管理政策，企业也可通过财务预算反映出的财务信息，进一步调整或优化有关的财务管理政策。

（一）通过财务预算落实财务政策

财务预算应落实行业和企业在投资、筹融资、利润分配及成本费用等方面的财务管理政策。例如，营运资金预算应体现企业的营运资金管理政策；负债与所有者权益预算应体现企业合理的资本结构等。

（二）通过财务预算加强资产管理

企业可通过货币资金、应收款项、存货、固定资产、对外投资等财务预算反映的信息，关注预算年度的资产状况，加强有关资产管理。通过资产预算，分析企业在预算年度的资产结构是否符合资产管理政策，资产状况与企业的盈利模式、战略目标是否匹配。通过存货预算，关注预算年度的存货变动，减少库存占用资金，加强存货周转管理，减少存货呆滞与贬损。

（三）通过财务预算关注企业的盈利能力

企业可通过分析、测算各项财务指标，分析预算年度的盈利能力是否能够达成有关财务目标。通过测算销售净利率，分析预算年度销售收入的收益水平；通过测算资产净利率，分析资产的获利能力；通过测算净资产收益率，分析企业投资者的投资回报率。

（四）进一步调整或优化财务管理政策

财务预算是业务预算、投资预算及筹融资预算的综合反映，企业可根据财务政策在业务预算、投资预算及筹融资预算中的执行情况，进一步调整或优化财务管理政策。例如，结合库存管理，分析存货预算的实际执行情况，分析各类存货的安全库存策略是否满足实际经营管理需求；结合生产业务、采购业务、销售业务等预算执行情况，分析原料、包装材料、备品备件等采购、入库、领用情况，进一步优化各类物资的安全库存策略。

第六章
预算审核与批准

　　预算审核与批准是全面预算管理中的难点，主要是因为实际工作中似乎很难建立一种预算编审双方均比较满意的审核机制，故审核中常常出现"公说公有理，婆说婆有理"的情况。本章重点探讨预算审核与批准中的难点问题，一方面在认识上促进编审双方理清思路；另一方面在技术上促进完善预算审核机制，在合理控制决策风险的前提下，尽量提高审核效率。

◎ 一、预算审核的意义："分粮票"

　　曾经有某企业的财务负责人将预算审核比喻成"分粮票"，"我们中烟的粮票是国家粮票，分到各个生产点、中心，还有地方粮票。"不难想象，此种观点在实际工作中极易导致各单位和部门对有限资源的争夺，同时也易造成审核机构以"居高临下"的态度去审核预算方案，"干毛巾拧出水"是常见的做法。

　　我们认为，预算审核是预算管理中重要的沟通环节，可以将其作为降低部门跟部门之间信息不对称的一种途径，"至少在预算审核的时候让大家知道每个部门究竟都干了什么，否则每个部门都说自己有多重要"。通过审核环节的上下左右沟通，增进各单位和部门之间的相互了解，预算审核必须建立在充分沟通的基础上，否则，预算审核会议极易变成"分粮票"会议。

二、预算审核程序、效率与风险

从调研情况看，企业普遍存在多层级的预算审核机构。以某卷烟厂差旅费预算为例，其审核流程自下而上大致是：编制部门负责人——厂预算管理办公室——厂长办公会、厂预算管理委员会——公司归口管理部门、公司预算管理办公室——公司预算专业管理小组——总经理办公会、公司预算管理委员会——董事会。此外，还需要向上级主管单位上报相关预算。若属于科研项目经费预算、薪酬预算、物资采购预算、投资预算、宣传促销预算等，则还需经过公司的科技委员会、薪酬委员会、"三项工作"管理委员会等机构的审核。

由此可见，一方面相对严谨的审核与批准流程在一定程度上降低了企业决策风险，另一方面审核与批准流程也需要权衡决策效率和决策风险。在决策风险可接受的前提下，如何合理设计审核流程提高审核效率，也是此环节的一个重要问题。

从审核机构来看，企业预算审核流程可分为外部审核流程和内部审核流程。外部审核流程主要涉及上级主管单位审核，由于现阶段行业管理体制，本书暂不涉及相关方面的讨论。

企业层面需要考虑的重点是内部审核流程。企业内部审核流程可以从以下几个方面把握：一是企业内部审核流程设计要兼顾考虑决策风险和决策效率。决策风险需要考虑审核流程的规范性，按照公司治理和行业规定，明确各级预算审核机构。决策效率需要考虑审核机构层级设置，尽量避免不必要的审核环节。二是企业可根据各审核机构的定位和职责，明确各审核机构的审核重点，专业机构要为决策机构提供充分的决策支持信息，各级审核机构需在审核范围内提出明确的审核意见。三是企业可以创新预算审核形式，例如，某企业通过总经理（班子）、预算管理委员会、"三项工作"委员会召开联席会议，提高预算审核效率。再如，有受访建议，"企业可以根据预算项目的可确定性分批审批，比如可把重点控制类费用与日常性费用分开批准，提高预算审批总体效率。"

三、预算审核会议："民主"与"集中"

"民主集中制"是大多国有企业经营管理的决策机制。企业预算审核也体现了先"民主决策支持"后"集中决策"的过程。"民主决策支持"（如预算委员会的决策支持）有利于听取各方意见，为决策提供必要的支持信息，是决策机构借助的"外脑"，有利于降低决策风险；"集中决策"有利于提高决策效率，以及把握经营管理的大方向。

召开审核会议是实践中普遍采用的审核形式。关于预算审核会，经常会听到这种说法，"预算审核会就是吵架的会议"，会上也常常出现"公说公有理，婆说婆有理"的局面……关于如何提高会议效率，比较著名的方法是美国的"罗伯特议事规则"。该规则重点从提出动议（即提出议题或议案）、附议、反对、辩论或讨论、表决等会议规则，指导组织、机构如何召开会议。"罗伯特议事规则"被称为"美国民间的议事宪法"，广泛地应用在政府机构、企业组织、民间团体的议事活动中。

参考"罗伯特议事规则"的思路，为提高预算审核会的效率和效果，预算审核机构可重点把握以下几个方面：

一是提前准备需要讨论的预算审核资料。会议组织者（或机构）需在会议召开前，将预算审核资料发给参加会议的人员。参会人员需要就审核资料提出初步意见，而且需要提交会议进一步讨论的事项，并向组织者（或机构）提交书面资料。会议组织者（或机构）需在会议召开前，整理、汇总相关资料，形成会议议题并按重要性进行排序，明确哪些事项需要重点审核，哪些事项需要进行表决等。

二是关于会议的发言权。参会人员"在提出一个讨论事项或就任何问题发言时，必须先取得发言权"。如果两个以上人员同时要求发言，由会议主持人确定发言顺序。发言权顺序可遵循以下原则：第一，"提出讨论题目的人员有优先发言权"；第二，尚未发言的人员，具有优先发言权；第三，与前一发言人持相反意见的人员具有优先发言权。

三是关于发言。在某一人员发言时，其他人员不能提问，也不能休会，以免分散精力而降低会议效率。在提出讨论事项的人员发言后，其他参会人员可以要求发言。任何人员不能对同一问题发言超过两次，会议主持人应合理把握每位人员的发言时间。实际上，"罗伯特议事规则"对此有明确规定，即"未经会议同意，一次发言不能超过十分钟"，但考虑到国有企业的实际情况，此点可由主持人把握。

四是关于讨论。没有人员再要求发言时，会议主持人可以组织就该事项进行讨论。会议主持人应合理把握讨论的时间长度，讨论内容应集中在所讨论的事项上，尽量避免参会人员谈及与当前讨论事项无关的话题。

五是关于表决。讨论后，需要进行表决的事项，由会议主持人组织表决。表决可以采取举手、投票或按顺序点名等形式。对于重要预算项目，可以采取三分之二票数通过；对于其他预算项目，可以采取多数票通过。表决后，会议主持人总结会议形成的预算审核意见。

六是关于记录。会议主持人可指定专门人员进行会议记录，会议记录应包括：会议召开时间、地点、参加人员、重要的发言和讨论内容、会议形成的表决意见以及主持人认为需要记录的内容等。相关会议记录应按照企业相关规定进行存档。

四、归口管理部门审核

前文预算组织部分提到，绝大多数企业实施了预算归口管理模式。在预算审核环节，归口管理部门的职责重要体现在对归口预算项目进行审核。关于如何提高归口管理部门的预算审核水平，调查对象的建议主要包括：

1.分清轻重缓急

归口管理部门在预算审核中要平衡考虑企业生产经营实际需求的轻重缓急，对可以标准定额形式固化的预算项目应采取刚性控制，要洞察企业生产经营的薄弱环节，将资源配置给急需环节，进而有利于企业总体目标的实现。

2.加强沟通

归口管理部门在预算审核过程中还应当加强协调与沟通，不能抓一手放一手，造成预算实际执行过程中部门之间因预算分配的不平衡而互相推诿。

3.紧密结合实际工作

目前预算专业管理部门已经审核归口管理范围内的预算项目，但是在实际工作中，并没有将归口管理的预算与实际业务相互联系起来。

4.建立审核依据

要制定归口管理部门对应的归口费用的管理标准来作为审核依据。

5.将审核质量作为归口管理部门预算考核的内容

制定制度，对归口管理部门的审核质量予以考核奖惩。

在调研中，我们发现，现阶段企业的预算审核工作主要依赖于审核人员的专业经验判断。这使得审核工作具有很大的不确定性且审核经验难以推广。我们建议，企业可以在实际工作中不断总结预算审核经验和专业方法，逐步建立系统化的预算审核依据，预算审核依据不能局限于预算定额标准，更多的是要挖掘专业人员的智慧，提炼对企业有价值的管理方法。预算审核工作也不再停留在"审几个数字"上，而是要成为编制主体与审核机构之间就某项工作的管理目标达成一致的过程。

五、"预算松弛"与"信息不对称"

在编制预算时，预算责任主体在一定程度上存在多报费用、多列支出的倾向，即所谓的"预算松弛"。由于预算编制单位或部门通常比预算审核机构更了解相关业务信息，即所谓的"信息不对称"，导致预算审核时很难区分信息不对称与未来不确定性产生的预算估计偏差，从而在预算审核时也很难判断恶意的预算松弛程度。此外，在实践中，有受访者认为，预算审批体制也是造成预算松弛的主要原因。在现行体制下，特别是国有企业，无论下属预算责任主体如何申报预算，上级主管部门都要砍一刀，如果预算报实了再被砍一刀的话，势必影响业务开展，导致"老实人吃亏"，这样就迫使预算责任主体不得不加大预算申报水分。

预算松弛是预算管理的世界性难题，理论界和实践界尚未发现非常有效的治理办法，有些办法治标不治本。综合调查对象的相关建议，企业在实际工作中可以从以下几个方面探索解决上述问题的突破口：

1.加深对预算管理本质的认识，把重点从财务资源分配转向企业经营管理活动的计划

"计划重于分钱"，树立这样的认识有助于解决"花多少钱，办多少事"与"办多少事，花多少钱"的平衡问题，也能在一定程度上减少预算审核过程中的"讨价还价"。我们认为，全面预算管理其实可以考虑分步走，先抓经营管理活动的计划，不考虑相关计划与资源分配的挂钩，计划做好了，资源分配也就相对好办了。

2.引入"零基预算"的理念

如果预算审核过多考虑上年发生额，其结果往往是"今年多报，明年多得，今年少报，明年可能更少"，并且责任主体在实际执行过程中有可能会倾向于突破预算以便为下一年争取更多的财务资源提供"合理"依据。"零基预算"的编制成本虽较高，但从责任主体的作业出发，"不管历史、从零开始"，这样可以在一定程度上避免预算松弛的问题。

3.逐步建立系统的预算审核依据

预算审核依据不仅包括预算定额标准，也包括其他不可量化的审核依据。企业应逐步建立系统的审核依据体系，避免审核依据随着审核者、审核机构的不同而发生变化，预算审核依据力求公开、透明，使编审双方均能够接受；改变"砍一刀"的预算审批模式，使预算责任主体实事求是地申报预算，以消除预算责任主体的担忧和顾虑。

4.预算审核环节增进沟通和调研

例如，"预算决策和审批部门要定期进行现场调研，掌握第一手资料"；"深入了解生产经营实际，并与各部门沟通，掌握全面信息，审核依据充分"；"需要加强信息沟通，充分了解预算部门的实际情况，对预算部门的总体运行要有准确判断"。

5.通过合理方式，减少预算编制主体对未来不确定性的担心

例如，"保留通畅的预算变更通道，对不可预见事项进行及时处理"。

6.谨慎对待预算考核问题

例如，"科学制定预算考核办法，不要把预算执行作为衡量所有单

位、部门业绩的唯一标准"；"确定合理的考评和奖励机制，用激励来解决预算松弛的问题，一方面激励部门努力创造业绩，另一方面又激励员工提供真实的预算数据和业务信息，防止预算松弛"。

附录3介绍了几种关于治理预算松弛的方法，这些方法力图从技术层面减少预算松弛产生的可能性，但从实践看应用范围并不广泛。

六、按重要性排序

前文提到，企业的资源配置机制应明确资源配置方面的倾向性态度，这一点体现在预算审核中就是要明确各项工作的重要性，并根据工作的重要性排序进行资源分配。

例如，某中烟将预算项目分为战略性项目、政策性项目和一般性项目，分别采取不同的审核策略。"资源配置的顺序是优先配置战略性项目，其次配置政策性项目，最后配置一般性项目。其中战略性项目和政策性项目基本上全额予以满足，一般性项目从紧安排，特别是总公司重点控制项目原则上不超过上年实际数，如总公司批复后按总公司批复数严格执行；对公司重点关注的劳务费、修理费、劳动保护费、运输费、燃料及动力等项目从严审核，没有足够的依据和理由支撑不予安排增量预算。"

从调研情况看，一方面，尽管很多企业认识到要按照工作重要性进行资源配置，但在实际工作中每个责任主体都会强调自己的工作很重要，企业在进行资源分配时往往更注重各单位和部门之间的平衡；另一方面，从部门层面看，由于工作计划性不强或者对年度工作重点缺乏清晰的认识，因此，部门预算方案也可能无法体现出各项工作对资源需求的差异。在实践中，有观点认为，"预算要编得准"，但我们认为，一项预算编制得好坏的重要标准是，通过该预算方案是否可以清晰地看出该项工作的计划和重点。

例如，某企业营销中心编制的市场调研费用预算如表6-1所示（涉及商业秘密，略去其金额）。从中可以看出：该中心预算年度的市场调研工作主要包括常规调研和专题调研，其中，品牌提升研究所占比例最高，是明年市场调研工作的重点。由此可大致推测，目前该企业品牌战略着重于品牌提升方面。

表6-1 　　　　　**某企业营销中心市场调研费用预算表**　　　　金额单位：元

类别	项目	工作内容	预算金额（略）
常规调研	新品可行性研究及测试		
	销售评估	市场走访、外聘公司评估	
	消费者研究	专题小组访谈等	
	营销环境研究	竞争对手、营销环境、营销政策研究	
	物料采样调查	物料采样	
	媒体宣传评估	媒体专题调研	
专题调研	产品切换研究		
	品牌提升研究		
	其他研究		
合计			

七、"一刀切"、"老实人吃亏"及"鞭打快牛"

在预算审核中，常见"一刀切"、"老实人吃亏"、"鞭打快牛"等现象，虽然这些问题表象不同，但其成因均是缺少明确的审核依据，其后果都有损于员工对预算管理的正确认识。

（一）"一刀切"

关于"一刀切"，有预算审核人员表示，"这是没有办法的办法"，因为缺少各方都能接受的审核标准，所以"一刀切"变成了审核机构最后的"杀手锏"。"一刀切"的弊端是显而易见的。例如，有受访者反映，"所有项目一律砍10%，项目批下来后，项目金额降了，总额、年度进度费用也减少了。有些是不可以减少的，如设备需要300万元，减了之后，东西就买不回来了。"

有受访者认为，"预算审核可以'切一刀'，但不能'一刀切'，各企业的实际情况是有区别的，各企业所在地的经济状况也是有差异的，加之各企业在不同时期制定的目标任务不同，如果搞'一刀切'，就无法适应各企业的发展实际。"

如何避免"一刀切",有调查对象建议,"预算主体在预算编制与实施过程中多从业务量的角度考虑各预算单元的实际需求,合理配置预算资源。在预算审核与批准过程中尊重专业归口委员会的意见,专业归口委员会是企业长远与实际目标规划的参与制定者,对预算目标的科学性、资源配置的合理性有发言权。另外,对预算方案的审核还可以调用专家库集中会审的模式,提高预算的科学性。"

我们建议,预算审核机构需要重点把握两点:一是不同预算责任主体之间的实际情况。例如,某企业下属卷烟厂分布在省内各地,距离企业本部所在地或远或近,不同卷烟厂人员到本部开会使用的交通方式不同,距离近的可能自己开汽车,远的可能需要乘坐火车或飞机。二是把握不同预算项目的特点。例如,有些成本费用预算项目具有一定的刚性,不可能每年都要求有所降低。

(二)"老实人吃亏"和"鞭打快牛"

"老实人吃亏"和"鞭打快牛"现象是指由于审核机构依据历史数据进行审核,而导致"越节约的单位,其预算批准额度越低"。有受访者认为,预算审核不能出现"'老实人吃亏'的现象,如出现此现象,那就是鼓励浪费。"

针对"老实人吃亏"和"鞭打快牛"现象,有调查对象建议,"对于节约某费用的部门,下一年度的预算额度不能直接以上年实际数确定。"我们认为,审核机构需要权衡投入产出,既需要具体安排对资源的需求,又需要考虑物资采购单价、劳务费用单价等外部因素对资源需求的影响。在预算编制环节,要尽量采取"零基预算";逐步完善预算审核依据,而不只是单纯依靠历史数据;谨慎进行"预算执行率"考核等。关于如何避免"老实人吃亏"和"鞭打快牛"现象的产生,本书在第八章预算分析与评价中作了进一步的讨论。

八、关于时间滞后和预下达问题

在实际工作中,普遍存在预算下达时间滞后的现象。下达时间滞后对实际工作开展造成一定的影响。例如,有受访者提到,"预算是前一年的 8、9 月份就开始编制了，但要到当年的 4、5 月份才能下达，很多服务合同都要等预算下达以后才走招投标流程，才能和乙方签合同。与保安公司的合同一般都是一年一签，其提供的安保服务是 1—12 月，但是今年一直到 6 月份合同还没签下来，1—6 月这段时间虽然安保工作也做了，可是真要出了纰漏，不知道保安公司会不会认，毕竟没有合同对其进行约束。设备维修在签合同之前还要走招投标流程，公司又要求 10 月份之前把维修工作做完，等到预算下来，再算上招投标花的时间，也就只剩下 7、8、9 月份这三个月的时间可以做，进度非常赶，这样可能会影响维修工作质量。还有二次供水的清洗服务合同也受类似的影响，二次供水设施按要求是每年清洗两次，但也是因为预算下达迟了，就只好都集中在下半年清洗，上半年没得洗。车辆维修、保险等，都存在类似的问题。建议区分常规事项和特殊事项，对于常规事项，是否可以先把预算批下来？不然，预算批不下来，没人敢和乙方签合同"；"有些设备需要进口，采购周期长，大概需要半年，有些甚至需要更长的时间。设备引进来后才能生产，而每年预算时间下来得太迟，招标、采购也需要时间，不能满足工作周期的需要"。

从调研情况看，少数企业能够在预算年度开始前完成董事会审核工作，但由于其预算方案尚需上报总公司或上级主管单位，因此，即使完成内部审核工作的企业，其预算方案也基本上要待预算年度 4、5 月份才能下达。在调研中，绝大多数调查对象建议，"总公司在预算年度年初下达预算"。

针对此种情况，部分企业采取了预下达方式先行下达经董事会批准的预算方案。由于预下达预算与经总公司批准的预算之间可能存在差异，关于如何处理这种差异，有调查对象建议，"年度预算要按照要求报总公司备案或批复，如批复预算与上报预算有差异，待常规预算调整时予以调整。"

附录3　预算松弛的治理方法[①]

本附录主要利用现有的文献资料，从预算松弛产生的"技术条件"和"精神与心理动机"两方面总结了预算松弛的治理办法。

一、传统的预算激励型报酬方案的缺陷

传统的激励型报酬方案为：

$R=W+k_1（A-k_2B）$　当 $A \geqslant k_2B$

$R=W$　　　当 $A < k_2B$

其中：R为总报酬数；W为固定报酬数；A为实际产出；B为预算数；k_1为激励系数；k_2为基本要求完成比例。

这种激励方案通常被称为松弛引导型激励方案（slack-including incentive scheme）。当实际产出数A超过预算数B一定比例 k_2（通常在80%～100%之间）时，就会得到额外的奖励 k_1（A- k_2B）；而当产出数A没有达到预算数B时，仅得到固定报酬W，而没有惩罚。也就是说，预算数B定得越低，超额完成预算的可能性就越大，超额奖励 k_1（A- k_2B）也就越高，而低报预算数B是不需要付出代价的，这可能就会导致较多的预算松弛。

二、诱导真实报酬方案

"诱导真实报酬方案"是在假设员工追求个人经济利益最大化的基础上，利用数学的方法设计出特定的报酬契约方案，诱使员工在编制预算计划时"说真话"。这一方案的模型主要有4种：

（一）由Young（1985）提出。报酬契约公式为

$R=k_1（A）-k_2 | （B-A） |$

其中：R是报酬金额；A为实际产出；B为预算产出；k_1为奖励系数；k_2为惩罚系数。

优点：当 $k_1 \leqslant k_2$ 时，下属没有经济动机去虚报目标，因为无法获取更

① 本附录由课题组参考以下主要文章整理而成：许云. 预算管理研究：历史、本质与预算松弛[D]. 厦门：厦门大学管理学院，2006. 胡良利. 预算松弛成因及对策研究[J]. 财会通讯：理财版，2008（6）：89-90. 胡祖光."联合确定基数法"对策论模型：一个通俗的阐述[J]. 商业经济与管理，2001（4）：8-12.

多的经济回报；同时也不会按更低的标准实现产出，否则回报更少。

缺点：当 $k_1=k_2$，实际产出超出预算产出时，收益不变；而当 $k_1<k_2$，实际产出超出预算产出时，收益变少，这会打击员工的积极性（Waller，1988）。但当完成自报数时，由于少报受罚原则的存在，员工可能不会追求更好的产出，或者将超额完成的产出隐瞒，递延至下期，以实现自身多期收益最大化。

（二）苏联报酬模型

苏联计划工作者为解决预算失真问题提出的激励引导模型，其基本模型为：

$R=W+ k_2B+ k_1（A-B）$ 当 $A \geqslant B$

$R=W+ k_2B+ k_3（A-B）$ 当 $A < B$

其中：R 是总报酬；W 为固定报酬；A 为实际业绩；B 为预算单位上报的预算值；k_1 为实际业绩高于预算业绩时，根据超额部分确定的加奖系数；k_2 表示根据预算上报值确定的基本奖励系数；k_3 为实际业绩低于预算业绩时，根据未完成部分确定的惩罚系数，且存在 $0< k_1< k_2< k_3$，一般经验认为 k_2 至少应该比 k_1 大 30%， k_3 至少应该比 k_2 大 30%[1]。

优点：下级在设定预算目标时，会尽可能披露他们的真实信息，引导"说真话者最优"。

缺点：属于"自下而上"型，完全以预算执行人的呈报为准，上级在预算编制中只承担汇总工作；由于缺乏"自上到下"的程序，公司的整体战略目标无法在预算中落实，也无法对各单位、部门的经营进行整体协调。

只是一个单一期间的激励计划，没有考虑多个期间决策的影响。

（三）韦茨曼报酬契约公式

由 Weitzman（1976）提出，被 Waller（1988）和 Chow 等（1988）采用。其报酬契约公式为：

当 $A \geqslant B'$ 时，$R＝W+ k_2（B-B）+ k_1（A-B'）$

当 $A < B'$ 时，$R＝W+ k_2（B-B）+ k_3（A-B'）$

其中：R 是总报酬；W 为固定报酬；A 是实际业绩；W 是由上级初步

_____

① 胡郑利.预算松弛成因及对策研究[J].财会通讯：理财版，2008（6）：89-90.

设定的报酬和预算业绩；B'是经员工参与调整最终确定的预算业绩；k_1业绩奖励系数；k_2为诚实奖励系数；k_3为业绩惩罚系数，且 $0 < k_1 < k_2 < k_3$，它所起的作用与 young（1985）类似。

优点：当上级设定的预算业绩低于下级所能完成的业绩时，因诚实奖励系数大于业绩奖励系数，下级会主动调高预算业绩，但不会调高到完不成的水平，因为惩罚系数大于诚实奖励系数。

缺点：当预算执行者可以在不同预算期间调整业绩时（如延期支付招待费等），因存在棘轮效应（如采用增量预算），以及惩罚系数大于诚实奖励系数和业绩奖励系数，当预算目标完成时，下级可能会将本期能实现的超额业绩调整至下期实现，这可能导致实际业绩的损失。其原因是，下期完成的业绩首先用来完成最基本的、抵消惩罚系数的那部分；然后再主动调高预算业绩，用较高的诚实奖励系数计算报酬。（当预算执行者无法在不同预算期间调整业绩时，这个问题就不存在了。）

这一模型一直无法在实践中应用（Weitzman，1976，1980）[①]。虽然诱导真实报酬方案在理论上完美无缺，但在自由市场经济的企业中却很少应用，多数是在集中计划经济（centrally-planned economics）的企业中应用（Berliner，1975）。而且，Waller（1988）和 Chow 等（1988）发现，诱导真实报酬方案只有利于减少风险偏好为中性的员工所提出的预算松弛，但对风险厌恶者提出的预算松弛无效[②]。

特别说明：如果不同项目预算数之间存在相关性，如按销售量的一定比例提取营销费用，那么在进行预算考核时，不是按当初预算的营销费用考核，而是应按实际销售量的比例重新计算营销费用进行考核。

如果存在按预算数分配资源，假如按预算分配资源的系数为 x，分配的资源给预算执行者带来的效益系数是 y，当（k_3-k_2）小于 xy 时，下级可能会有多报预算的冲动。

（四）联合确定基数法

这种方法又称"HU 理论"，是由胡祖光在 2000 年提出的，该模型给出了以下建议：

[①]　胡祖光．"联合确定基数法"对策论模型：一个通俗的阐述[J]．商业经济与管理，2001（4）：8-12．
[②]　许云．预算管理研究：历史、本质与预算松弛[D]．厦门：厦门大学管理学院，2006．

（1）每年的预算数由上下级共同确定，也就是说，最终的合同预算数C应当是上级要求数D与下级自报数S的加权平均数，用公式表示为：

C=wS+（1-w）D

其中：w为下级预算权数。

（2）如果下级实际完成预算数超过合同预算数，则超过的部分将按超额奖励系数p折算出超额奖金B发给下级，完不成预算不予惩罚，其公式表示为：

B=p（A-C）

其中：A为实际完成预算数。

（3）如果下级的自报数S小于年末的实际完成数A，其将由于少报预算数而受到惩罚，惩罚系数为q。即，当S<A时，罚金=q（S-A）；当S>A，多报不奖。

在"联合确定基数法"对策论模型中有超额奖励系数p、少报受罚系数q和下级自报数的权数w三个参数，三者必须满足：p>q>wp，即1≥超额奖励系数>少报受罚系数>下级预算权数×超额奖励系数。

上级预算值的设立虽然解决了前苏联激励法的第一个缺陷，却仍可能达不到其设计初衷，反而加剧下级对实际业绩的隐瞒。这是因为，上级给出的目标值既然会建立在上期实际业绩的基础上，那么就可能引发"棘轮效应"（"上去容易，下来难"），或者导致"鞭打快牛"。下级单位出于风险规避的心理，宁可放弃本期的超额奖励，也不愿招致下期完不成任务而受罚的风险。另外，诱导真实薪酬法只是一种静态博弈，也就是说，它只考虑了一个期间的最优问题，而没有解决多期间整体最优问题。或者说，该法只考虑了上级怎样在一个期间内通过制定一系列激励规则引导下级的行为达到自己的目标，却忽略了下级欲实现总薪酬现值最大化的行为导向，这将进一步加剧下级隐瞒甚至操纵业绩的问题。

（五）小结

无论是哪种经济诱导模式，都是从改变业绩评价方式来追求预算计划的真实。

虽然经济诱导模式在理论上完美无缺，但在自由市场经济的企业中却很少应用，多数是在集中计划经济（centrally-planned economy）的企业中应用（Berliner，1975）；而且 Waller（1988）和 Chow 等（1988）都发现，经济诱导模式只有利于减少风险偏好为中性的员工所提出的预算松弛，对风险厌恶者的松弛却无效。目前理论界还在对经济诱导模式继续研究，或许未来会更有助于促进预算计划的真实编制。

由于预算人员存在道德问题，管理方式的不同、预算编制方法的不同，可能导致部分费用项目的预算松弛无法通过以上技术问题解决。例如，营销人员的招待费用预算，当营销人员可以用个人的发票来充当招待费发票时，一般不会在预算数额内节省费用，因奖励系数一般不会太高（太高对企业来讲也没有什么实际意义，估计很难达到90%以上）。

三、预算松弛治理：增强团队间的信息透明度

受 Young 等（1993）将"上下级间的社会压力"转变为"下级团队间的竞争压力"思路的启发，Fisher 等（2002）研究了在传统的"预算强调"方式下，向组织内部的团队引入两种竞争机制——"以预算为基础分配稀缺资源"和"横向披露各团队的预算信息"——会对预算松弛和员工业绩造成何种影响。

在进行研究前，Fisher 等的估计是：当企业以预算分配资源时，员工有动力去高报产出以求获取更多份额的固定资源，这样就抵消了员工低报产出（即预算松弛）的动机；此外，员工还会继续努力实现更高的预算目标，以求未来争取到更多的资源。而团队间的"横向信息披露"能够向员工提供其同事预算计划水平和实际业绩等信息，从而增强团队间的社会竞争（social competition），激励员工提高预算目标和业绩。

实验研究的结果显示，这两种机制的确抵消了传统的"预算强调"方式所引发的预算松弛动机，都有效地减少了预算松弛。Fisher 等据此驳诉了理论界和实务界普遍认为"预算强调有害"和"预算的计划（资源配置）和控制（业绩评价）功能应相互分离"的观点，并认为："运用预算既能分配资源又能评价业绩，可以双重激励员工真实地披露其私人信息和提高其努力程度、工作业绩，应当充分发挥预算的计划（资源配置）和控制（业绩评价）功能的协同作用。"

必须承认，Fisher 等（2002）所采取的"以预算为基础分配稀缺资源"和"横向披露各团队的预算信息"是一种新预算思路，事前就在预算

计划环节引入竞争机制，模拟市场竞争，利用资源的稀缺性和社会压力迫使组织成员真实预计（甚至是高报）产能。它本质上是将上下级之间的预算矛盾（上级期望下级多报预算任务，而下级希望少报任务）转变为下级之间的资源矛盾（争取稀缺资源），这种资源竞争比起事后的业绩竞争会更加激烈。

但这种预算方式的缺陷也非常明显：

（1）可能引起团队与团队间更为激烈的相互攻击并形成隔阂，同时也极可能导致团队之间合谋共同抵制上级的任务逼迫，不符合增强团队间合作的总体预算改革观念；

（2）可能引发"矫枉过正"的现象，团队为了竞争眼前的资源利益高报自身的产能，在执行预算时可能铤而走险或不惜牺牲组织的长远利益弄虚作假。

Fisher 等（2002）所提出的预算思路对单纯地减少预算松弛和提高预算计划的准确性（甚至是提高预算难度）具有明显的效果，但它可能不利于预算执行中团队之间的合作，不利于形成融洽的组织文化氛围和增强组织实现组织战略的能力，因此这种预算的改进方式还有待进一步研究。

同时，Fisher 等（2002）提出的另一个预算改进建议是值得注意的，他们认为，为减少预算松弛，企业应当有一个内部报告系统，不仅为经营者，也为各个团队提供其他团队的预算和业绩信息[1]。

四、预算松弛治理：作业预算

作业预算（ABB）[2]的基本点是将作业管理（ABM）和产能管理（capacity management）的概念引入预算实施，它以"改进后的业务流程"为预算的编制基础，并将经营预算（针对作业量）与财务预算（针对单价）分开，使预算深入作业层面，与经营活动紧密结合，然后综合形成财

---

　　[1]　执行预算时，可以利用组织内部的网络，适时披露各部门"预算账户"的信息：预算资源已用数、剩余数，预算任务已完成比例、未完成比例，已完成任务所耗时间、剩余时间等。通过这些信息的公开，可以让每个部门随时了解自身和其他部门预算的执行状况。
　　[2]　ABB 的详细内容可参见：HANSEN S C，OTIEY D T，VAN DRE STEDE W A. Practice developments in budgeting:an overview and research perspective[J].Journal of Management Accounting Research，2003，15（05）：95-116.

务预算。ABB过程如图附录3-1"闭环模型"（closed loop model）所示[①]。

第一阶段：经营循环　　　　　　第二阶段：财务循环

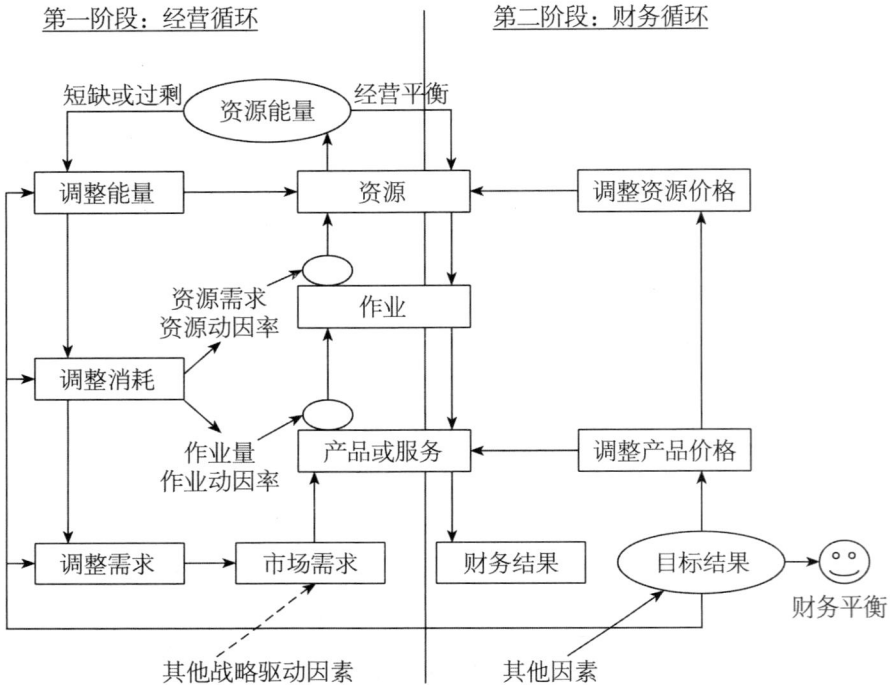

图附录3-1　ABB法的闭环模型图

ABB对预算松弛的治理主要体现在两方面：

（1）通过ABM消除无效作业而减少不必要的预算松弛。由于ABB实际上是将ABM引入预算编制的过程中，通过ABM优化组织的作业链，从而减少无效作业所浪费的资源，这是传统预算技术方法无法实现的。

（2）通过作业成本法（ABC）和促进员工相互配合，从降低"信息不对称"的角度治理预算松弛。

由于ABB主要借用ABC的技术手段，使预算"全面深化"，这就保证了ABB所揭示的信息，较之以前的预算方法更为全面和细致，从而降低了因"信息不对称"而产生的预算松弛的可能。

同时，ABB在细化预算计划的过程中自然涉及作业流程的调整和改

---

① ABB法有多种构建模式(如Klammer等，1997，；Antos and Brimson，1998)，"闭环模式"只是其中一种。该部分内容主要参见：HANSEN S C，OTIEY D T，VAN DRE STEDE W A．Practice developments in budgeting:an overview and research perspective[J]. Journal of Management Accounting Research，2003，15（05）：95-116.

进，客观上也促进了部门与部门之间、人与人之间随着作业链紧密联系在一起，在员工相互配合和充分沟通信息的过程中，预算计划会变得更有逻辑，考虑的因素也更全面，预算真实性也更强，预算松弛自然也得到抑制。

上述在"技术条件"的治理方面，可采用的方法有两个：一个是从业绩评价的方式入手，采取"经济诱导"（TIPS）；另一个是从减少信息不对称的角度出发，采取"竞争诱导"（资源竞争）。虽然"竞争诱导"在短期内减少信息不对称的效果很明显，但从长远看可能反而不利于预算计划的真实性——即在组织内部引入竞争，发挥"竞争产生效率"的作用，必须把握竞争的程度和方式；而ABB法主要通过ABM消除无效作业，直接减少不必要的预算松弛，并且通过ABC和促进员工相互配合，从降低"信息不对称"的角度治理预算松弛。

在"精神与心理动机"的治理方面，文献资料主要探讨了"声誉"与"道德"对产生预算松弛动机的抑制作用。但如果要让员工注重"声誉机制"与"道德规范"，离不开优秀的组织文化，而优秀的组织文化又源于经营者优秀的管理观念，对"精神与心理动机"的根本治理应当从经营者的预算观念入手。

第七章
预算执行与控制

预算执行与控制是将预算方案落地的过程。实践中，企业在预算执行中更多地关注资金支出及成本费用耗用情况，但从业务源头看，预算执行即业务执行。本章重点探讨预算分解、"刚性"与"柔性"的认识、预算控制模式以及预算调整等问题；探讨如何恰当处理预算执行与业务执行、资金支出之间的关系，以提高决策和执行效率。

一、预算分解

预算分解主要涉及：预算要不要分解，预算分解主体和预算周期。据调研，绝大部分企业对年度预算进行了分解，分解的主要目的是更好地实施预算控制。

（一）预算要不要分解？

此点需结合预算项目特点来进行分析，并非所有的预算项目都适合进行分解管理。例如，科研经费预算，一般情况下均采取项目管理方式，如果对某个科研项目要求其严格按照月度或季度期间执行经费预算，那么可能会束缚相关工作的开展，或者可能导致项目组为了满足预算执行需求而修改项目工作计划，造成本末倒置。

（二）关于预算分解主体问题

所谓预算分解主体，实际上是考虑预算项目需要分解到哪级（或哪个）责任主体。例如，业务招待费预算，首先，在企业层面有总额管控的需要，即企业是第一级责任主体；其次，企业是否需要分别管控各中心、卷烟厂及本部职能部门的业务招待费预算，如需要，则涉及第二级责任主体之间的预算分解；第三，各中心、卷烟厂以及本部职能部门是否需要分别管控各自内设机构的费用预算，如需要，则涉及第三级责任主体之间的预算分解。

针对不同的管理需求，预算分解主体不同。企业层面需要考虑本部、各中心、卷烟厂以及所属其他单位之间的资源分配；各中心、卷烟厂则需要考虑内设机构之间的资源分配。如果采取集中管理方式，则不必分解；如果需要按单位和部门管控，则需要考虑进一步分解。

（三）预算分解周期要多长？

据调研，绝大多数调查对象赞成根据实际经营管理需要，确定预算分解周期。"预算分解期间不能单一地以年、季、月为期间或时段确定，要充分考虑生产经营的实际需要，要在'淡季'为'旺季'留有准备，项目预算要根据项目进度提前预测后期投入需求，为公司资金筹划留有足够时间"。特别是有些周期性不强或发生时间无法预测的项目，分解周期不能太短。例如，维修费用预算"以季度为周期进行预算控制的做法并不合适，比如，每年维修费用预算为 1 200 万元，分解到每个季度是 300 万元，但第一季度是产销旺季，卷烟生产安排得非常紧张，一些需要停机的检修项目根本没办法做，这样的话，第一季度的维修费用预算可能就没用完，要等到第二季度机台相对空闲了再做，到那时才会发生费用，如此一来，第二季度就可能突破300万元。另外，应急性维修和预防性维修的性质不一样，到底是哪个季度会碰到需要应急性维修的情况，需要哪些配件，需要发生多少费用，都比较难预测，工厂对应急性维修的费用预算可控性相对比较差，不是想放在哪个季度做就可以放在哪个季度做的。所以，以年度为周期来控制会比较合理。"

有受访者认为，"由于市场环境随时变化等原因，分解期间的预算控制意义不大，但企业可以进行预算分期，通过分期与实际业务对比，进行阶段性评估与分析。"

综上所述，企业可以根据经营管理需要，并结合预算项目特点确定预算分解周期。例如，对于固定资产投资项目预算，根据项目管理要求，结合项目建设周期，确定项目预算分解周期。特别需要关注项目在不同时期对资源需求不均衡的特点。

二、"刚性管理"与"柔性管理"

据调研，大多数调查对象赞成全面预算管理要"刚柔并济"，既要保持适度刚性，又要不失"柔性管理"。关于"刚性管理"与"柔性管理"之间的关系及如何改良"柔性管理"机制，调查对象的看法主要包括："对与生产经营尤其是随产销计划变动而波动的项目采取柔性管理"；"对生产经营急需和不可预见事项适用柔性管理，其他适用刚性管理。对各预算单位来说，适用柔性管理的预算项目应有数量或金额限制"；"建议在刚性控制的前提下，努力提高预算管理的柔性，适度编制不可预见项目预算，以提高预算管理对环境变化的适应能力"。

"预算要保持刚性"是目前预算管理实践中普遍接受的观点，其核心主张是"预算一经确定，不得调整"。从理论上看，预算刚性观主要体现了两种管理理念：一是控制观，即预算就是一种控制手段，各责任部门在实际工作中必须严格依据预算执行作业并在预算额度内"花钱"；二是人性的恶意假设，即如果没有预算约束各责任部门，它们会无节制、无效率的耗用企业资源，并且这些耗费可能根本不会给企业创造任何价值。

预算刚性观的形成除了理念层面的原因，可能还有技术规范方面的渊源。许多国有企业的预算管理指导文件采用了预算刚性观，国家财政部门的预算指导意见亦是如此。有些观点认为，"预算刚性观"或源自我国预算法。此种观点实际上是对预算法的误读。首先，我国预算法的适用范围主要是中央和地方政府、国家机关、社会团体，以及中央和地方直属单位等，并不适用于企业。其次，预算法并没有涉及关于"预算刚性"的直接规定，尽管或许某些条款带有刚性意味，例如，"各级政府、各部门、各单位的支出必须按照预算执行"等。

我们认为，由于政府部门职能相对确定，或许可以侧重强调预算刚性。与政府这类非营利部门不同，企业总是处于变化的市场竞争环境中，计划总是要应对变化，企业的营销工作更尤为突出。可见，企业预算与政府预算是完全不同的两回事，除了相对固定的成本费用项目可能相对刚性以外，许多工作都不应片面地强调预算刚性，特别是对于营销等需要对市场作出快速敏感反应的工作。

现阶段，烟草行业正在逐步推进市场化取向改革，力图将市场机制和市场竞争逐步引入烟草市场，那么，无论在现阶段，还是在未来的市场竞争环境中，过分强调预算刚性很可能导致企业缺乏应对市场竞争的活力。"预算无用论"中的预算其实是指"预算刚性观"下的预算，如果对预算刚性问题没有比较深刻的认识，不仅妨碍烟草企业对预算管理工具的利用，同时也间接地支持了"预算无用论"——预算刚性观下的预算的确不可能对企业有用，反而会使企业作茧自缚。

我们主张，预算需要具备一定的灵活性，这是企业适应市场环境的应有之义。有人可能认为，既然要保持灵活性，那么不编制预算就有了最大的灵活性。对于这样的看法，市场环境发生变化并不意味着企业的经营管理活动不可能计划，作了计划并不意味着计划不能或不可能改变。当然，"灵活性"不是无原则的，而是在一定条件下的灵活性。预算调整、设置不可预见项目等这样的"灵活性"应当是允许的，但不能是随意的，必须经过适当的程序批准。

由于"预算刚性"在实践中存在广泛的误会，因此，我们强调"预算严肃性"，其既不是片面的"刚性"，也不是极端的"灵活性"。这是对预算刚性问题的辩证理解。

实践中，常见的"柔性管理"的方式主要包括：

1.预算调整。

2.设置"不可预见项目"。

3.实行"总额控制"。

例如，有受访者提到，"对于固定资产采购，控制其总额就够了。在每年计算机固定资产预算下达后，执行起来还是比较难的。每年计算机类产品的价格下降比较快。降价当然是没有问题的，但关键是有些规定型号的产品会停产，而新的型号价格又比较高。现在进行的是单项控制，集团下达的打印机价格只能是 1 600 元/台，结果预算下达下来后，那个型号已经停产了，替代型号的价格却又上涨了，这就没办法购买打印机了"。

4.实行"合并控制"。

对重要的预算项目进行单独控制，而对金额不大或性质相似的不重要预算项目进行合并控制，给预算责任主体留下合理的柔性空间。例如，某卷烟工业企业对办公用打印纸采取按楼层管理，改变了以部门为责任主体的预算控制模式，既降低了管理成本，又促进责任主体聚焦管理重点。

三、预算控制重点及控制模式

对于现阶段卷烟工业企业的预算控制重点，调查对象的意见相对比较分散，这实际上也体现了不同企业管理重点不同所造成的差异。正如有调查对象认为，"根据企业不同的发展阶段，不同时期的奋斗目标、生产经营任务，分类确定预算控制重点。"

（一）自我控制

随着企业对全面预算管理的认识不断深入，更多企业认识到预算控制责任绝不仅仅是财务部门的职责，而是建立以各单位和部门为责任主体的自我控制模式。

例如，红塔集团玉溪卷烟厂废品房在乳胶桶回收过程中，发现乳胶桶内有部分乳胶残留，虽然乳胶成本在总成本中仅占 0.2%，但有成本意识的废品房职工仍然认为有节约的空间，因此主动提出在夜班下班后利用打扫卫生的时间先进行乳胶的回收后再清洗，此项工作开展后，一个卷包车间日回收量达到了约 37.5 千克，按 0.7 千克/箱的平均消耗量计算，可多用于 53.57 箱卷烟的生产。厂领导在得知此事后，给予了大力支持，针对由于操作不规范、未专设工作地点导致乳胶不能分规格回收、再利用效率不高的情况，特地指定了固定的回收场所，制定了加胶和回收胶的操作规程，分规格回收乳胶，并出台了相应的考核制度。该车间乳胶消耗量由 0.712 千克/箱下降到了 0.678 千克/箱，仅 8 个月就节约粘料成本约 29 万元。

我们建议，企业建立自我控制模式可以重点把握以下两个方面：

第一，注重培养各级责任主体的预算责任意识。例如，技术中心在保证科研项目顺利开展的情况下，严格控制科研经费支出和科研设备购置，在保证产品质量的前提下，合理组建产品设计成本；采购中心进行比价、优质采购，控制好采购成本；营销中心在开拓市场过程中，合理安排各项销售费用支出，加快款项的回收速度；卷烟厂在保证按质、按量完成生产任务的前提下，严格加强对各个生产环节的实物量消耗和制造费用的控制，节能降耗，严格进行成本管理。

第二，各级责任主体应逐步提升经营管理能力。在全面预算管理过程中，责任主体要转变观念，由被动接受预算控制转变为主动运用全面预算管理，提升经营管理能力。例如，营销中心定期对卷烟销售收入、获利能力、竞争力、存销比等销售业务预算执行情况进行分析，并与竞争对手和竞争产品进行比较分析，发现问题并提出建议供决策参考；通过定期分析宣传促销费用的预算执行情况，加强促销物料的库存管理能力，提高促销物料的促销效果。技术中心注重科研投入成本和经济效益分析，提高科研成果的实用价值；加强产品研发过程中配方以及包装设计的成本控制，提高产品的成本竞争力；把握产品的市场表现，及时调整产品的配方或开发新品，不断提高产品的科技含量和竞争力。

（二）以业务控制为源头

在财务预算管理模式下，预算执行与控制的关注点往往集中在资金开支方面，而缺乏对具体工作的控制。我们认为，在全面预算管理模式下，预算控制应以业务控制为源头，即预算控制首先要控制的是"这项工作要不要做，要做到什么程度"，其次才是"这项工作要花多少钱"，而不仅仅是控制成本费用的表象。

管理重点前移可以促使各级预算责任主体关注各项工作的投入产出，关注盈利性作业的增值水平，关注优化业务流程与管理流程，减少无效的不增值作业。例如，对于劳务费用预算，随着物价水平的上涨，如果单纯控制支付给劳务人员的工资，不仅可能产生招工方面的困难，使企业处于被动地位，而且也不利于企业用工队伍的稳定，甚至可能因此造成一定的管理风险。如果企业可以转变思路，从优化内部业务流程入手，则管理水平可能会有更多的提升空间。从实践观察看，常常有企业在成本费用的数字高低上"斤斤计较",而对业务流程的冗长以及大量的"无用功"视而不见。

○ 四、内部控制机制结合——预算执行与业务审批、资金审批

在调研中,有受访者反映,由于业务和资金审批流程长而影响预算执行,"各种审批流程复杂、审批周期长,每年预算虽然申报了,但是想做的事情不是都有条件做,以及都能及时做完的,预算是想花都没办法花……"

我们认为,在实施全面预算管理的条件下,经济业务事项的发生关键在于流程前端的决策,至于流程后端的执行(包括资金支出),若属于一般的常规业务,则可更多地考虑将管理控制从流程后端移到前端,适当简化业务和资金支出的审批流程,在总体上提高审批的工作效率。这样,一方面通过提高对部门的管理要求,促进了企业总体管理水平的提升,另一方面简化审批流程也减少了领导者用在审批工作上的时间,使领导者有精力专注于企业重大问题的决策上,也有更多时间关注企业经营管理的例外情形。

同时,企业可对具体业务的审批流程进行梳理,并考虑与合同管理、招投标等相关流程的衔接,从而进一步优化企业业务流程,降低企业的内部运作成本,用更多的精力和时间更好地参与市场竞争。

预算执行、控制与业务审批、资金审批相结合可以通过授权管理实现。例如,有受访者建议,与生产紧密相关的费用需要授权。"前年4月份碰到这样的情况:生产用煤的存量只够一个月使用,一旦断供,就会直接影响正常生产。建议对于生产必需的、保障正常生产的物资,相关的预算管理必须授权。今年开始公开招标,应标、中标的供应商都比较少,如果中途再出现流标的情况,一耽误就是两个月,很可能影响正常生产。"有的企业针对行政性费用进行了授权,"行政性费用中的宣传、办公、接待等每个项目都有给一定的授权额度。部门在这些项目的开支由部门领导签字,办公室主任审批。很多流程很长,很多审批环节不像生产的,时时生产着,不会因某人出差而不生产;但其他业务方面(如职能费用审批方

面），很多是领导出差了，工作就不做了。应该给我们权限，不能因领导出差了，我们就干不了了”。

五、无法预测事项与应急机制

在预算执行中，很可能会产生对企业经营目标有重要影响的事先难以预测的事项。对于这类事项，该采取何种预算管理策略呢？根据调研结果，可以概括为以下几种：

1.编制“不可预见项目”

例如，某企业“针对安全应急费用，公司安保部年初编制‘不可预见项目’并预留这一块费用，等各厂实际发生时，再进行分解”。

2.编制“或有事项”预算

有调查对象建议，“可以参照会计核算中的谨慎性原则，对可能发生的事项作为‘或有事项’体现在年度预算中，待有确凿依据或证据表明该事项不会发生时，及时做出预算调整的策略”。

3.事前备案说明及预算调整

有调查对象建议，“可根据事先预测的重要影响事项进行情况说明，分析可能给企业带来的影响，并进行有关情况的备案。待重要影响事项确定后，根据实际进行预算调整”；“可以通过中期预算调整程序予以调整，也可以通过特别预算调整程序予以调整”。

4.启动应急事项程序

“可以采取应急事项预算调整，比如今年3月份和6月份，有两个卷烟产品的合作生产方式发生了变化，需要对设备进行改造，但之前编制年度预算时没预测到这种情况，如果能启动应急事项预算调整，可以让项目进行得更顺利”。

正如上面提到的，有些没有预测到的事项很可能是非常紧急的，需要马上处理，否则可能会对企业生产经营的持续性造成影响。关于应急事项的管理程序，调查对象的建议主要包括：

1.开通“绿色通道”

在预算管理模式中应开通应急事项审批流程，开通绿色通道，简化申批流程。

2.预留预算

对于突发性的安全事故、自然灾难等事项，采取预留预算方式。

3.实行单独审批

涉及突发公共事件应急事项费用，可在报告公司应急管理办公室同意后先行支出，事后及时办理预算调整手续；对此类事项应建立特殊的预算审批及调整渠道，并有专项考核和检查机制；在预算管理上实行单独审批,专项管理。

某卷烟工业企业根据内部权限划分，规定卷烟厂凡在一定金额以上的固定资产购置，均需单项列入投资项目预算，并报企业有权机构审批，无预算不得开支。201×年8月份，其下属某卷烟厂一台在线圆周检测仪发生故障无法修复，它的更新价值在限额以上，先前未能预测到它会发生故障，所以其费用没有纳入预算而且也错过了中期调整的机会，于是就"一直批不下来"。后来该企业将因设备故障导致生产受到影响的情况纳入应急事项范围，同时明确了应急支出审批程序：相关车间、科室首先对列入应急事项范围的突发事件的可能影响进行评估，判断相关应对措施是否需要紧急追补资金。如果认定为必要且紧急，然后由车间、科室负责人提出应急事项支出申请，厂领导班子审批，在本厂不可预见支出预算中列支。本厂不可预见支出不足以处理应急事项的，则按企业规定的应急程序上报。

六、预算预警机制

"预算预警"是对预算责任主体就预算执行情况的预先警告，以便相关责任主体能够更好地筹划剩余期间的资源使用。企业可以通过预算管理与会计核算、资金管理、招投标管理、合同管理等系统相结合，建立预算预警机制。在实际工作中，部分企业已经建立了预算预警机制，预警方式主要包括：

1.利用ERP系统

例如，某企业"实施了ERP系统的FM模块，建立了预警机制，当实际执行情况快超出预算时，系统会自动发出预警信息"。

2.利用会计核算报销系统

例如，"本单位在预算执行会计核算报销时，资金管理、资本性支出项目管理、合同履约管理通过预算系统及资金监管系统建立了预算执行情况的预警机制。主要通过在预算系统内开设专门管理模块建立项目台账、合同台账等，同时与报销系统建立相关的对应关系实现预警机制。"需要说明的是，在此种方式下，要建立好预算项目与会计核算科目之间的衔接关系，处理好预算执行与会计核算之间的口径差异；否则，会计核算并不一定等同于预算执行数。

3.利用资金支出系统

例如，"通过建立预算指标与资金监管规则对应关系，实现预算执行与资金控制联动"；"本月根据会计核算系统中的数据，及时在办公自动化系统上公布费用预算情况；资金监管系统中也可实时反映可使用预算额"。

4.与招投标系统相结合

例如，"企业在进行招投标活动时，需要相关业务部门先向预算管委会申请开具预算证明，证明该月内有该笔业务的预算，然后才能具体开展招投标活动。"

我们认为，预算预警是一种手段，并非目的。预警的目的在于促使相关责任主体关注预算执行情况，分析已执行预算情况，并对剩余期间的资源使用作出合理筹划，使之既能满足业务需求，又能达到预算管理目的。

七、预算调整

（一）分类管理

由于企业预算调整时间一般在年中，"有些固定资产投资项目预算调整审批时间可能会在年底"，导致相关工作无法开展。例如，有受访者提到，"公司预算调整基本在6月左右，批下来已经年底了，对于有些急的项目来说，已经来不及了。如2009年购置的检测仪，由于审批额低于报价，所以只能减少采购数量，以保证总额不超过限制。剩下的只能第二年再买。"

针对这种情况，有调查对象建议对预算调整事项进行分类管理。例如，"预算调整分三种情况：一是价格性、政策性的，在其申报后，公司预算办有权审批，如价格上升后进行临时申请的，可以马上进行审批，以便可以办理下面的手续；二是涉及金额较大的，通过董事会特批；三是常规性的，按照正常流程，一年批一次。"

（二）常见"调增"，鲜见"调减"

从理论上说，预算调整既可能"调增"，也可能"调减"，但实践中一般常见"调增"，鲜见"调减"。根据调研结果，仅有极少数企业存在预算调减情况。调查对象认为，存在此类现象的主要原因有："大家对预算的作用认识不清，存在预算就是为了控制的观念，忽视了预算的真正管理职能"；"存在预算指标不使用就浪费了的思想"；"怕低于预算会产生麻烦，所以就使用掉"；"觉得要到指标不容易，所以尽力使用指标"。

此外，由于预算调整多在每年年中，即使预算期间已经过半，但由于对剩余预算期间业务事项仍存在不确定性，预算责任主体出于"以防万一"的考虑，所以不会主动调减相关预算。

如何促使责任主体实事求是地申报预算"调增"或"调减"呢？我们认为，首先，预算责任主体要转变对全面预算管理的认识；其次，企业要转变管理方式，由"自上而下"的管理逐步转变为自我管理；第三，转变单纯进行"预算执行率"的考核办法。

八、关于几种情形的讨论

（一）情形一："得不偿失"

实践中存在因为预算考核指标设计不平衡而导致"得不偿失"的情形。例如，有受访者反映，"为了达到能耗目标，花了大量维修费用改造生产设备，而不管能耗目标是否过于苛刻"，"为了回收生产过程中的一些烟叶，制丝车间增加了回收装置，虽然节约了原料，但需要增加人手，能源消耗也会上去，相对来讲不一定划算。回收的话，综合效益会怎么样变化？不回收的话，又会怎么样？这些都需要综合考虑，不能只考核烟叶消耗"。

据调研，出现此类现象的主要原因是："目前烟草系统开展对标创优工作，很多单位为实现自己的对标创优指标而过多地投入不必要的支出。"为避免出现"这头摁下去那头又翘起来"的现象，调研对象建议企业可以采取以下措施：

1.综合考虑目标值

这需要对相关指标综合平衡考虑设定目标值，同时也需要行业对标体系采取相应措施，不能为了对标而对标。

2.经济效益分析

应对开展事项进行可行性分析及经济效益分析，具体分析两者之间产生的投入产出效益差，从而确定项目实施方案；可通过投入产出比来分析预算投入是否值得，如果取得的效益远远大于投入的资源，那么才是可行的。

3.合适的预算考核机制

要树立正确的预算观念。全面预算管理的首要职能是规划未来，因此成本超支虽然不利，但是过多的节约也未必就值得鼓励。预算考核应该首先明确生产活动是否按质完成,只有在百分之百完成的情况下节约费用才可获得适当的奖励。

4.合适的预算管控目标

这取决于预算指标的科学性、可行性。不适应实际的指标只能阻碍生产,同时会逼迫工厂造假，失去预算管理的意义。

5.深入开展预算分析

全面预算管理应同时考虑能耗目标、维修费、烟叶消耗、耗费人力物力之间的关系，不能仅考虑能耗目标而忽视对维修费的考量，也不能仅考虑烟叶消耗而忽视人力物力成本。要达到此目的，就必须把预算项目精细化，然后进行深入分析。

（二）情形二："压单"

实际工作中，有些企业存在"压单"情形，即业务已经在预算年度发生了，但为了"预算不超支"，本应在预算年度支付的资金或报销的费用延到下一年度支付。由于存在这种情形，导致预算执行情况并不能真实反映企业的资源使用情况。

据调研，出现此类情形的主要原因是预算责任主体为了达到"预算不超支"的目标。前文提到，预算管理所追求的是"真实性"，预算执行情况应真实反映预算期间的资源使用情况。企业可考虑改善预算考核方式，对于预算执行情况进行分析，剔除不可控因素。同时，会计核算工作对于已经发生的经济业务事项要及时报销、入账，非特殊情况，不允许延后处理。

（三）情形三："提前执行"

有的企业存在"提前执行"的情形："厂里均匀地在生产，如果没有预算管理，有些维修项目可能会跨年度，如11月实施的项目，当年结算不了，次年结算。有预算管理后，一般是保证在11月前完成，不想跨年度影响到执行率，所以根据时间倒推，应该是在9月完成，因为还要有一个验收期。提前做这些并没有影响到项目执行的质量，但却提前占用了资金。"

从上述事例可以看出，虽然此种情形与"压单"的情形相反，但是受"预算刚性"和"预算执行率"考核的影响。对于这些"被提前"的工作，在不影响生产进度的情况下，尚可提前安排，只是提前占用了企业资金；但若影响生产进度，则企业不应一味地强调预算执行率问题，对于此类项目，应具体问题具体分析，预算应依据工作计划执行，而非工作计划随预算执行而变动，否则就会本末倒置。

（四）情形四："东挪西用"

有的企业存在"东挪西用"的情形，例如，有的企业为了达到"预算执行率"指标，在实际执行时，或改变发票的项目名称，或通过混淆经济业务性质而改变会计核算科目。

关于此种情形，一方面企业可以根据实际情况，对预算责任主体的部分预算项目实行"一揽子"管理，即允许预算责任主体在总额范围内进行预算项目之间的调整，实事求是地按照实际业务需求安排相关资源。另一方面企业应严格执行会计核算相关规定。上述内容提到，根据《全面预算与会计核算指南》，"预算单位不得基于预算执行率等原因随意改变经济事项的会计处理方法"。

（五）情形五："突击花钱"和"有预算就要用完"

先看实践中的一例：年末的一天，某公司会计小张在电梯里碰见了老总，他见没有其他人在场就向老总打小报告，抱怨说：某部门经理看年终预算还有不少没用，于是搞突击花钱，比如几乎把所有电脑都换了一遍，几乎把所有的客户都请过一遍等，对此他感到不解。老总找来该部门经理，后者辩解道：反正没超过年初制定的预算，如果今年不花完，明年编预算时可就吃亏了。

"突击花钱"是一些企业普遍存在的情形，产生这类情形的主要原因可能有：

1.预算执行主体基于预算考核的压力，为了达成既定的"预算执行率"；

2.预算执行主体"害怕今年节约了，可能明年预算就少了"。

"突击花钱"是预算执行主体为了"执行预算而执行预算"，而不考虑预算执行行为是否与企业经营管理目标一致，有些甚至与企业经营管理目标相违背。除了预算执行主体"故意而为之"外，"突击花钱"也可能是受到业务淡旺季不均衡或者业务计划不周全所致。

关于如何减少"突击花钱"情形，调查对象的建议主要包括：

1.预算预警

关注预算执行进度，关注是否相对均衡地使用预算，对于预算执行进度偏快和偏慢的情况进行预警。

2.预算监督

通过加大预算监督力度，减少预算执行中存在的年末"突击花钱"的现象。

3.完善预算审核依据

尽量完善预算审查依据，不采用基数法核定每年度预算。

4.奖励节约

预算节约考核与准确率考核并用，使责任单位既注重预算节约，又注重准确率，同时加强宣传和沟通，对突发的难以预计的情况应尊重业务实际，在预算执行考核中予以区别。节约的预算可以通过奖励的方式进行激励。

5.对异常执行情况核减下一年度预算

加强开支的及时性结算和均衡性控制，对异常开支项核减下一年度的预算额度。

6.提高预算认识

可以通过以下方法提高预算认识:一是每月进行预算执行情况的通报,进行执行率偏低的提示和分析;二是加强预算管理的培训,提高员工的认识;三是对年末突击花钱的事项进行严格审核,防止造假。

与突击花钱相关的问题就是——有预算是否就要花完?一种情况是预算责任主体迫于"预算执行率"考核,而"不得不"将预算全部用完;另一种情况是由于预算审核机构批准预算额度时往往会参考上一年度实际发生数,预算责任主体出于下一年度预算额度的考虑,而争取最大限度地用完预算。针对第一种情况,企业在进行预算执行率考核时可以采取具体情况具体分析的思路,避免一定程度上逼迫"有预算一定要用完"的情况出现;针对第二种情况,企业可尽量采用零基预算或者完善预算编制、审核依据,审核机构应与预算编制主体充分沟通,并结合预算年度的工作计划审核相关资源配置情况,尽量避免出现"鞭打快牛"的情况。

第八章
预算分析与评价

预算分析与评价不是单纯分析、评价预算执行数字的正负差，更重要的是深入业务层面分析、评价相关工作情况。唯有如此，预算管理才能完整实现其管理职能。本章重点讨论预算分析如何更好地服务于经营管理，以及其与经济运行分析、企业理财相结合的思路；分析预算考核的必要性，以及预算考核出现的若干实践问题；探讨预算评估和预算审计的工作思路等。

◎ 一、预算分析如何更好地服务于经营管理

归根到底，预算执行情况就是业务执行情况，预算分析的目的是为企业经营管理决策提供支持信息。我们认为，为了使预算分析能够更好地服务于经营管理，应重点把握以下几点：

一是预算分析主体是预算执行部门。据调研，大部分企业的预算分析名义上是预算管理办公室在做，但实际上其往往成了财务部门的事，这也是财务部门"独唱"预算的必然结果。很显然，执行部门更了解本部门的业务，更容易得到相关数据，由其承担预算分析的职能，有利于提高分析质量，从而提高企业的经济运行和经营管理水平。预算办公室则重点在预

算执行部门分析的基础上，统筹分析企业层面的预算执行情况。

二是预算分析内容需深入业务环节。目前，大部分企业的预算分析仍以财务指标分析为主，缺少深入业务执行情况的分析，很多财务人员认为他们对业务情况"的确有些无能为力"。从预算分析的目的出发，如果预算分析以数字分析为主，则很难为经营管理决策提供信息支持。预算分析只有深入挖掘业务层面信息，企业才能有针对性地制定或改进业务策略，进而实现经营管理目标。

三是预算分析可结合经济业务或项目周期开展。例如，针对投资项目预算，如果严格按照预算周期分析预算执行情况，则未必合适。企业可以结合项目进度开展相关分析，一方面可以分析投资项目实际执行进度是否符合计划进度；另一方面可以分析预算执行进度与投资项目相关工作进度是否基本一致，资源配置是否能够满足项目需求。

二、预算分析能否与经济运行分析相结合

预算分析与经济运行分析虽然切入点不同，但实质上都是对企业经营管理活动的分析。对于预算分析能否与经济运行分析相结合，调查对象主要持两种观点：

一种是赞成二者结合。此部分调查对象的看法主要包括："我公司预算分析已经与经济运行分析相结合，在经济运行分析中包含预算执行情况内容及建议"；"可以结合，但必须数据统一，业务口径与核算口径的不一致是结合失败的主要原因"；"可以结合，内容主要包括整体效益分析、产销、研发等与企业运行紧密相关的环节，流程应是先进行预算分析再进行经济运行分析"。

另一种是不赞成二者结合。此部分调查对象的看法主要包括："预算分析和经济运行分析是两个不同角度的分析，其职能也不属于同一管理部门，建议暂时不要相结合，如因公司实际需要，以后可考虑进行适当结合"；"最好分开分析，尽管预算分析与经济运行分析在好多指标上是相互联系的，但侧重点不同，对比依据不同"。

我们认为，预算分析与经济运行分析可适当结合：一是在分析内容

上，可以用经济运行分析的关键性指标来分析预算执行情况，即在预算执行层面分析具体工作对经济运行指标的影响。二是在工作程序上，二者可同步进行，或可根据工作需要先进行预算分析，再将相关内容纳入经济运行分析。

例如，A公司试行全面预算管理的第一个季度，预算销售4 000件A产品，每件1万元，即预算销售额为4 000万元。但这季度末却只销售了3 000件A产品，每件0.8万元，即实际销售收入为2 400万元。销售额差异为1 600万元，即为预算销售额的40%。责任部门经过以下计算，回答了该差异中多少是由于价格降低所造成的，多少是由于销售量下降所造成的：

由于价格下降造成的差异（价格差异）＝（1－0.8）×3 000＝600（万元）

由于销售量下降造成的差异（销售量差异）＝1×（4 000－3 000）＝1 000（万元）

预算分析小组认为仅作出以上分析是远远不够的，应当注重分析问题、解决问题，并要提出相应措施。

该产品在三个地区销售，预算分析小组分别对不同地区的销售预算完成情况进行了分析。在三个地区，销售量预算分别为1 500件、500件和2 000件，而实际销售量分别是1 400件、525件和1 075件。地区1只完成销售预算的93%，而地区2则超额完成5%，地区3却有46%未完成。由此可知，地区3是造成整个A产品销售困境的主要原因。所以，预算分析小组认为有必要对地区3进行检查，看看到底是什么原因导致了如此糟糕的预算执行结果，比如，地区3有竞争对手进入，或者销售人员在偷懒或出现了某些私人问题等。

经过预算分析小组的调查，某竞争对手在地区3投放了价格更加低廉的产品，是该地区完不成销售预算的主要原因。该地区代表叫苦不迭，要求对预算进行调整。

点评：预算分析小组可以进一步分析竞争对手对地区3产品销售情况的影响程度，并根据地区3的市场定位，分析是否有必要调整预算。

预算分析小组在分析地区2的费用时，发现本季度地区2费用预算超支，使该地区的费用预算出现了不利差异。对此，该地区销售代表作出解释："不利差异并不是坏事，更何况，加大投入使我们地区的销售超额完成了5%。"该地区销售代表还认为："费用是为促进收入而做的一种投资，其发生是为了带来更大的收入。因此不应一味追求对费用的控制，而应该在对有效性进行判断后，对那些无效的费用进行控制。"

点评：地区2的销售代表的观点有一定道理，预算小组在分析费用差异是有利差异还是不利差异时，不能只关注超支或节约，而要从企业全局出发，关注相关预算执行行为是否有利于实现企业战略目标以及经营目标。

到了第二季度，地区2的费用仍然超过预算的10%。于是，预算管理委员会对于预算执行的监督问题进行了讨论。

点评：企业可以建立适当的预算执行监督机制，除监督预算执行结果以外，预算监督可更多地关注预算执行过程。至于地区2费用的超支行为，预算分析小组可具体分析超支的原因，并分析该行为是否与企业战略目标以及经营目标一致。

年末，地区1的销售代表发现本地区实际销售情况离完成销售预算还差800件。他知道，如果他不能完成销售预算，他和他手下员工的年终奖金会受到极大影响。于是他和手下员工商量在12月31日开出800件的销售出库单，然后在1月1日再开出退货入库单——实际上产品还放在仓库里，这不过是数字上的游戏。

点评：地区1销售代表的行为在实践中并不鲜见，这是预算执行主体迫于"预算执行率"考核而作出的虚假执行行为。若企业在进行预算分析时发现此类问题，可反思预算考核的合理性，并结合其他内部控制措施，制止此类问题的发生。

三、预算分析与财务管理相结合

我们认为，一方面，企业在编制预算方案时，特别是在编制资产负债预算时，需要体现企业的各项财务管理政策（如应收款项信用政策）；另一方面，企业通过预算分析，可以关注到相关财务管理政策在实际工作中的落实情况，为企业财务管理决策提供支持信息。在企业理财方面，可重点关注以下几个方面：

一是烟叶存货的资金占用。这个问题不仅在于理财本身，更涉及企业的品牌发展战略。实际工作中，有的企业存在盲目采购烟叶的情况，库存烟叶不仅无法利用，甚至导致大量报废。因此，企业应根据品牌发展规划，考虑烟叶醇化期等因素，合理制订烟叶采购与库存计划，既满足一定时期内的生产需求，又避免库存占用大额资金。

二是现金、应收款项等流动项目的平均资金占用规划。同样，这不仅是理财问题，更是经营管理的问题。例如，应收账款往往与销区关系、品牌竞争力及其市场表现相关。企业可以结合实际情况，合理制定应收款项信用政策，既要体现与客户共赢的理念，也需尽量减少呆坏账的产生。

例如，上例中 A 公司将应收款、应付款、存货列在投资筹资预算中，将理财观念贯穿于全面预算管理的过程中，起到了理财的效果。以公司的存货为例，在全面预算管理正式推行以后，日均存货占用额下降了 1 000 多万元，如资本成本按 5% 计算，则一年就可节省利息费用 50 多万元。

三是各主要作业的资源耗用分析。完整、全面的作业成本计算和分析实施成本高，对于现阶段的卷烟工业企业未必适用，但可以从简单作业（如物流环节的搬运、装卸等）入手。"作业成本"未必追求精确，而重在引导相关责任主体逐步树立"投入产出"的概念，增强经营责任意识。

四、关于预算分析报告

基于考虑预算分析信息对经营管理决策的有用性和相关性，预算分析报告应从阅读者（即管理者）的角度出发设计相关框架。从调研情况看，没有调查对象提出预算分析报告的完整框架或者相关设计思路，这从一定程度上说明，绝大多数企业在预算分析报告方面还相对比较薄弱，或者缺乏相关深入探讨。

我们认为，"从管理者需求出发"是制定预算分析报告框架的最基本考虑（实际上这也是很多信息报告的基本考虑，但在工作中很多报告编制者往往忽视从阅读者角度考虑信息的有用性），基于此点，预算分析报告编制者至少要考虑以下几点：一是报告的阅读者是谁？二是阅读者的关注重点是什么？三是这些重点背后所涵盖的经济业务实质是什么？

不同企业的管理需求、管理思维及管理导向之间存在差异，甚至相同企业不同管理者对于信息报告的需求也有所差异，因此，预算分析报告所涵盖的信息可能会有所差异。从基本框架看，预算分析报告至少需要包括以下几点：一是本期工作开展情况及相关预算执行情况；二是工作开展是否符合工作计划，新增或减少的工作及其原因，对相关预算执行的影响，进而分析对本期经营管理目标的影响；三是已开展工作所需资源与经批准的预算方案是否存在差异以及造成差异的原因，分析对经营管理目标的影响；四是下一步将要开展的工作及资源使用计划等。

五、"不搞考核、奖惩，预算没有必要"

"不搞考核、奖惩，预算没有必要"是实践中普遍存在的误会。实际上，与前文提到的"预算松弛"问题类似，预算考核及其奖惩同样是预算管理的世界性难题，理论界和实践界亦无良策。制度引导行为，欠妥的预算考核、奖惩的实践结果往往是"为撒谎者买单"（见附录4），理论界提出的"诱导真实报酬方案"也未必有很好的实践价值。关于预算考核，调查对象的看法主要包括：

1."没有预算考核，将削弱预算的刚性，极易使预算流于形式。"（在预算责任主体的预算意识不是很强的情况下，的确会产生这种情况。）

2.通过预算考核机制和激励机制，促进预算责任主体兼顾长期利益。"要引入考核评价机制、激励机制、问责制度。不能单看眼前的投入，有的初始投入后，还要考虑后面的维护成本。"

3.对不同层级人员可以考核不同的内容。"对高层管理者主要考核'战略性预算目标的实现百分比'，对中层管理者和主要利润实现部门主要考核'对不可控事件的反应速度'，对基层管理人员和组织主要考核'全面预算的执行精度'。"

4.考核不能太细，考核太多易导致员工疲于应付。"分层级开展考核比较科学，公司对工厂只需要考核大的方面，如果公司考核得太细，工厂对基层部门的考核就会束手束脚，而且各厂情况不一样，如果不考虑各厂之间的差异，考核也达不到效果。另外，现在绩效考核就是个'筐'，公司各职能部门都想把自己的东西往里装（不单指预算考核），方方面面都要求工厂做，方方面面又都很重要，对工厂考核的指标有几十项之多，工厂和基层部门都疲于应付。"

我们认为，关于预算考核，企业可以从以下几个方面考虑：

一是预算要不要考核？我们认为不一定，特别是在企业实施预算管理初期。如果在初期实行预算考核，反而极易产生"预算就是用来卡、控各部门的工具"的想法。

二是如果实行预算考核，那么要考核哪些内容？实践中，预算考核普遍重在考核预算执行差异，预算执行率是常见的考核指标。我们认为，预算考核内容可以根据全面预算管理的工作重点确定。例如，在实施预算管理初期，可重点以全面预算管理体系建设作为预算考核内容，可能未必要考核预算执行率。其原因是：一方面初期的工作重点是预算管理体系建设；另一方面在初期预算管理工作刚刚起步阶段，无论是预算编制质量，还是预算执行，都处于慢慢摸索的过程中，如果此时考核预算执行率，极可能让"好人变成坏人"。

三是预算考核结果如何应用？我们认为，预算考核不一定与奖惩挂钩。在实践中，对预算考核存在一个普遍看法：预算考核要"奖励有利差异，惩罚不利差异"。可以看出，这种观点也源于前述的"预算刚性观"。但从预算的本质看，预算考核并不只是对预算执行差异的评价，对经营管理活动的过程给予关注和评价才是预算考核更重要的基本意义。奖惩也无非是希望得到好的执行过程，因此，作业是本，过程也是本，过程往往决定结果。此外，从实践看，根据预算执行差异进行奖惩也是"预算松弛"产生的原因之一。

四是预算考核与日常考核体系之间的关系。总体来说，预算是企业作业计划及其资源分配的反映，因此，在根本上，无论是预算考核还是企业日常考核的对象是一致的。与预算组织机构的设置是同样的道理，预算考核与企业日常考核是一体的，可以通过专项预算考核完善企业的日常考核，但没有必要建立独立于企业日常考核的预算考核体系。

以下是关于日常考核的几点认识：

1.从企业和员工两个方面看，考核的目的是引导而不是约束员工的行为；是提高员工的工作成效，进而引导组织行为，为实现企业战略服务；是提高员工的自我管理能力和工作能力。

2.努力做好关键作业的过程跟踪和评价，促进员工把工作重点放在为企业增加价值的作业上。

3.考核不过分追求精确，重在引导员工行为。管理既是一门科学又是一门艺术，从实践看，艺术性第一，技术性第二。管理的艺术性决定了管理的模糊性，因此，在考核问题上"不求最优，不求精确，但求满意"，采用"满意原则"可能是更务实的做法。事实上，包括考核在内的任何管理措施都有成本，过分追求精确往往违背了成本效益原则。这里的成本主要指沟通、协调等难以量化的内部交易成本，这种成本不像能以货币计量的经济成本那样容易被察觉，有时也容易被忽视。

4.逐步探索过程与结果考核相结合的考核模式，主要内容如下：

（1）不同性质的部门侧重不同的考核方式。在区分盈利部门和非盈利部门的基础上，对盈利部门（如营销部门）侧重结果（如销区的产出投入比），同时也关注过程；对非盈利部门则主要考核评价其作业过程，同时对某些性质重要的可控费用项目进行结果考核。

（2）不同性质的作业侧重不同的考核方式。对于相关信息透明、信息不对称的可能性较小，作业标准化或市场化程度高，作业消耗的财务资源波动不大的作业侧重结果考核；反之，则侧重过程考核。

（3）不同性质的费用侧重不同的考核方式。对于容易有明确评价标准，有利差异越大越好，或者不利差异越小越好的费用项目侧重采用结果考核；对于难以获得明确判断标准，超支或者节约均很难说明相关作业绩效的费用项目则侧重过程考核。例如，对职工教育培训经费，如果鼓励追求预算的有利差异，则可能导致培训不足，不利于企业整体人力资源价值的提升，这类费用可能不宜以预算执行的财务结果进行评价，而更合适评价其作业质量。对于难以在短期内判断其效果的费用项目，可能不宜进行短期考核，而更应该强化预算分析，从分析原因、进行相关测算、积累数据方面入手，为今后决策提供支持意见。例如，有些营销费用对销量的影响就很难在短期内判断其效果。

总之，无论是结果考核还是过程考核，都不存在普遍适用的规则，体现"制度引导行为"的思想是其根本。企业可以根据自身管理需求，逐步完善包括预算考核在内的企业日常考核体系。

六、预算执行率

预算执行率是现阶段企业中常用的预算考核内容。关于预算执行率考核，调查对象的看法可以分为三类：

第一类是赞成采用预算执行率指标。其观点主要包括：

（1）"目前没有找到比预算执行率更好的考核办法。"

（2）"预算执行率考核是维护预算管理严肃性的重要手段，必须推行。"

第二类是虽然赞成采用预算执行率指标，但认为预算考核还要考虑其他因素。其观点主要包括：

（1）影响预算执行率指标的因素：部门宽留窄用、国家政策基数调整、实施时公司不予批复等因素，考核时应剔除不可控因素。

（2）在预算评价和考核中，不能都使用预算执行率指标，与业务量紧密联系的预算项目可使用预算执行率指标，与业务量无紧密联系的预算项目不能使用预算执行率指标。

（3）预算执行率不能作为预算管理评价的唯一指标，应分析预算执行偏差产生的原因，并对人为原因造成的执行率偏差进行考核，对不可控或不可预见因素造成的偏差不进行考核。

（4）在预算考核过程中，预算执行率应作为重要指标，同时考虑其他方面，比如预算调整幅度、预算管理制度的完善、预算检查整改落实等方面。

第三类是谨慎使用预算执行率指标。其观点主要包括：

（1）低于100%的预算执行率只能作为预算评价或考核的参考依据。

（2）预算执行率考核不科学，因为预算编制难以判断科学性。

（3）预算执行率考核应慎用，否则容易造成年末突击完成预算。

（4）单纯的预算执行率考核存在片面性，例如收入增长超额完成1亿元（预算执行率105%），费用增加0.5亿元（预算执行率120%），虽然费用执行率超支较大，但企业效益却增长更大。预算执行得好不好，主要看企业的效益是否得到提高。

（5）在执行时，实际情况与预算情况不一样，可能不需要开支，不能因为没有开支就不进行考核，但如果进行考核，可能会导致不必要的开支。

受访者对预算执行率考核提出的改进意见主要包括：

（1）打包考核。"预算执行率考核不用细化到项目，可以针对一个项目包，工厂可以在项目间进行适当调整。例如，去年报的项目，在去年可能非常有必要，但今年情况有变，可能没必要实施了。如果进行项目打包，我就可以把这个钱用在其他项目上；如果不打包，我可能就把没有必要实施的项目实施了。"

（2）要对审核部门进行考核。"预算执行率不能只考虑申报预算和执行预算的部门，却忽略了最关键的审批部门。如果不是因为不可控的政策、市场等因素导致执行的结果出现很大的差异，那么审批部门就有责任。"

我们认为，现阶段考核预算执行率的主要目的是防止预算执行与预算编制"两张皮"。由于预算考核的压力，预算执行率考核的确在一定程度上起到了约束作用。但正是由于预算执行率考核，使得在预算执行过程中存在"压单"、"提前执行"、"东挪西用"、"突击花钱"等情形（这些情形已经在本书第七章预算执行与控制中进行了分析）。从这些情形看，虽然预算执行率在一定程度上避免了预算执行与预算编制"两张皮"，但过分强调该指标，却可能造成预算执行情况与实际经营管理需求和状况相背离，甚至可能违背企业经营管理目标。

我们认为，企业应谨慎使用预算执行率，对预算执行率考核实行弹性区分，不宜"一刀切"，特别是在企业基础管理水平不是很高的情况下，更不能太过于强调预算执行率。因为企业基础管理水平直接影响预算编制水平，如果预算编制尚无法很好地反映企业经营管理需求，那么以预算编制方案为依据的预算执行就可能既不"准确"也不"真实"。

七、"实际值已经接近理论值"

在实际工作中，存在"实际值已经接近理论值"的情况。例如，有受访者提到，"我们在物耗、能耗方面，是公司几家工厂中最早实行定额的，执行到现在已经差不多到极限了，公司每年对我们还要一扣再扣，让我们喘不过气来。比如生产一箱烟，理论值是需要 2 500 张商标纸，我们实际执行下来是 2 503 张，卷烟纸理论值是 3 000 米，现在实际是 3 020 米，条盒理论值是 250 个，现在实际是控制在 250.5 个以内。如果再要更低的话，需要继续投入大量人力物力，那就不经济了"，"公司对物耗的考核比较关注每箱烟少用了多少物料，对于我们工厂实际执行已经非常接近理论值的情况来说就比较吃亏了。比如商标纸，其他工厂如果从 2 520 张减少到 2 518 张，那么节约了两张，但对于我们这样实际执行已经达到 2 503 张的情况来说，同样要节约两张就非常难了，因为理论值就是 2 500 张。"

对于在卷烟生产实物消耗实际执行结果已经接近理论值的情形下，应如何考虑其预算评价，有调查对象建议，应"对其执行指标的稳定性给予奖励，因为自然生产成本是稳定的"。

我们认为，一方面，当实际值已经接近理论值时，企业需要考虑相关消耗标准是否有必要再提高。消耗标准要考虑综合最优，而不是局部最优，企业应合理衡量成本效益，避免出现"投入产出不经济"；另一方面，在经过预算责任主体的努力，相关工作已经达到较高水平，再进步的空间已经很小时，预算考核指标可以鼓励相关单位和部门以保持水平为主。

八、"老实人被收拾"

在预算审核与批准一章中提到，预算审核中会出现"老实人吃亏"的现象，即"越是节约的单位或部门，其预算审批额度也就越低"。同样地，在预算考核中也会产生诸如"老实人被收拾"等现象，"节约的单位或部门会被扣分，原因是没有达到规定的预算执行率"。如有受访者反映，"对于预算考核，有些费用是没必要的，安全部门没用这些费用是好事，不能因为没用就说我们的执行率不到位。"此外，也存在虽然有些单位或部门费用超支，但相关费用投入是有利于企业经营管理的情况，这种情况也可能"被收拾"。

我们认为，产生上述现象的主要原因是预算考核机制设计不合理。那么，在预算评价或考核机制中应如何把握行为导向，避免出现此类现象呢？企业在实施预算考核时，应把握以下几点：一是分析预算执行差异的具体原因。"首先应牢固树立预算的目的是管理、查找原因，以及分析重于评价（考核）的管理思路，然后在此基础上从细节处查找原因，最后结合结果进行评价"；"应结合企业的发展方向和目标来判断哪些行为是有利于企业的，哪些是不利于企业的，而不是单纯地从这些行为出发来作出判断"。二是把握经济业务实质。企业在开展预算考核时应把握经济业务实质，而非预算数值表象的"成本费用高低"，从工作出发点判断其是否有利于企业的经营管理目标，与企业战略导向是否一致。三是明确对工作结果的判断标准。预算执行归根到底是企业的经营管理行为，其结果对企业有利与否的判断标准是企业战略以及经营管理目标，而非"是否符合预算执行率"，即使符合预算执行率，但不利于企业战略的行为，也是不值得倡导的；即使不符合预算执行率，但利于企业战略的行为，也是值得倡导的。

九、"节约有奖"：奖励真实还是诱导说谎

有些企业在预算考核中设立了"节约有奖"机制，即对成本费用的节约行为给予一定奖励。例如，某企业对制丝车间、卷包车间的维修费实行了"节约奖励、超支处罚"制度，即当车间维修费总额小于维修费用预算时，对车间进行奖励；当车间维修费总额超出维修费用预算时，则对车间进行一定处罚。

关于"节约有奖"制度，调查对象的看法主要包括：

1.可以适当奖励，但要提高预算编制质量

（1）节约有奖本身是没有问题的，关键在于编制是否科学以及企业的

管理水平现状。

（2）可以适当奖励，但要注意计算节约的预算基础是否真实、准确。

2.避免由于虚报预算产生的"假节约"

（1）客观分析节约产生的动因，然后再实施奖惩。对于因预算申报过多而产生的节约应有相应的约束。

（2）正向奖励是奖励的一种手段，奖励不是目的。在预算指标的核定上尽可能做到合理，避免通过虚报预算而得到节约奖励，但在实际工作中把基层工作了解清楚难度较大，成本较高。

3.区分项目，确定是否实行"节约有奖"

与业务量紧密联系的预算项目可实行"节约有奖"，如招待费；与业务量无紧密联系的预算项目不能实行"节约有奖"，如房屋修理费。

4.要分析节约的具体原因

（1）成本超支虽然不利，但是过于节约也未必就值得鼓励。预算考核应该明确生产活动是否按质完成，只有在百分之百完成的情况下节约费用才可获得适当的奖励。

（2）不提倡"节约有奖"，针对节约的项目，分析节约资金的原因。是项目没按期完成所以无费用发生，还是通过努力降低了费用？针对不同情况采取不同的奖励。

（3）"节约有奖"有利有弊。利在一定程度上能遏制各单位乱花钱的现象；弊在各单位为得到奖励，该用的费用却不用，从而不利于企业发展。

5.实行"节约有奖"可能有潜在风险

实行"节约有奖"可能产生虚报预算假节约或人为操纵跨期报账的情况，即面临假节约的风险。

综上所述，"预算节约"的产生主要包括以下三种情况：第一种是通过管理水平、技术水平的提高促进成本费用节约。第二种是原计划的工作未开展，进而产生成本费用的节约。第三种是在编制预算时，虚报预算而导致预算节约。针对以上三种情况，企业应分析产生节约的真实原因，并分情况处理：对于第一种情况可以适当奖励；对于第二种情况不能奖励，而且需分析工作未开展的具体原因，即是受客观因素影响还是由于计划不周等原因造成；第三种情况是最不能倡导的，存在此种情况说明预算编制的真实性和预算审核的质量有待提高。

十、预算评估

本部分"预算评估"包括对全面预算管理体系建设情况进行的整体评估，不只限于预算考核。据调研，绝大多数企业已经实施了预算评估[1]，并将评估结果纳入绩效评估结果。根据调查对象反馈的信息，部分企业预算评估内容及评估权重大致如下：

1.A中烟

已实行预算管理的工作评估，采取定量与定性相结合的方式，从完成预算的速度、质量、准确性方面进行定性评估，对于预算执行率，分可控和不可控因素分别制定标准。预算考核结果在部门绩效评价中约占30%。

2.B中烟

对各厂、各中心预算管理工作进行评估。预算考核结果在部门绩效评价中应占20%左右。

3.C中烟

对各部门预算管理工作进行评估，预算管理工作作为考核内容纳入各部门的绩效考核。预算管理的工作评估主要从预算编报的主动性、及时性和正确性，预算执行的准确性，沟通的及时性等方面进行。预算考核结果在部门绩效评价中约占25%。

4.D中烟

对各单位的预算管理工作按季度进行评估。主要包括：预算执行单位预算编制的真实性、准确性和时效性；预算分析的准确性、全面性；预算台账的规范性；预算执行的计划性。预算考核结果在部门绩效评价中占1%。

5.E中烟

按预算管理考核办法从上报预算资料完整性、及时性、预算执行率等方面评估。预算考核结果约占部门绩效的20%。

---

[1] 此处忽略调查对象对"预算考核"和"预算评估"的理解差异。

6.F 中烟

已对各部门预算管理工作进行评估，将费用预算节约率纳入各部门的年度绩效考核。目前，预算考核结果在部门绩效评价中占 3%。月度对资金预算执行结果（资金预算执行率）进行考核，预算考核结果在部门绩效评价中占 2%。年度对各部门预算管理进行定性评价。

F 中烟×厂：对各部门预算管理工作采用考核的方式进行评估，对预算的执行进度、预算资料的编制报送、月度资金预算执行率及预算分析水平等方面进行评估，考核结果在部门绩效评价中占 10%或 5%。

7.G 中烟

对各单位预算管理工作进行评估，从年度预算执行情况和月度资金预算执行情况两个方面进行评估，其中年度预算执行率占 60%；月度资金预算执行率占 40%。在汇总算出总分的基础上，考虑预算工作的难易程度，给予一定的难度系数进行微调，比如生产点的难度系数和机关本部政工部门的难度系数就应该有差异，生产点难度系数高，政工部难度系数低。

G 中烟 BJ 卷烟厂：工厂仅是对各部门进行评价。在当前体制下，工厂项目的实施需公司相关部门决定，受控因素较多，基于流程，仅严格考核实施部门不公平。

G 中烟 ZY 卷烟厂：预算管理工作已经被列入绩效考核的内容中。各个职能部门所占权重不同。

8.H 中烟

公司本部暂未实施评估，企业有预算评估。

9.I 中烟

评估内容包括预算组织建设、职责履行、预算编制准确率、完成率、资本性支出预算、现金预算、内部预算管理水平等多个方面，考核结果目前在部门绩效评价中占 10%。

10.J 中烟

对各部门预算管理工作进行评估，根据年初制定的预算考核管理办法以打分的方式进行评估，预算考核结果目前在公司部门绩效评价中占 7.5%，但宜占 10%。

J中烟技术中心：把各部门的预算管理工作纳入年度绩效进行考核，根据中心内部管理台账分解出各部门的预算执行情况，并将其执行率纳入年度考核，与年度绩效挂钩，预算考核结果在部门绩效评价中宜占10%。

J中烟GN卷烟厂：每月对各部门预算管理进行评估，基本分为6分，达标部门加0.5分，季度前三名加1分，预算考核结果在部门绩效评价中宜占30%。

从以上企业的预算评估情况看，各单位预算评估内容和具体权重均有差异。有些企业具有较好的做法，例如，将"预算组织、职责履行"纳入预算评估体系中，定量与定性相结合，年度评估与月度评估相结合等。我们建议，企业可以根据全面预算管理实施阶段确定预算评估的重点内容，对于不同阶段设定不同的重点内容，这样有利于更好地引导相关单位和部门关注预算管理工作重点。例如，在实施初期，可侧重评估制度建设与落实情况、职责落实情况以及预算编制与执行的真实性等内容。

例如，某企业的一位高层管理者建议，可以采用"预算信用评级"的方法对下属单位和部门进行预算评估。在刚开始编制预算时，先对预算责任主体进行善意假设，即在预算编制过程中不存在预算松弛。在年末，企业对各责任主体的工作进行评估，如果证实预算编制编得"真实"，则预算信用评级为五星；如果证实预算编制存在"水分"，则有可能被评为一星或没有星级。"一般来说，在国有企业里，大家都会珍惜这个荣誉，明年会编得更好"，"凡是五星级（单位和部门）编出来的（预算），审核都过关，凡是一星级或没有星（单位和部门）编出来的（预算），已经证明其对不起这个善意假设，审核就要从严"。

十一、预算审计

据调研，绝大多数调查对象赞成实施预算审计，认为预算审计可以"检查预算相关制度与审批流程的操作规范性，检查预算执行结果的准确性、预算调整手续的合规性，也可以及时发现预算管理中的漏洞"。

关于预算审计的重点，调查对象的看法主要包括：

（1）全面预算管理制度审计。"预算审计的重点主要是预算制度审计、预算执行过程审计。"

（2）预算真实性审计。"预算审计的重点是预算的编制、调整是否科学合理，执行是否真实。"

（3）预算执行的合规性和程序的完整性审计。"其审计重点应是项目实施的合规性和预算程序的完整性。"

（4）资源投入效果审计。"预算审计的重点应该是费用、投资发生的必要性及效果验证。"

（5）全面审计。"监督评价预算执行过程中预算资金的分配、使用及预算收支的真实性、合法性、效益性，包括预算编制情况说明、预算分解情况、预算执行跟踪情况、预算管理制度、预算标准定额制定的合理性、重点控制的费用及列入项目管理的预算支出。"

我们认为，企业可以将预算审计纳入管理审计范畴，并根据管理需要确定预算审计重点。企业可以聘请外部中介机构进行预算审计，也可以由组成预算审计专项小组（组成人员可不限于审计部门人员）进行预算审计。如果由内部审计部门进行预算审计，我们建议，可以过程审计为主，即审计重点在于责任落实；预算编制、执行、分析以及调整等是否符合企业预算管理制度规定；相关工作是否规范等。审计部门可对所关注的各单位和部门的预算执行结果提出审计意见，但可不作实质性判断，这主要从审计部门的职责考虑。

例如，2011 年，某卷烟工业企业对其下属多元化企业实施了预算审计，审计重点主要包括以下几个方面：

1.预算管理组织机构及职责落实

（1）是否成立预算管理委员会，是否明确了成员组成（包括主任由何人担任人）；若未成立，是否有类似机构承担工作职责。

（2）预算管理委员会是否下设预算管理办公室，成员组成。

（3）董事会、预算管理委员会及办公室职责权限是否清晰。

（4）各部门及人员职责权限是否明确。

2.预算管理制度建设的健全性

（1）是否制定适用于公司实际情况的预算管理制度。

（2）制度是否涵盖了预算管理的主要环节。

（3）预算管理制度与其他管理制度的衔接。

3.预算编制质量

（1）预算编制是否以经营目标为导向，是否明确相关依据，综合考虑的因素是否全面。

（2）预算编制流程是否规范。

（3）预算编制是否及时。

（4）预算编制选取的方法是否合理、科学。

（5）预算编制的内容是否完整。

4.预算审核与批准

（1）预算是否按规定程序审批。

（2）是否存在未经审批就随意调整的行为。

5.预算执行与控制

（1）是否将预算指标层层分解，并落实到各部门。

（2）预算分析和控制应用信息化管理的情况。

（3）预算执行的信息反馈是否及时，是否定期报告执行情况，是否编制中期和年度预算执行报告。

（4）是否建立预警机制。

6.预算调整

预算调整程序是否及时、合规。

7.预算分析及评价

（1）预算分析是否及时。

（2）预算分析方法是否合适。

（3）预算分析的内容是否全面，重点是否突出。

（4）预算管理评价体系是否健全、合理。

（5）预算考核是否纳入企业的绩效评价体系，权重是否合理。

（6）预算评价结果应用或处理是否合适。

◉ 附录4 为撒谎者买单：关于预算过程的真相（摘要）

[美]迈克尔·詹森 著

课题组编译整理

此文写得生动有趣，其中举的一些例子也很有意思。文章的题目为"为撒谎的人买单"，说谎本来是要被惩罚的，怎么还要付钱给撒谎者呢？有这样美的事情吗？究竟是怎么回事呢？

迈克尔·詹森认为：在一个组织中，如果将预算目标和奖励制度联系在一起的话，容易产生相反效果，会导致人们将相关的制度安排视为儿戏，并且损害组织的整体价值。上层或是基层员工会在预算编制过程中撒谎，而且他们会隐瞒有关的关键信息。比如，他们可能会试图把目标定得低一些，这样可以很容易地达到。在目标定好了以后，他们会不择手段地完成目标，哪怕公司最后会受到损失也在所不惜。这样的鬼把戏已经是司空见惯的了，在企业中大量存在。可悲的是，人们认为：如果他们说了真话，他们经常会被惩罚；相反地，如果他们说了谎，他们反而可能得到奖赏。

迈克尔·詹森这篇文章的目的在于，解释为什么这些现象会发生，经理们和公司如何能够阻止这种博弈的发生。它不是抨击预算制度，而是探讨、研究如何进行奖励。迈克尔·詹森指出："直线型奖励方案"或许是解决之道。这种方案去除了人们说谎或者隐瞒、扭曲信息以及将相关制度视为儿戏的动机。

在文章的第一部分，迈克尔·詹森介绍了预算制度是如何耗时，而且在一般情况下预算目标都是和奖惩联系在一起的。他举了一个典型的例子，将一家公司的预算过程比做反复博弈的过程。在这个例子里，如此漫长的撒谎和讨价还价的预算过程从前一年的5月中旬就开始了。这个例子最后指出：在收入没有达到预设目标的情况下，开支（经常是研发和资本性开支）往往会被缩减到足以确保净利润达标的程度，因为多数时候奖金是和净利润是否达标直接联系在一起的。

文章的第二部分主要讲为实现目标可以搞的鬼把戏。那些被承诺达到目标就给奖励的经理们会千方百计地完成指标。这样，如果他们感觉到当年的任务完不成的话，就可能加快出货速度，尽可能把下一年的收入在今年确认，或者让费用在下一年发生。他们甚至会玩一些数字游戏，比如，经理们为了实现当前的销售目标而将货物运走，卖给异地的分销商，即使他们知道这些产品不久后还要运回来。还有另外一种欺诈行为更令人觉得恶心：经理们为了拿到奖金，在接近年底的时候宣布他们的产品价格将从 1 月 1 日起全面上调 10%。他们设置这种价格陷阱是希望顾客在年底前购买，这样他们就可以完成年度销售指标。但提价政策与市场竞争的状况不符，其代价是最后反而降低了公司的销售额和市场份额。一旦经理们感觉到当年的任务实在是完不成了，他们就会采取相反的办法，反正他们的奖金也拿不到了，还不如少做点业绩，这样明年的目标就可以定得低一些，更容易实现些。文章在这部分中举了 INFOR-MIX 和 SABRATEK 舞弊的例子，并指出在一些知名的公司中也存在类似的例子，比如 CA、施乐、朗讯、康柏、思科等——在《财富》500 强企业中大概就有 40 家企业。

文章的第三部分则描述了在目标制定时可以搞的鬼把戏。所谓"会哭的孩子有奶吃"，越来越多的经理们知道，如果越是撒谎说自己有多么不行，那他们就会被奖赏得越多。现在，在制定预算时，已经没有动力使经理们提供准确的预测信息了，并且各种层面的关键信息会被刻意隐瞒甚至扭曲。这样缺乏协作、没有秩序的行为会导致高成本、低质量、错失时机、使客户不满等后果的产生。而且，一旦经理们看到他们可以靠撒谎和隐藏信息使自己的腰包更鼓或仅仅是保住饭碗，他们很快会把这种不诚实的行为带到公司管理的其他环节，甚至带到与合作伙伴的关系中去。

迈克尔·詹森在文章的第四部分提出必须要停止一错再错，要恢复诚信。他指出：在前面所说的那种制度安排下，没有人会意识到自己是在撒谎或者作出没有诚信的举动。迈克尔·詹森认为应当结束奖金与预算目标之间的挂钩关系，这是博弈产生的基本根源——如果良好的业绩依然受到奖励，而不管实际指标高于还是低于预算目标，很显然他们在预算目标制定的过程中就没有金钱上的动机去隐瞒真实信息或者撒谎。

迈克尔·詹森举例：在传统的根据绩效付酬的激励系统中，经理们的奖金有一个保底线和封顶线。只要经理们的表现能达到一个最低的要求——通常是完成指标的80%，就可获得一份固定的工资加保底奖金。如果经理们的表现超过了保底线，则表现越好，奖金越高，但通常在达到指标120%的时候封顶。

传统绩效付酬示意图如图附录4-1所示。

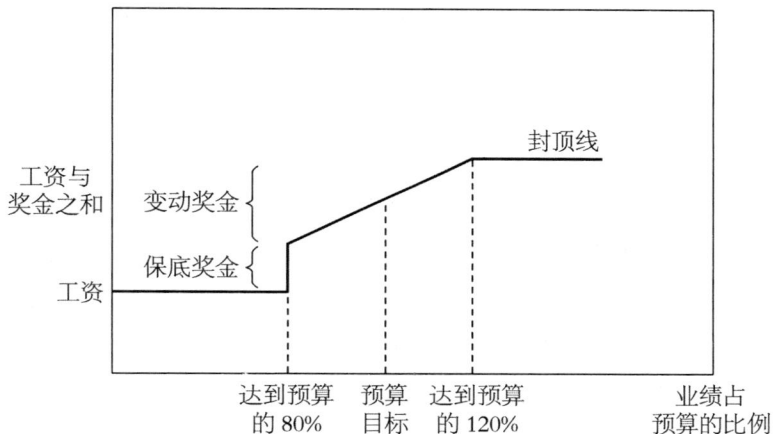

图附录4-1 传统绩效付酬示意图

在这样一个以绩效付酬的系统中，保底奖金和封顶奖金的设计实际上鼓励了经理们玩各种手段和花样。当经理们确信他们能完成保底任务时，他们会竭尽所能提高绩效，通常是采用合法的手段，当他们感到压力太大时，也可能采用非法的手段。而当经理们认定他们完不成保底任务时，其态度马上来了一个180度的大转变。这时他们要把现在能挣到的钱留到将来去挣。因为最终不管是差一点没有完成任务，还是差很多没有完成任务，他们都拿不到奖金，但他们的工资是有保障的（当然是在不被解雇的前提下）。通过把挣钱的时间推后——提前支付、提前订购、推迟入账等——他们使自己在来年有更多的机会获取较多的奖金。还有一种情况是，如果经理们的业绩很好，接近封顶线，这时他们会想方设法把当前能够获取的收益推迟到将来，因为表现超出了封顶线并不能使他们得到更多的奖金。在这种时候，加快销售或是推迟销售对他们当前的收入都不会产生影响，但推迟销售能使他们在来年有更多的机会获得高额奖金。如果像通常情况那样，他们当年的销售业绩被用做来年的销售指标，这种反向的激励作用就更大了。这些把戏和花招如果只是把销售额在上一年与下一年之间相互挪用，对公司的损害可能并不大。但这种活动很少是有益的，它会产生高额的，有时是隐蔽的成本，侵蚀公司的肌体。

迈克尔·詹森指出，经理们总是希望能在既定规则约束下最大化自己的利益[1]，这样保底线和封顶线就成为某种意义上的"结点"（任何曲线型方案都会有）并且会对他们采取的反向行为进行奖励。一旦这些"结点"存在，就需要对经理们进行直接监督，而直接监督需要监督者具备特定的知识。

迈克尔·詹森指出了他的解决之道：改变这种常规的以绩效付酬的奖励模式，以直线型奖励模式取而代之，即线性的奖励方案，如图附录4-2所示。经理们将根据实际做了多少工作获得奖金，而不管实际指标高于还是低于预算目标。比如说，创收10万美元所得到的奖金是一个固定的数，不会因为指标定在5万美元或20万美元而有所改变。换言之，线性的奖励方案根据人的实际工作予以奖励，而不是根据相对于他们说到的，其做到了多少予以奖励。

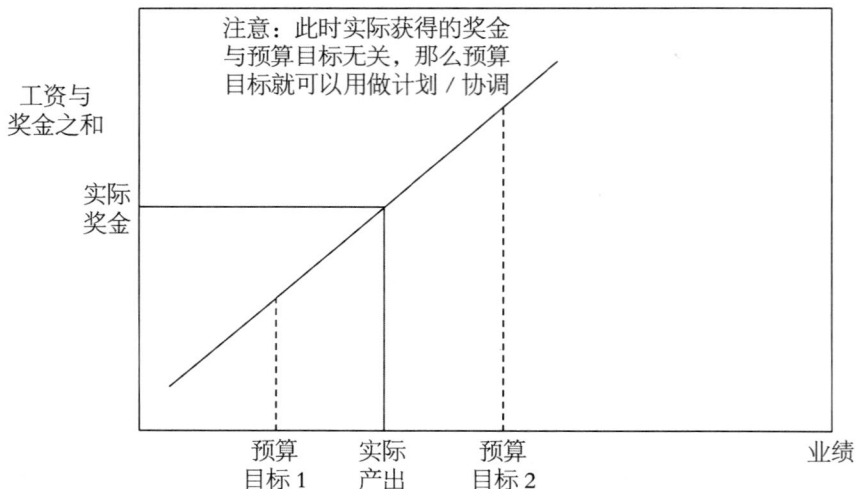

图附录4-2　直线型奖励方案示意图

①迈克尔·詹森在其另一篇文章《人的本性》中提到的观点，可以用REMM模型表示。有兴趣可参见原文：JENSEN M C，MECKLING W H. The nature of man[J]. Journal of Applied Corporate Finance, 1994, 7（2）：4-19.

这就根除了在奖励制度中做手脚的原始动力。由于经理们不再因为超额完成任务而得到奖金，他们也就不会为了把目标定低而在制定预算的过程中提供虚假信息。这样做的结果是，高级经理人员得到了合乎实际的有关未来收益的预测，规划和协调的质量都大大提高。在这个过程的另一端，经理们在截止日期到来之前不再在收支上做手脚。由于以实际工作量作为奖励的依据，多出的营业额或利润在今年和明年得到的奖金完全一样。这种模式不仅消除了玩弄手段带来的危害，而且使经理们不再浪费大量的精力，使他们得以投入自己真正的工作，争取最优的表现，给公司创造最大的价值。

采用这种模式需要注意的问题是：由于收入随着绩效的提高而增加，不诚实的经理们还会虚报数字以期获取更多奖金。当然，企业总是面临这样的风险，这种风险是没有办法根除的，这就需要好的控制系统和认真负责的执行人员。

迈克尔·詹森进一步指出，有动机以及受到压力去操纵制度以达到目的的人不只有较低层次的经理们，还包括高层管理人员（迈克尔·詹森将相关的目标称为"延伸目标"，即STRETCH GOALS）。这就是为什么高层管理人员要迫使较低层的经理们不惜任何代价去作计划。朗讯和施乐的例子就能说明这个问题，经理们指望会计帮忙找出收入以达到证券分析人士的期望。为此，他们靠会计上的舞弊行为来欺骗证券市场，采用了诸如误用会计准则以及不适当地变更会计估计等花招。

前文提到的"结点"在任何曲线型方案下都会有。迈克尔·詹森举了一个曲线型奖励方案的例子。在这种模式下，当达到指标以后，曲线陡然上升，而在指标达到之前，曲线上升得比较缓慢。在突破指标之后，奖金的增幅很快。这可能能满足许多经理的心理需求。他们不希望退回到原来的模式，希望在完成指标之后，超出的部分能得到更多的奖励。但事实上，曲线型模式再次为舞弊的发生提供了充足的土壤。从图附录4-3中可以看到，该方案分别在预算目标的80％、100％和120％处产生了"结点"。

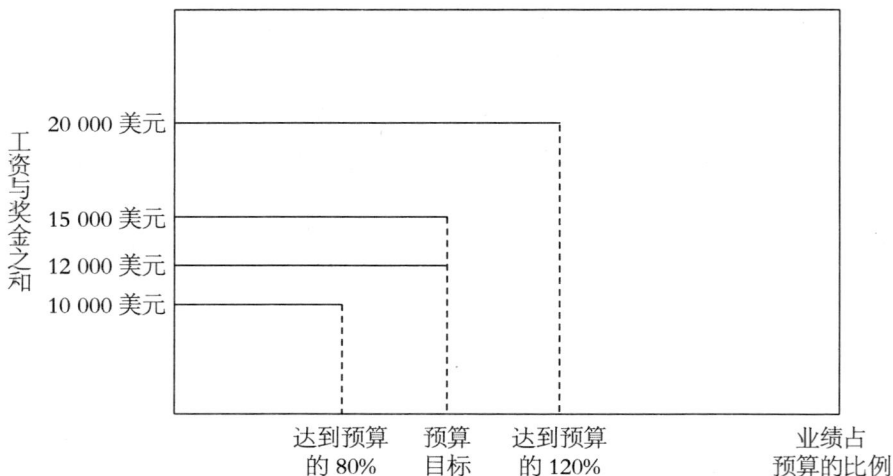

图附录 4-3　曲线型奖励方案示意图

假设在这个例子中某经理每年都可以达到预算目标，那他每年都可以得到 12 000 美元的奖金。但如果他能够不惜任何代价使业绩从 80% 的预算目标提高到 120% 的预算目标，那么他会更加合算。在实现较低的 80% 的预算目标的年份，他将得到 10 000 美元的奖金，而在实现较高的 120% 的预算目标的年份，他将得到 20 000 美元的奖金。两年内他得到奖金的总额为 30 000 美元，平均每年 15 000 美元（高于正常的 12 000 美元）。这样他就有动力去提高他的业绩以取得更高的奖金。而且他也有可能以不恰当的手段，并且使组织付出一定的代价（比如，使总的业绩水平下降）来取得更高的奖金，尽管他错误地以为这些后果是微不足道和无关痛痒的。迈克尔·詹森在后文提及克莱斯勒汽车公司就能说明问题——在克莱斯勒于 2001 年 1 月开始实施的类似奖励方案下，销售量在 2001 年 4 月出现了 18% 的下滑①。

相反，如果这一曲线是往下凹而不是往上凸的，则该经理将有动力去降低结果的变动水平，以提高他的平均奖励水平。

① 2001 年 1 月，克莱斯勒汽车公司实施了一种新的经销商激励办法，就是曲线型的绩效付酬模式。按照该办法，如果经销商未完成销售任务的 75%，则每卖一辆车没有提成；若完成了销售任务的 110%，则每辆车提成 500 美元。4 月份汽车销售不景气，许多经销商觉得无法完成当月的销售任务，而 5 月份他们较有把握拿到每辆车 500 美元的提成，因此他们停止进货，把 4 月份该卖的车挪到 5 月份去卖。执行这种奖励方案的结果是，克莱斯勒的 CEO 最后宣布公司 4 月份的销售下降了 18%，远远大于整个行业的下降额。

在文章的第五部分，迈克尔·詹森分析了延伸目标的隐含成本。许多基层经理会本能地反对使用线性方案。他们说，没错，直线型的奖励方案会消除人们舞弊的动力，但它是否也一并消除了指标的激励作用呢？这是一个合理的问题，而且难于回答。迈克尔·詹森引用了洛克（Locke，2001）的实证研究结果，结果显示：把奖金与目标挂钩确实能促进绩效水平，但即便认定这一发现是准确的，也不知道绩效提高本身是不是舞弊的产物，因为经理们也许为了达到新的目标而夸大结果。迈克尔·詹森还指出，不仅物质奖励会导致撒谎的发生，精神奖励也同样如此。

在文章的第六部分"直线型奖励方案"中，迈克尔·詹森提出在实施直线型奖励方案时要注意的三个方面：

1.绩效指标的计量

（1）缩短考核的时间周期；

（2）如果你希望提倡人们之间的协作互助，应当对团队而不是纯粹对个人进行考核；

（3）应当考虑绩效考核指标的客观性；

（4）不要试图给出双重标准，比如，既要考核利润，又要考核市场份额；

（5）总体而言，使用相对指标（比率）去衡量业绩可能存在相反效果（迈克尔·詹森在此推荐使用 EVA 指标）。

2.报酬线的交点（与报酬额 Y 轴的交点）

交点决定了报酬线的位置，并且和报酬线的斜率一起决定了在某种给定的业绩水平下可以支付的总奖金数。提高报酬线的交点就提高了达到某种给定奖金水平的难度。在决定报酬线的交点时，可以在较长的时间跨度中考虑，虽然操作起来比较困难，但这减少了博弈的潜在可能性。

3.报酬线的斜率

迈克尔·詹森认为，报酬线的斜率要想起到激励作用，关键要看管理层和员工对风险的态度。报酬线斜率示意图如图附录4-4所示。

示例：基于最小增长预测的报酬线

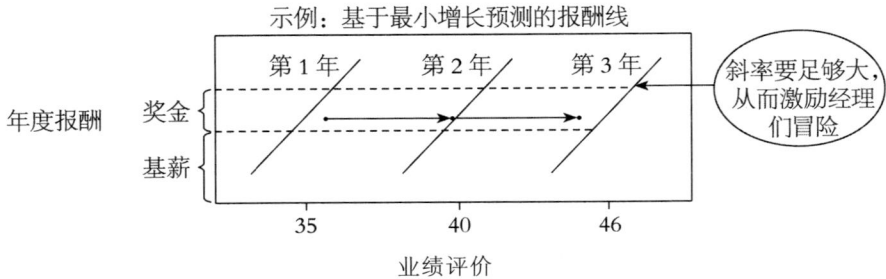

业绩评价

假定	起始销售收入（第0年）	100
	市场增长预测	15%
	销售毛利	销售收入的30%
	保底奖金（第0年）	10

例子:业务预测假定		
	第1年	第2年	第3年
销售收入	115	132	152
业绩	35	40	46
奖金	10	10	10
斜率	2	2	2

图附录4-4　报酬线斜率示意图

文章的第七部分提到没有目标时对管理产生的困难，包括：

1.好的经理总是设定目标并奖励那些达到目标的人而惩罚那些不能达到目标的人；

2.一旦设定了奖励的上限和下限，激励作用就会变小（提到奖金银行，类似"贡献积累库"——bonus bank）；

3.对人员流动的担忧与补充新鲜血液的好处；

4.随着时间的推移，制度的能动性；

5.培训的重要性；

6.最高层的支持；

7.不要完全放弃传统控制。

迈克尔·詹森在文章的最后部分第八部分，提出回归真相、回归诚实的希望。每个人都可以从博弈的终结得到好处，他认为可以先把目标从奖励制度中移除。简单的做法就是实行直线型的奖励模式。

第九章
全面预算管理制度建设和信息化应用

预算制度建设和信息化应用是全面预算管理体系建设中的两项重要内容，或者可以说是两个重要载体和途径。一方面，企业可以通过制度建设和信息化应用落实预算管理思路、管理模式、管理职责以及管理流程；另一方面，各预算责任主体可以通过预算制度和信息系统更好地理解企业预算管理思路和模式，了解自身的管理职责和权限，从而更规范地参与预算管理。

一、全面预算管理制度建设

（一）行业预算管理制度体系

目前，烟草行业已经基本形成全面预算管理制度体系，从制度层次上看，可分为三个层次：

第一层次：行业全面预算管理办法。行业预算管理办法从宏观层面规范了行业全面预算管理工作，规范了总公司、直属公司以及基层单位的预算管理职责、工作流程和工作方法。该办法为行业、企业开展全面预算管理提供基本框架和管理思路。

第二层次：全面预算管理规程。在行业预算管理办法的基础上，分别按照烟草行业三种类型企业（卷烟工业企业、烟草商业企业、复烤企业）的主要业务流程和作业环节，规范了各类企业预算管理的工作思路、工作流程以及管理要点。

第三层次：专项管理规程或应用指南。目前已发布的应用指南包括：全面预算管理项目、全面预算管理定额标准、全面预算与会计核算、全面预算信息化应用等指南。这些指南采取"授之以渔"而非"授之以鱼"的制定思路，针对企业预算管理的重点和难点问题，在方法论上为企业提供了可借鉴的管理思路。与行业预算办法和规程相比，应用指南和专项管理规程对实际工作具有更强的指导性。

个别调查对象认为，"目前行业已建立三层架构制度体系，已相对比较完善，建议多出台指导性文件"。

（二）企业预算管理制度体系建设现状

绝大多数企业已经根据行业预算管理制度，制定了本单位的预算管理制度。总体而言，这些制度较好地落实了行业预算管理办法和规程的要求，规范了企业预算管理职责和工作流程。据调研，部分企业的预算制度建设情况如下：

1.某中烟：《全面预算管理制度》、《预算定额标准管理办法》、《预算调整管理办法》、《财务开支审批办法》等配套制度正逐步建立。

2.某中烟：先后制定了《预算管理程序》、《201×年度预算考核办法》等。

3.某中烟：制定了《全面预算管理办法》和《现金预算管理办法》，营销中心和卷烟厂也制定了相关配套制度。

4.某中烟：正式发布了《预算管理制度》、《修理费预算管理办法》、《劳务费预算管理办法》、《福利费预算管理办法》、《劳动保护费预算管理办法》、《运输费预算管理办法》和《燃料及动力预算管理办法》，《预算定额标准体系》正在制定中。

5.某中烟：制定了《预算管理办法》、《预算考核管理办法》、《资金调度平衡例会管理办法》、《效益计划管理流程》、《预算控制管理流程》、《现金预算管理流程》等多项预算管理相关工作流程及管理制度。

从以上制度建设情况看，大部分企业的预算管理制度比较零散，多数制定了单个的预算管理办法，缺少相关实施细则以及配套制度；缺乏系统性的制度体系，对基层单位和部门参与预算管理的指导性比较薄弱。

据调研，有的企业利用贯标管理模式贯彻落实预算管理制度，"现在公司及卷烟厂利用贯标管理模式，将全面预算管理和涉及全面预算管理的相关规章制度归集整理，公司及下属卷烟厂都已形成制度汇编，并通过办公自动化系统予以公开，使公司各部门、各中心、各卷烟厂都能学习和了解全面预算管理的意义、作用及内容等，这种方式极大地促进了全面预算管理的推广及公开落实"。

（三）预算管理制度体系建设思路

由于企业的实际情况和管理需求各不相同，其预算管理制度建设思路也不可能整齐划一。但无论何种制度建设思路，均应体现出企业对预算管理工作完整、系统的管理思路；预算管理制度既要有宏观层面的政策导向，也要有微观层面的工作要点；既要体现出本单位预算管理的规范性，又要体现出基层单位和部门参与预算的指导性。

结合卷烟工业企业业务流程和组织机构，企业预算管理制度建设可以有三种思路。这三种思路均采用"基本制度+实施细则"的结构，但实施细则的规范角度有所不同。

第一种：基本制度+按全面预算管理要素规范的实施细则

在此种思路下，实施细则按照预算组织、编制、审核与批准、执行与控制、分析、评价等预算管理要素分别制定。

优点：有利于从公司层面整体规范全面预算管理各环节的具体工作。

缺点：不利于业务部门从整体上把握所负责的预算管理内容的工作流程和工作要求。

第二种：基本制度+按全面预算管理内容规范的实施细则

在此种思路下，实施细则按照预算组织、研发业务预算、销售业务预算、采购业务预算、生产业务预算、投资预算、筹融资预算以及财务预算等内容分别制定。

优点：突出业务管理与项目管理，有利于业务部门从整体上把握所负责的预算管理内容的工作流程和工作要求。

缺点：不利于从公司层面整体规范全面预算管理各环节的具体工作。

第三种：基本制度+按单位（部门）规范的实施细则

在此种思路下，实施细则按照企业的组织机构，以各中心、卷烟厂以及本部职能部门为适用对象分别制定。

优点：强调各单位（部门）的预算管理责任，充分体现"全员参与"，有利于落实各单位（部门）的预算责任，有利于各单位（部门）充分掌握本单位（部门）预算管理整个流程的全部工作。

缺点：当组织机构设置和部门职责发生变化时，相关实施细则需要及时修改，不利于从公司层面整体规范全面预算管理流程中各环节的具体工作。

以上三种思路各有利弊，企业可以针对本单位管理需求和预算管理实施阶段，确定具体的制度建设思路。从有利于公司层面管理的角度看，可采用第一种思路；从有利于业务部门参与预算管理的角度看，可采用第二种或第三种思路。第二种思路更强调业务循环的完整性，而第三种思路则更强调各单位和部门预算管理职责的完整性。按单位（部门）制定预算管理实施细则可参考附录5。

此外，预算管理制度也可参照国家法律体系的立法思路，即按照程序法（如预算编制、审核与批准、调整等）和实体法（如卷烟销售预算、烟叶采购预算等），分别制定相关实施细则。此种思路强调实体与程序并重，特别注重程序的规范性，"程序的文明决定实体的文明"，从预算管理实践来看，工作程序是否清晰、顺畅，的确也是至关重要的。

（四）与预算管理相关的其他管理制度

预算管理是企业管理系统的一部分，预算管理制度需要与其他管理制度相结合，从而使预算管理与其他管理活动相融合，避免出现管理活动割裂、管理目标不一致，管理成本增加等情况。

与预算管理相关的管理制度主要涉及品牌战略、组织机构和部门职责、业务管理、资金管理、费用管理、绩效管理等制度。预算制度应处理好与这些制度的衔接、援引等关系。

二、预算管理表格设计

（一）预算管理表格设计的总体思路

预算管理表格是预算信息管理的重要载体，无论是手工管理还是导入信息系统，企业都需要设计能够系统地、完整地体现预算管理模式的表格。我们认为，企业可从总体上把握以下几点设计思路：

1.按业务流程或组织机构归类

把预算表格归类不仅便于表格管理，而且还体现了企业预算管理的思路。企业可以根据本单位的实际情况，确定预算表格分类的思路。例如，按照业务流程划分预算表格类别，如研发业务类预算表格、营销业务类预算表格等，此种分类方法以业务流程和具体工作为着眼点，各类预算表格完整体现了各业务流程的预算管理信息，并关注业务流程上下环节之间的衔接。再如，按照组织机构划分预算表格类别，如技术中心预算表格、营销中心预算表格等，此种分类方法以组织机构和预算责任为着眼点，各类预算表格完整体现了责任单位和部门所承担的预算管理职责。

2.通用性和个性化

为降低管理成本、提高工作的便利性，对涉及预算责任主体比较多的预算项目，相关表格设计可着重考虑其通用性。例如，会议费、业务招待费、差旅费等预算表格需考虑普遍适用于各类预算责任主体。

对仅限于个别单位和部门使用的预算表格，则可重点突出相关机构、单位或部门对预算信息的个性化管理需求。例如，科研项目经费的预算表格可着重考虑董事会、预算委员会、科技委员会、技术中心等对科研项目经费的预算管理信息需求。

3.考虑预算项目的特点

预算表格设计应考虑预算项目的特点。例如，对于上年实际数有参考意义的预算项目，其预算表格可列示上年实际数作为编制和审核的参考依据；对于上年实际数没有实际意义的预算项目，其预算表格可不列出上年实际数。对于有定额标准的预算项目，其预算表格可列示定额标准作为编制和审核的参考依据。再如，对于固定资产投资等项目期间跨度较长的预算项目，其预算表格不仅要列示年度预算金额，还需要列示项目总额，以便预算审核机构审核费用支出进度是否合适。

4.体现重要的业务信息

预算表格可以反映重要的业务信息，其既包括本单位（部门）预算管理的必要业务信息，也包括其他单位（部门）预算管理可能使用到的关联业务信息。例如，"品牌培育与市场推广"相关费用预算表格可以按牌号反映培育、推广的工作计划。企业可以管理需要，确定预算表格所列示的业务信息详略程度。

5.设定表格之间的逻辑关系

预算表格之间的逻辑关系是预算管理关系和流程的重要体现。企业可根据业务关系、数据来源、数据汇总等设定预算表格之间的逻辑关系，如财务部"销售成本预算表"与市场营销中心"销售预算表"之间的销售数量关系、安全保卫部"警卫消防费预算表"与各单位"安全环保预算表"之间的数据汇总关系等。

6.统一编号，灵活增减

每个预算表格都应有唯一的编号，并能够在增减预算表格时灵活增减，尽量不影响现有预算表格的编号。例如，按照"单位简称加序号"的方式对预算表格进行编号，技术中心预算汇总表编号为"技预表-1"、经济运行部日常费用预算表编号为"经预表-7"等。

（二）相对独立运作单位的预算表格设计

相对独立运作单位是指根据企业的权责划分和授权制度，相对独立行使本单位内部预算管理权限的有关单位。例如，按照非法人实体运作的"四中心"。相对独立运作单位的预算表格设计，可以重点把握以下几点：

1.完整体现各单位的预算管理职责

主要包括业务管理、资产管理、人力资源管理、资金管理等预算管理职责。例如，技术中心预算表格主要包括科研项目经费、产品开发维护、产品试制、人力成本、固定资产管理及资金管理等。

2.体现单位内部的工作衔接关系

例如，市场营销中心的"品牌培育与市场推广预算表"要以各销区的品牌培育与市场推广工作计划为基础。技术中心的"产品试制预算表"要以产品开发维护计划为基础。

3.突出核心业务职能

针对各单位的核心业务职能，可单独设计相关预算表格，并根据企业经营管理的信息需求（相关信息需求可不限于预算管理范畴），设计有关表格项目。在各单位的预算汇总表中，单独列示核心业务职能的相关预算信息，对于其他预算项目则可合并反映相关信息。

4.注重单位之间的工作衔接关系

例如，物资采购中心"卷烟促销物料采购预算表"要与市场营销中心"品牌培育与市场推广预算表"衔接。

（三）归口管理部门的预算表格设计

归口管理部门的预算表格设计，可重点把握以下几点：

1.归口管理部门的预算表格分为归口业务的预算表格和部门费用预算表格。归口业务预算表格用于编制、汇总本部门归口管理的相关预算。部门费用预算表格用于编制本部门所需资源的相关预算。

2.归口业务预算表格需体现对企业资源的统筹规划，尽量明确列示各项资源在相关单位、部门或项目之间的分配。例如，"工作任务承包费预算表"既可以体现各项工作任务的承包费用预算状况，也可体现各单位的工作任务承包费用预算情况，以便公司管理层了解整个公司的工作任务承包费用分配情况。

3.归口业务预算表格要体现分级预算管理关系。由归口管理部门统一编制的预算项目，相关表格要以相关责任单位、部门的需求调查表为基础。由归口管理部门审核、汇总的预算项目，相关表格要以相关责任部门的预算表格为基础。

4.归口业务的预算表格不仅限于预算编制表格，还需要考虑归口管理部门承担的审核、分解、执行、控制、分析及评价等管理职能。例如，设计归口业务预算执行信息表用于汇总反映相关责任主体或项目的预算执行情况，并对比分析各责任主体之间的预算执行情况。

（四）预算责任部门的预算表格设计

预算责任部门是指直接占用或耗用资源的部门，例如，差旅费预算责任部门包括所有涉及差旅费支出的部门。此类预算表格可重点把握以下几点：

1.以具体工作和预算项目为着眼点设计相关预算表格，落实预算管理职责。根据预算责任主体的范围，预算表格可能适用于单个预算责任部门，也可能适用于多个预算责任部门。

2.实行归口管理的预算项目，相关表格要与归口业务预算表格衔接。两类表格的列示项目未必相同，但预算责任部门的预算表格应满足归口管理部门进行预算审核、汇总的信息需求。

3.企业需根据表格使用部门的业务领域，尽量使用业务语言或通俗易懂的语言设计表格中的有关信息项目。

4.预算责任部门的预算表格不仅限于预算编制表，还需要考虑预算责任部门所承担的预算执行、分析等职责。

5.预算责任部门的预算表格所反映的信息项目，可重点根据预算责任部门上一级管理机构的管理需求确定。相对独立运作单位可根据内部管理需要，自行设计内设各机构的预算表格。归口管理部门可根据归口管理需要，设计所属归口预算的相关责任部门的预算表格。

（五）财务预算相关表格设计

财务预算相关表格可重点把握以下几个方面：

1.财务预算相关表格未必与会计核算报表完全相同。企业可根据内部管理需要，设计财务预算相关表格。

2.企业可以根据管理需要，单独反映重要的财务预算项目（如烟叶库存预算），或者合并反映金额较小的财务预算项目。

3.财务预算表格中的信息项目要与业务预算表格、投资表格、筹融资表格中的相关项目建立数据关系，可能包括数据来源、勾稽关系等。

三、预算管理信息化应用

（一）预算管理信息化应用现状

据调研，截至目前，卷烟工业企业预算信息化应用现状大致如下：

1.基本上已实现预算管理信息化，但部分环节仍需要人工介入。例如，A中烟除预算分析外已基本实现信息化；B中烟全部环节均实现信息化，但执行与控制环节仍需人工介入；C中烟全部环节都利用了信息系统，但审批、分析、评价还需要人工介入；D中烟在编制、执行控制、分析环节利用了信息系统，编制、审批、评价还需要人工处理。

2.部分环节应用了信息化管理，但仍需要人工介入。例如，E中烟在审批、执行、控制环节利用了信息系统，但全过程都需要人工介入；F中烟和G中烟在编制、审批环节利用了信息系统；H中烟在编制、审批环节利用了信息系统，但全部环节都需要人工介入。

3.部分企业尚未实现信息化应用。

（二）各企业对预算信息化应用的建议

根据调查对象反映的信息，企业关于预算信息化应用的建议主要包括：

1.个性化开发

行业不作硬性要求，行业统一使用的软件仅满足总公司行业预算管理的编报要求即可，各单位可根据实际情况适当选用。

2.统一平台

业务预算和财务预算尽可能集成在一个平台上，平台中的各个功能模块或模板应该可以根据业务和财务的实际情况进行任意组合。

3.信息集成和共享

要统筹规划全面预算管理信息化建设，努力实现预算信息系统与业务管理系统、资产管理系统、会计核算系统、资金监管系统、内部审计系统、办公协同系统等信息系统的集成与共享，为行业和企业管理水平的提升提供有力的技术支撑。

某中烟：全面预算管理采用ERP系统，合同管理采用OA系统，资金审批采用资金管理系统，它们目前还不能进行衔接，建议以后能将它们融会贯通起来。

4.注重梳理流程

以预算信息化为契机，全面梳理公司预算管理流程，使得预算管理流程合理化、清晰化，精细化；通过财务业务系统的各项融合方案，切实做到财务业务一体化，全面提升预算管理水平。

5.提高信息系统的便利性

保证系统之间数据交换畅通，尽量减少手工重复录入，相互配合各有侧重；用信息化代替手工，解决繁重的手工计算及汇总工作；预算管理员应把足够的精力投入到预算数据合理性的分析和判断上。

综上所述，企业预算信息化应用需要重点把握好以下几点：一是在建立预算信息系统前，应梳理好职责与流程，并明确管理需求，进而提高系统的服务效能。二是把握好信息化应用与管理需求之间的关系。"信息系统是为企业服务的"，企业不应为信息系统所牵绊，甚至改变好的管理模式来适应信息系统。三是注重信息系统之间的数据传输与共享，避免"各系统各唱各的"、"同一项工作要输入多个系统"等现象。预算管理信息系统建设的主要内容和关注重点可参见附录6"卷烟工业企业全面预算管理信息系统指引（示例）"。

附录5　××卷烟工业企业技术中心预算管理实施细则①

××卷烟工业企业技术中心工作及预算职责一览表如表附录5-1所示。

表附录5-1　　××卷烟工业企业技术中心工作及预算职责一览表

工作计划		预算内容	责任部门	说明
原料研究与规划	年度烟叶采购需求	—	技术中心归口管理（原料研究室、产品开发一室、产品开发二室）	1.技术中心根据公司中长期产品发展规划,组织原料研究、产品开发等相关部门制定年度烟叶采购需求、烟叶分级和复烤加工要求及烟叶原料工业调剂需求,并提供给物资采购中心用于制订年度烟叶采购计划、复烤加工计划及烟叶原料工业调剂计划;原料研究室协助物资采购中心制订烟叶相关计划,确保相关计划符合技术中心的要求; 2.原料研究室根据公司原料基地建设规划,制订原料基地建设科研年度计划,并编制相关科研项目经费预算,同时为物资采购中心提供技术支持; 3.原料研究室制订烟叶可用性研究计划,并编制相关科研项目经费预算
	烟叶分级及复烤加工要求	—		
	烟叶原料工业调剂需求	—		
	原料基地建设科研计划	科研项目经费预算		
	烟叶可用性研究计划			

---

① 本实施细则是"全面预算管理在卷烟工业企业的应用"课题研究成果之一。

续表

工作计划		预算内容	责任部门	说明
产品规划	新产品开发计划	科研项目经费预算	技术中心归口管理（产品策划室、产品开发一室、产品开发二室）	1.技术中心根据公司品牌发展规划，组织产品策划、开发等相关部门制定年度产品线规划； 2.产品策划室制定产品线规划； 3.产品开发一室和产品开发二室分别制订新产品开发计划和老产品维护计划，提报产品试制和市场调研需求，并编制相关的科研项目经费预算
	老产品维护计划			
基础应用研究	打叶复烤工艺研究	科研项目经费预算	公司各单位申报，技术中心归口管理	1.技术中心根据公司技术发展规划，组织各单位制订研究计划、申报科研项目； 2.综合管理科汇总、平衡相关计划和项目，提交公司科技委员会审核； 3.承担科研项目的单位、部门或项目负责人依据科研项目计划书编制项目经费预算
	香精香料研究			
	包装材料适用性研究			
	"三纸一棒"设计			
	新烟用材料研发			
	新工艺研发			
	品质控制技术研究			
	减害降焦技术研究			
	新检测项目、检测方法研究			
产品试制计划		科研项目经费预算	技术中心（以工艺技术科为主）	工艺技术科在汇总新产品开发计划、老产品维护计划及其他科研项目对产品试制需求的基础上，制订产品试制计划，并据此编制产品试制用材料及燃料动力费用等预算
市场调研计划		相关费用预算	技术中心根据部门职责归口管理（以产品策划室为主）	产品策划室在汇总新产品开发计划、老产品维护计划以及其他科研项目对市场调研需求的基础上，制订市场调研计划，并据此编制相关费用预算

续表

工作计划		预算内容	责任部门	说明
知识产权管理		相关费用预算	综合管理科	综合管理科制订专利等知识产权管理计划,并编制专利费等预算
其他业务	评吸业务用烟	评吸业务用烟量预算	技术中心归口管理(以综合管理科为主)	中心各部门提出相关业务所需评吸用烟需求量,综合管理科汇总编制相关预算
固定资产管理	固定资产管理计划	固定资产购置支出预算	技术中心(以综合管理科为主)	1.各部门根据部门工作需要,提出固定资产购置、维修、淘汰、报废等需求; 2.综合管理科统一编制固定资产购置、维修、处置等预算; 3.综合管理科根据固定资产变动状况和折旧政策编制固定资产折旧费用预算
		固定资产维修支出预算		
		固定资产处置预算		
		固定资产折旧预算		
人力资源管理	薪酬计划	职工薪酬预算(工资支出)	技术中心(以综合管理科为主)	综合管理科制订中心薪酬计划并编制工资支出预算,经中心预算管理委员会审核后报公司人力资源部
	培训计划	职工教育经费支出预算		1.各部门根据工作需要,提出培训需求; 2.综合管理科汇总培训需求,其中:(1)需由公司统筹组织的培训,相关需求报公司人力资源部;(2)由中心自行组织的培训,在中心教育经费额度内编制相关预算,并报人力资源部
中心运行	中心工作计划	会议费、差旅费、业务招待费等部门日常运行费用预算	技术中心(综合管理科为主)	综合管理科依据工作计划、相关预算管理标准编制部门日常运行费用预算
		由公司职能部门归口管理的相关预算		根据工作需要,中心向公司归口职能管理部门申报需求
资金管理	—	资金预算	技术中心(综合管理科为主)	综合管理科依据涉及资金支出的预算项目及公司对中心的资金管理要求编制资金预算

1. 总则

1.1 目的

（1）充分发挥全面预算管理在优化资源配置、优化业务流程、理顺部门职责等方面的作用；

（2）在公司战略规划的指导下，科学合理配置包括技术资源在内的公司各项资源，明确技术中心全面预算管理职责，分解落实中心内设机构的全面预算管理职责；

（3）规范技术中心的全面预算管理内容、标准与流程，指导技术中心开展全面预算管理工作。

1.2 适用范围

本细则适用于××公司技术中心及中心内设机构。

1.3 制定依据

本细则根据《烟草行业全面预算管理办法》、《烟草工业企业全面预算管理规程（暂行）》、《烟草行业全面预算管理应用指南》及《××公司全面预算管理基本制度》制定。

2. 全面预算管理职责

2.1 技术中心预算管理职责

技术中心的全面预算管理职责主要包括：

（1）根据公司年度目标及计划，组织制订并落实本中心的年度工作计划；

（2）组织或参与制定与本中心职责范围相关的公司相关预算管理标准，并落实、执行；根据内部管理需要，制定本中心内部预算管理标准；

（3）编制本中心职责范围内的相关预算，并接受公司预算审核机构的质询；

（4）控制、分析本中心职责范围内的各项预算执行过程与结果，并定期将执行、分析情况反馈至公司全面预算管理办公室；

（5）评价本中心职责范围各项预算的执行效率与效果，制订和实施完善方案。

2.2 技术中心全面预算管理委员会及其职责

2.2.1 人员组成

技术中心全面预算管理委员会是中心全面预算管理的领导机构，由中心领导班子成员及各内设部门负责人组成。中心主任担任全面预算管理委员会主任，是中心全面预算管理第一责任人。

2.2.2　职责

（1）在公司全面预算管理委员会的指导下，组织中心的全面预算管理工作；

（2）组织编制与审核中心的年度预算草案、调整草案及年度预算报告；

（3）根据公司规定，向公司预算管理办公室申报年度预算草案及调整草案；

（4）根据经审批的预算方案及调整方案，对预算进行分解、执行、控制、分析及评价；

（5）负责向公司报告中心年度预算执行情况。

2.2.3　议事规则

技术中心全面预算管理委员会以会议方式议事，会议由主任召集、主持；特殊情况下，主任不能履行职责时，可授权其他委员召集、主持。

2.3　技术中心全面预算管理办公室及其职责

2.3.1　人员组成

技术中心全面预算管理委员会下设全面预算管理办公室，由综合管理科相关人员及其他部门预算管理员组成，日常机构设在综合管理科，综合管理科负责人担任全面预算管理办公室主任。

2.3.2　职责

（1）协调各部门，初审、汇总形成中心年度预算草案及预算调整草案；

（2）定期分析中心的预算执行情况；

（3）编制年度预算报告并报中心全面预算管理委员会；

（4）完成中心全面预算管理委员会交办的其他预算管理工作。

2.4　技术中心内设机构的全面预算管理职责

（1）根据中心的年度目标及计划，制订并落实部门年度工作计划；

（2）根据公司及中心要求，执行、细化或拟订部门职责范围内的预算管理标准，并组织落实；

（3）编制部门职责范围内的各项计划、预算，并接受中心相关预算审核机构的质询；

（4）控制、记录、分析部门职责范围内的各项预算执行过程与结果，并定期将执行、分析情况反馈至中心全面预算管理办公室；

（5）评价部门职责范围各项预算的执行效率与效果以及预算管理工作，制订和实施完善方案。

各部门负责人是本部门预算管理的第一责任人。

各部门预算管理员由部门负责人指定，负责本部门全面预算管理相关具体工作。

2.5 技术中心员工的全面预算管理职责

根据全员预算要求，技术中心全体员工要根据岗位职责承担相应的预算管理职责，主要包括：

（1）向相关单位、部门或人员提供与本岗位工作相关的信息（不限于预算管理信息）；

（2）参与涉及本岗位职责范围内的预算审核工作，提供专业技术支持；

（3）控制本岗位物资耗用及发生费用的预算执行情况，及时分析执行差异及原因，并向直接上级主管汇报。

3.业务计划

业务计划是全面预算管理工作的基础。技术中心要根据公司年度目标及计划，制订职责范围内的相关业务计划。

3.1 原料研究与规划相关业务计划

3.1.1 年度烟叶采购需求

技术中心负责根据公司中长期产品发展规划，组织原料研究、产品开发研究等相关部门制定年度烟叶采购需求，作为物资采购中心制定年度烟叶采购计划的依据。

为满足全面预算管理需要，年度烟叶采购需求应包括（但不限于）以下内容：

（1）分等级的原烟采购总量；

（2）指定烟区（如烟叶基地）或品种，分等级的原烟采购数量。

物资采购中心据此制订年度烟叶采购计划并编制原烟采购量、原烟采购资金支出等预算。技术中心应与物资采购中心及时沟通并提供必要协助，确保年度烟叶采购计划与采购需求的合理对接。

3.1.2 烟叶分级及复烤加工要求

技术中心负责根据公司中长期产品发展规划，组织原料研究等相关部门提出预算年度烟叶分级及复烤加工的总体要求，包括分级方式（把选或片选等）、加工方式（基本加工或配方打叶等）等，以作为物资采购中心制订就地委托复烤加工计划、内部复烤加工计划的参考依据。

3.1.3 烟叶原料工业调剂需求

技术中心负责根据公司中长期产品规划与库存烟叶结构之间的配比关系提出预算年度烟叶原料工业调剂的总体需求，以作为物资采购中心制订烟叶原料工业调剂计划的参考依据。

3.1.4 原料基地建设科研计划

技术中心原料研究室负责根据公司原料基地建设规划，制订原料基地建设科研计划，明确预算年度基地品种布局，并为物资采购中心提供技术支持。

与原料基地建设科研计划直接相关的预算内容主要包括：与原料基地建设相关的科研经费预算。

3.1.5 烟叶可用性研究计划

技术中心原料研究室负责制订烟叶可用性研究等科研计划，经公司科技委员会审核通过立项后编制相关科研项目经费预算。

3.2 产品规划相关业务计划

3.2.1 新产品开发计划

技术中心根据公司品牌发展规划、产品线规划和新产品开发需求，组织产品策划室、产品开发一室、产品开发二室、工艺技术科、烟草化学室等相关部门制订年度新产品开发计划。

为满足全面预算管理需要，年度新产品开发计划应包括（但不限于）以下内容：

（1）各开发项目概述（包括所处开发阶段、属于新建还是续建项目、新产品的品名、目标价区及税利水平、预计上市时间等）；

（2）各开发项目下新产品目标成本及其构成（如果是续建项目且新产

品已处于验证阶段，以生产 BOM 为准）、成本可行性分析（新老产品对比、新产品与行业内同类产品对比）、销售量预测；

（3）各开发项目对市场调研的需求，包括开发前期为评估与识别目标市场和消费者、开发后期为测试消费者对新产品满意度等而进行的市场调研活动；

（4）各开发项目对合作外包的需求，包括合作外包人员数量和技术水平等；

（5）各开发项目对科研仪器设备的需求，包括需要新增的仪器设备名称、数量等；

（6）各开发项目对试制的需求，包括涉及的生产环节、所需设备及工时、规模（小试、中试的生产量等）和次数等；

（7）各开发项目下新产品工艺与现有工艺、设备水平的匹配程度，对工艺改进、设备添置方面的需求；

（8）各开发项目对知识产权管理的需求（包括商标注册申请、续展、转让、变更、异议、撤销、诉讼、评估等）。

与新产品开发计划直接相关的预算内容主要包括科研项目经费预算等，各开发项目下新产品的生产 BOM 作为制定原辅材料耗用等预算管理标准的依据。

3.2.2　老产品维护计划

技术中心根据公司品牌发展规划、产品线规划，组织产品策划室、产品开发一室、产品开发二室、工艺技术科、烟草化学室等相关部门，制订年度老产品维护计划。

为满足全面预算管理需要，年度老产品维护计划应包括（但不限于）以下内容：

（1）老产品的生产 BOM 及其调整方案（包括烟叶、香精香料、"三纸一棒"、与装潢设计有关的包装材料、其他烟用材料等）；

（2）老产品维护对市场调研的需求，包括开发前期为评估与识别目标市场和消费者、开发后期为测试消费者对产品调整满意度等而进行的市场调研活动；

（3）老产品维护对合作外包的需求，包括合作外包人员数量和技术水平等；

（4）已有各产品维护对科研仪器设备的需求，包括需要新增的仪器设备名称、数量等；

（5）老产品维护对试制的需求，包括涉及的生产环节、所需设备及工时、规模（小试、中试的生产量等）和次数等；

（6）老产品维护对知识产权管理的需求（包括商标注册申请、续展、转让、变更、异议、撤销、诉讼、评估等）。

与老产品维护计划直接相关的预算内容主要包括科研项目经费预算等，老产品的生产BOM作为制定原辅材料耗用等预算管理标准的依据。

3.3 基础应用研究相关计划

基础应用研究相关计划包括打叶复烤工艺研究、香精香料研究、包装及材料适用性研究、"三纸一棒"设计、新烟用材料研发、新工艺研发、品质控制技术研究、减害降焦技术研究、新检测项目检测方法研究等，以技术中心各项目组提报并经公司科技委员会审核通过立项的具体科研项目为准。

为满足全面预算管理需要，各具体科研项目计划应包括（但不限于）以下内容：

（1）科研项目概述（包括项目名称、研究目标、研究内容、属于新建还是续建项目等）；

（2）各科研项目对市场调研的需求；

（3）各科研项目对合作外包的需求，包括合作外包人员数量和技术水平等；

（4）各科研项目对科研仪器设备的需求，包括需要新增的仪器设备名称、数量等；

（5）各科研项目对试制的需求，包括涉及的生产环节、所需设备及工时、规模（小试、中试的生产量等）和次数等；

（6）各科研项目对知识产权管理的需求。

与各具体科研项目计划直接相关的预算内容主要包括基础应用研究项目经费预算。

3.4 产品试制计划

技术中心工艺技术科在汇总新产品开发计划、老产品维护计划，以及其他科研项目对产品试制需求的基础上，制订产品试制计划。

为满足全面预算管理需要，产品试制计划应包括（但不限于）以下内容：

（1）产品试制涉及的生产环节、所需设备及工时；

（2）产品试制规模（小试、中试的生产量等）和次数。

与产品试制计划直接相关的预算内容主要包括产品试制项目经费预算。

3.5 市场调研计划

技术中心产品策划室在汇总新产品开发计划、老产品维护计划，以及其他科研项目对市场调研需求的基础上，制订市场调研计划。

为满足全面预算管理需要，市场调研计划应包括（但不限于）以下内容：

（1）市场调研主题及所覆盖的目标市场（渠道、终端或消费者类别）；

（2）市场调研组织方式（自行或委外）和所需资源（包括资金、评吸业务用烟等）。

与市场调研计划直接相关的预算内容主要包括市场调研项目经费预算等。

技术中心应当与市场营销中心共同建立市场研究沟通机制。产品策划室制订的市场调研计划中涉及需要由市场营销中心牵头或与市场营销中心协同进行的调研，技术中心应将相关计划内容提供给市场营销中心，由市场营销中心编制相关预算。

3.6 知识产权管理计划

综合管理科负责制订专利等知识产权管理计划，并编制专利费等相关预算。

3.7 固定资产管理计划

技术中心的信息设备科根据各部门申报的固定资产（中心专用设备、通用设备）购置、维修、淘汰需求制订固定资产管理计划，并报公司装备技术部备案。

为满足全面预算管理需要，固定资产管理计划包括（但不限于）以下内容：

（1）固定资产（专用设备、通用设备）购置的需求；

（2）工程技改、基建项目；

（3）拟安排的设备大修理项目；

（4）固定资产维修需求；

（5）基建维修；

（6）固定资产处置计划。

与固定资产管理计划直接相关的预算内容包括：固定资产购置支出、维修支出、处置和折旧预算等。

3.8　人力资源管理计划

技术中心综合管理科按照公司的人力资源相关制度和人力资源部的要求，结合本中心实际情况，制订人力资源管理计划，并报送公司人力资源部。

为满足全面预算管理需要，人力资源管理计划包括（但不限于）以下内容：

（1）预计退休人数、在职休养或解除劳动关系人数（如有）等人员退出基本情况。

（2）拟招聘人数、岗位及条件、方式及相关费用等。

（3）绩效工资分配的原则、系数等薪酬管理相关内容。

（4）培训工作计划，包括培训对象、人数、内容及相关培训费用等。

与人力资源管理计划直接相关的预算内容包括：工资支出、职工教育经费支出等预算。

3.9　其他工作计划

除上述工作计划外，技术中心还需根据本中心履行质量监督检测等职责的需要，制订相应的工作计划。技术中心在汇总本中心内部需求的基础上，编制部门日常运行费用预算，同时根据公司归口管理要求，向归口管理部门提报各类需求。

4.预算管理标准

4.1　中心组织或参与制定的公司预算管理标准

技术中心组织或参与制定的公司预算管理标准见表附录5-2。

表附录 5-2　　　**技术中心组织或参与制定的公司预算管理标准**

业务	标准名称	释义或依据	中心职责
原料研究与规划	烟叶库存量	指为保障公司品牌发展而储备的各类烟叶库存量及产地、等级、年份结构,依据公司中长期产品发展规划制定并定期修订	组织制定、执行
	复烤 BOM	指复烤加工所需材料、包装物的物料清单,依据年度烟叶分级及复烤加工要求制定	组织制定
产品规划及试制	卷烟生产 BOM	指卷烟生产所需各类烟叶、香精香料、卷接材料、包装材料等原辅材料的名称规格及单位用量,由产品开发部门按卷烟规格提供,可作为考核 BOM 的主要参考依据	组织制定
	烟叶成本定额标准	指各类烟叶成本占卷烟设计成本的比重或单位成本标准,由产品开发部门按卷烟规格提供	参与制定并根据公司审批结果执行
	香精香料成本定额标准	指香精香料成本占卷烟设计成本的比重或单位成本标准,由产品开发科室按卷烟规格提供	参与制定并根据公司审批结果执行
	试制材料耗费标准	指试制单位产品或半成品耗费的各类原辅材料标准成本,依据卷烟生产 BOM 以及原辅材料标准价格制定	组织制定、执行
	试制人工耗费标准	指试制单位产品或半成品,或者单位工时耗费的人工标准成本,依据试制涉及的制造环节的人员配置情况,与生产制造部门共同制定	参与制定、执行
	试制制造费用及能源耗费标准	指试制单位产品或半成品,或者单位工时耗费的制造费用、能源标准成本,依据试制涉及的制造环节的设备配置情况,参考历史数据,与生产制造部门共同制定	参与制定、执行
固定资产配备标准管理	科研仪器配备标准	根据《科研仪器配备标准》有关规定执行	组织制定并监督各单位执行

技术中心负责上述预算管理标准在预算执行过程中的标准控制和差异分析。

4.2　执行公司预算管理标准

技术中心应严格执行公司下达的各预算管理标准,并在预算执行过程中控制标准执行；出现差异时应及时分析差异产生的原因。

4.3 自行制定的内部预算管理标准

技术中心可根据管理需要，自行制定中心内部使用的预算管理标准，例如，制定中心内部的绩效工资标准。

5. 预算编制

5.1 预算编制基本程序

技术中心编制预算的基本程序是：

（1）技术中心依据公司下达的年度目标及计划，制订中心年度目标及相关业务计划，各部门据此制订本部门的各项业务计划；

（2）中心根据公司下达的预算编制指导意见、预算编制表格、编制项目及预算管理标准，组织各部门编制各项预算；

（3）中心全面预算管理办公室根据各部门编制的业务计划、预算，汇总形成本中心预算草案，提交中心全面预算管理委员会审核通过后报公司全面预算管理办公室和相关归口管理部门。

（4）涉及公司职能部门统一归口管理的预算内容，技术中心要依据各项业务（工作）计划，向相关管理部门提报需求计划。

在预算编制过程中，技术中心要积极向公司相关管理部门了解与本中心业务相关的最新信息；对预算编制的疑难问题可向公司全面预算管理办公室咨询，并接受其指导与监督。

技术中心预算编制基本程序如图附录5-1所示。

5.2 预算编制内容

5.2.1 原料研究项目经费预算

原料研究项目经费预算主要包括烟叶基地建设、烟叶可用性研究等项目经费预算。原料研究项目经费预算由相关项目组负责人编制申报。

5.2.2 产品开发与维护研究项目经费预算

产品开发与维护研究项目经费预算主要包括新产品开发、老产品配方维护与改进等项目经费预算。产品开发与维护研究项目经费预算应当按照拟开发新产品名称、老产品品牌和规格分别编制。产品开发与维护研究项目经费预算由相关项目组负责人编制申报。

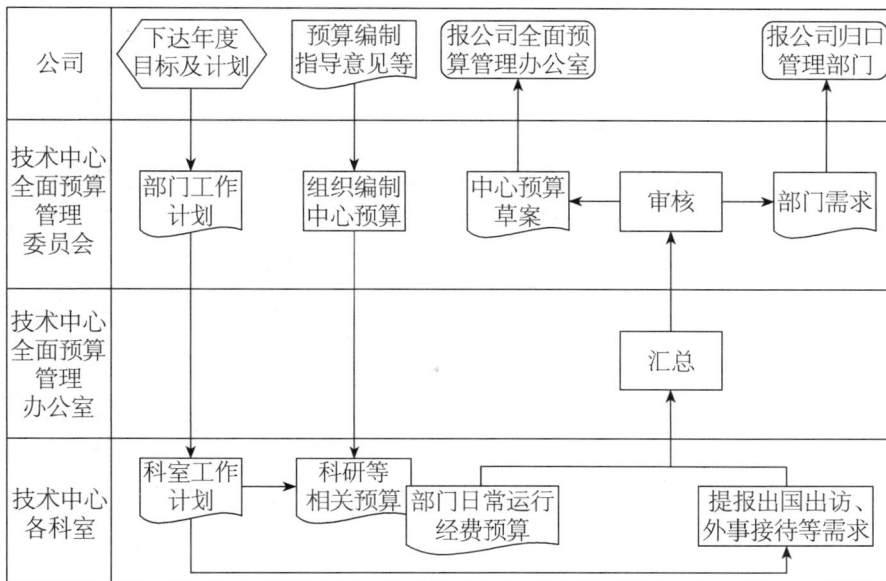

图附录 5-1　技术中心预算编制流程

产品开发与维护研究项目经费预算内容主要包括：材料费、燃料动力费、试验检验费、中介机构费、合作外包费及直接为科研项目发生的技术图书资料费、资料翻译费、会议费、差旅费、办公费、外事费、专家咨询费、高新科技研发保险费等明细预算项目。

（1）材料及燃料动力费预算，主要包括：

①原料耗用预算根据试制量、试制所需各类原料（烟叶、再造烟叶、梗丝、膨胀烟丝）耗用标准及标准价格编制。其计算公式为：

原料耗用预算 $= \sum$ （试制量×各类原料耗用标准×各类原料标准价格）

②主要材料耗用预算根据试制量、试制所需各项主要材料耗用标准及标准价格编制。其计算公式为：

主要材料耗用预算 $= \sum$ （试制量×各项主要材料耗用标准×各项主要材料标准价格）

③香精香料耗用预算根据试制量、试制所需各类香精香料耗用标准及标准价格编制。其计算公式为：

香精香料消耗预算 $= \sum$ （试制量×各类香精香料耗用标准×各类香精香料标准价格）

④燃料动力费预算根据试制量或试制所需工时、各试制环节的燃料动

力费率编制。其计算公式为：

$$燃料动力费预算 = \sum （试制量或试制工时×各试制环节燃料动力费率）$$

（2）中介机构费用预算包括为研发成果的论证、评审、验收、评估及聘请外部中介机构进行市场调研等而支付的相关费用预算。研发成果的论证、评审、验收费用预算根据《国家烟草专卖局科学技术成果鉴定办法》中对不同结题方式（检测鉴定、函审鉴定、会议鉴定、验收总结等）的不同要求，合理预测编制。聘请外部中介机构进行市场调研的费用预算可根据市场调研计划、委托工作内容及相关费用标准等预测编制。

（3）合作外包费用预算指通过外包、合作研发等方式，委托其他单位、个人或者与之合作进行研发而支付的费用预算，由相关研究开发部门根据与合作外包方签订的协议编制。如果在预算编制时，与合作外包方尚未签订合作外包协议，根据合作、外包内容、所需人员数量、所需人员技术水平等预测编制。

5.2.3 其他科研项目经费预算

其他科研项目经费预算主要包括：打叶复烤工艺研究、香精香料研究、包装及材料适用性研究、"三纸一棒"设计、新烟用材料研发、新工艺研发、品质控制技术研究、减害降焦技术研究、新检测项目检测方法研究等基础应用研究项目所需的各项资源耗费预算。

由承担各具体科研项目的相关研究部门或者项目负责人依据基础应用研究相关计划及各具体科研项目计划书编制。

5.2.4 评吸业务用烟预算

评吸业务用烟预算由综合管理科根据中心各相关业务计划所需评吸用烟需求量汇总、平衡后编制，并纳入中心预算草案，经中心预算管理委员会审核通过后报公司全面预算管理办公室。

5.2.5 固定资产管理相关预算

技术中心各部门根据部门工作需要，提出固定资产购置、维修、淘汰、报废等需求，信息设备科汇总各部门需求后统一编制，综合管理科根据固定资产变动情况和折旧政策编制固定资产折旧费用预算。

5.2.6 工资支出预算

工资支出预算是指预计发放的工资或工资性费用预算。其主要依据中心组织制订的薪酬计划，由综合管理科编制，并纳入中心预算草案。

5.2.7 职工教育经费支出预算

教育经费支出预算是指为员工支付的在岗培训、继续教育、自学成才奖励等费用预算。各部门根据部门工作需要，提出培训等需求，综合管理科汇总各部门需求后，将需由公司统筹部分的需求报公司人力资源部，非统筹部分则在分解的额度内统一编制，并纳入中心预算草案。

5.2.8 部门日常运行费用预算

部门日常运行费用预算指为日常办公而发生的各种费用预算，按照归口管理方式分别确定不同的预算编制主体：

（1）对于由技术中心自行管理的费用预算，如业务招待费、会议费、差旅费、会员费、专利费等，由技术中心组织各部门依据工作计划、业务量或作业量、相关预算管理标准编制相关预算，并汇总至中心预算草案。

（2）对于由公司其他职能管理部门统一归口管理的费用预算，如出国出访费、外事接待费等，技术中心将有关需求提报至公司归口管理部门，归口管理部门统一编制相关预算。

5.2.9 资金预算

综合管理科依据涉及资金支出的预算项目及公司对中心的资金管理要求编制资金支出预算及期初、期末余额预算。

5.3 提报本中心需求

技术中心根据本中心工作计划，向公司归口管理部门提报各类需求。例如，向公司办公室提报出国出访和外事接待需求，向人力资源部提报培训需求等（根据年度工作重点，公司每年可能对归口管理部门、归口管理范围和归口管理预算内容进行调整）。

6.预算审核

6.1 技术中心内部审核程序

（1）各部门负责人审核本部门预算后提报中心全面预算管理办公室；

（2）中心全面预算管理办公室初步审核并汇总形成中心年度预算草案，提交中心全面预算管理委员会；

（3）公司分管领导、中心全面预算管理委员会审核中心年度预算草案（含相关业务计划）；

（4）中心全面预算管理办公室按照公司要求，将经审核确认的中心预算草案报送公司预算管理办公室及公司归口管理部门。

技术中心的预算审核程序如图附录5-2所示。

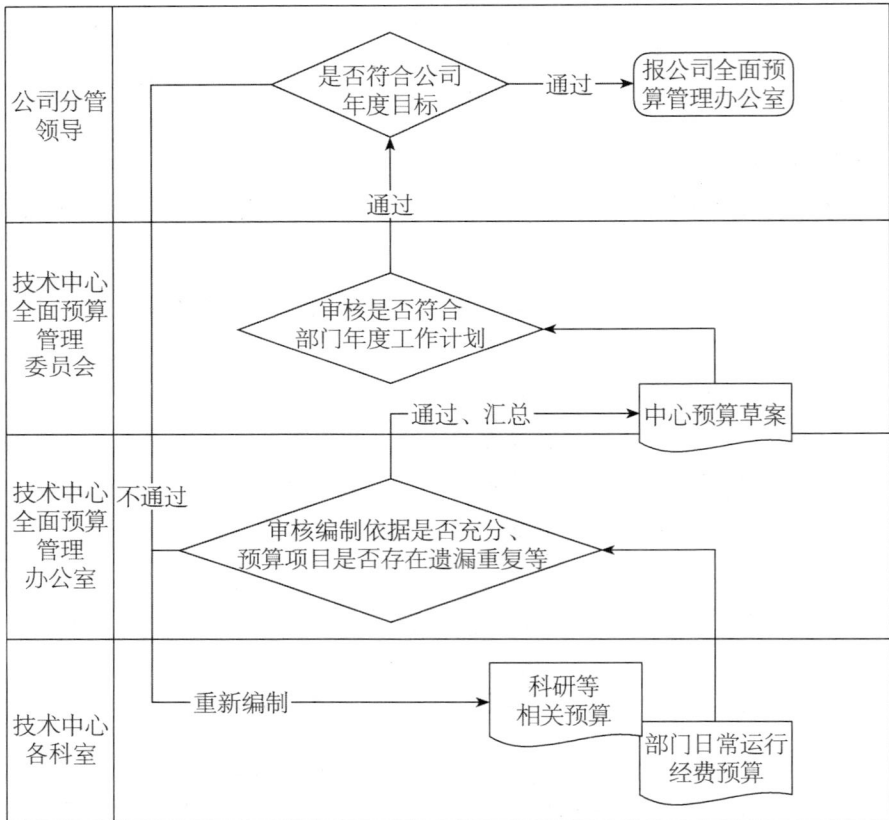

图附录5-2 技术中心的预算审核流程

6.2 中心全面预算管理办公室审核重点

中心全面预算管理办公室的审核重点主要包括：

（1）预算数据来源是否明确、依据是否可靠；

（2）预算内容是否按要求准确填入预算项目；

（3）数量、金额计算是否正确；

（4）是否存在遗漏、重复项目；

（5）项目之间的勾稽关系是否正确等。

6.3 中心全面预算管理委员会审核重点

中心全面预算管理委员会的审核重点主要包括：

（1）预算草案是否符合本中心年度工作计划，在资源有限的情况下，权衡各项工作的轻重缓急，优先保障重点工作的资源配置；

（2）投资预算是否符合中心发展要求，投入产出是否匹配；

（3）各项预算内容的编制依据是否充分等。

6.4 配合公司预算管理组织机构和归口管理部门审核

技术中心要积极配合公司预算管理机构和归口管理部门对本中心的预算内容进行审核，并对审核过程中的质询作出说明。

公司归口管理部门及归口审核内容包括：

（1）固定资产相关预算由装备技术部归口审核，并由投资管理小组按项目进行评估、论证和初审；

（2）工资支出、职工教育经费支出预算由公司人力资源部审核、汇总，并提请薪酬管理小组审核。

6.5 对于审核未通过预算项目的处理

对于公司审核未通过的预算项目，技术中心要根据审核机构的意见调整或重新编制相关预算；对于需要进一步沟通的预算项目，必要时，技术中心要书面说明预算项目编制依据。

7.预算执行与控制

7.1 预算执行与控制要求

（1）技术中心及各内设机构在预算执行过程中要树立"预算执行即业务执行"的理念，关注各作业环节的效率与效果，要尽可能减少各环节所涉及的无效作业或不增值作业。

（2）技术中心及各内设机构要加强自我控制意识，保证作业执行、资源消耗与公司年度目标一致，并以符合公司整体利益为基本准则，严格按照经批准下达的预算方案执行，既要防止前松后紧，又要避免突击执行。

7.2 预算执行与控制措施

技术中心及各内设机构是预算执行的责任主体，要按照公司的业务管理、资金审批及定额管理等相关制度执行。

7.2.1 预算管理与业务审批

技术中心要按照公司的相关业务管理制度执行预算，重视业务流程改进，充分关注各业务环节作业量与资源占用或耗用的配比性。

7.2.2 预算管理与资金审批

7.2.2.1 季度、月度资金使用计划

除年度预算外，技术中心要按照公司规定，按季度、月度编制资金使用计划。季度、月度资金使用范围不得超出年度预算资金使用范围；季度、月度累计资金使用不得超过年度预算资金支出数。

7.2.2.2 资金支出审批

技术中心资金管理要坚持先预算后开支的原则，规范审批程序，控制风险。

对于预算内资金支出，中心按照资金审批制度执行；未纳入预算方案的资金支出，非经预算调整批准，除应急性事项外，一律不得支出。

各部门申请资金支出或报销的凭证必须经本部门预算管理员签字确认并在预算管理信息系统中进行相关记录后，综合管理科方可办理资金支出手续。

7.2.3 预算信息记录和反馈

技术中心及各内设机构要利用信息系统及时完整记录、逐项统计各项业务的预算执行情况，主要包括预算项目、预算数量、预算金额、实际发生金额及累计实际发生金额、差异数及累计差异数等。对于直接影响公司品牌和技术发展规划实现的重大科研项目，中心要关注影响预算执行的相关业务信息，密切跟踪其实施进度和完成情况，实行严格监控。

中心各内设机构在预算执行过程中发现问题要及时向中心全面预算管理办公室反馈，中心全面预算管理办公室收集、汇总、分析中心预算执行进度、执行差异及其对预算目标的影响，定期或根据重要性原则不定期向中心全面预算管理委员会、中心负责人汇报，按要求及时向公司全面预算管理办公室反馈相关信息，接受其指导、监督。

7.2.4 预算信息预警机制

技术中心要将全面预算管理与其他内部控制机制相结合，建立并完善预算预警机制，预警机制主要包括预警内容、预警条件、通知对象和通知

形式等。技术中心重点控制的预算项目、控制措施及预警机制见表附录
5-3。

表附录 5-3　　**技术中心重点控制的预算项目、控制措施及预警机制**

控制项目	控制措施或相应制度	预警机制
烟叶库存量	定期报告烟叶库存结构	烟叶库存量不符合烟叶库存量标准,可能影响单个或多个规格卷烟生产时,要发出警告,并向公司分管领导报告
科研项目经费预算	按项目定期报告工作进度及资金使用情况	监督各项目资金投入与工作进度是否相符,不相符时预警
固定资产购建等投资预算	按项目定期报告工作进度及资金使用情况	监督各项目工作进度是否与工作计划相符,不相符时向中心分管领导报告
资金支出预算	根据相关资金管理规定执行,按月度报告资金支出情况	1.资金未按计划用途支付时预警;2.各项资金支出累计达到设定比例时预警

7.3　应急事项

应急事项范围包括:

（1）自然灾害等导致原料基地建设工作可能无法按计划完成;

（2）发生火灾、爆炸等突发性事故导致科研工作进展受阻;

（3）其他影响中心正常工作的突发性事件。

技术中心发生未纳入年度预算范围的应急事项时,要按照应急事项审批程序执行。

应急事项审批程序如下:

（1）相关部门对应急事项的影响进行评估,判断相关应对措施是否需要紧急追补资金,或者追补其他可能调整原预算方案的资源。如果评估结果认定为必要且紧急,则由部门负责人提出应急事项支出申请,中心分管领导提出审核意见;如属重大事项且事态紧急,或者可能导致经公司批准的预算方案整体无法执行,则也可直接由中心领导班子发起,公司分管领导提出审核意见。

（2）经中心领导班子集体审批，相关应对措施所需追补资金可先行支出。如因事态紧急、无法以会议方式形成书面审批意见，则在支出后 10 日内补充，并报公司备案；如追补资金可能导致经公司批准的预算方案整体无法执行，除报公司备案外，在支出后 1 个月内按公司要求进行特殊预算调整。

8. 预算分析

8.1　预算分析目的和要求

预算分析的目的在于分析实际执行偏离预算的原因，评价预算执行的效率和效果，为未来的执行提供改进建议并为预算调整提供相关信息。

技术中心要着眼于为企业管理者提供经营管理信息，以业务分析为基础进行预算分析，从总量、结构、比率、单位指标等维度入手，分析各作业环节的作业量、资源占用、资源耗用与产生效用的配比性以及产出效用与公司整体利益的一致性，重点关注业务管理的缺陷和漏洞，重视分析现金流量状况及资金占用成本。

8.2　预算分析周期和程序

中心各部门是本部门预算分析的第一责任主体，要按季度分析本部门职责范围内相关预算项目的执行情况，分析预算执行差异产生的原因并提出改进措施，提报中心全面预算管理办公室。

中心全面预算管理办公室要定期汇总形成中心预算分析报告，根据本中心的实际工作，分析预算执行差异产生的原因及对下阶段工作的影响，提出改进或完善方案，并形成本中心的预算分析报告，上报至中心全面预算管理委员会及公司全面预算管理办公室。年终要编制年度预算分析报告，经中心全面预算管理委员会审核后报公司全面预算管理办公室。

根据公司归口管理部门要求，定期将中心预算分析报告（全部或与归口管理部门职责相关的部分）提交至归口管理部门。

8.3　预算分析内容

技术中心要对本中心职责范围内的全部预算项目进行分析，并根据公司管理重点，确定预算分析的重点内容，见表附录 5-4。

表附录5-4　　　　　　　　　由技术中心负责的预算分析内容

分析项目	分析内容	产生差异的可能原因
科研项目经费预算	1.投入总额与预算的差异； 2.各项目预算执行进度	项目终止或变更；研究内容发生变化；研究进度发生变化；产品试制需求发生变化；市场调研需求发生变化；其他影响科研经费投入的因素发生变化
固定资产购建等投资预算	1.项目进度； 2.各项资金是否符合用途； 3.项目实际支出与预算的差异	项目建设内容发生变化；项目建设进度发生变化；材料或设备价格发生变化；人工成本发生变化；其他影响投资项目的因素发生变化
资金支出预算	资金支出金额、进度差异	业务计划变动；付款政策变动

9.预算调整

9.1　预算调整条件

在预算执行中，实际情况发生较大或重大变化时，技术中心要分析其对预算执行可能造成的影响。

科研项目实施过程中如出现未预见因素，在经公司科技委员会确认需要调增项目经费预算的情况下，中心可通过项目预留费用进行内部预算调整追补；超过中心项目预留费用的部分，可以向公司申请预算调整。对于未通过阶段性评审等原因而中止的科研项目，中心要收回其剩余经费预算。

符合以下情况的，中心可通过预算调整程序向公司申请预算调整：

（1）公司品牌规划和技术规划发生重大调整，需要新增科技研发项目、增加相应科研经费，或需要增加部门费用投入，仅依靠内部预算调整追补无法保障的情况；

（2）上级单位布置新科技研发项目，需由公司承担并相应配套科研经费的情况。

9.2　预算调整程序

9.2.1　中心内部预算调整程序

（1）每季度末，各部门提出预算调整申请，充分说明无法按原定预算方案执行的理由、需要内部预算调整的预算项目、调整金额及其调整依据，并经部门负责人、中心分管领导审核签字确认；

（2）中心全面预算管理办公室初审各部门预算调整申请，汇总调整需求，提报中心全面预算管理委员会审核；

（3）中心全面预算管理委员会审核预算调整草案。对于可通过中心预留费用预算进行追补的调整项目，中心全面预算管理委员会审核通过后由中心全面预算管理办公室下达执行；需向公司申请预算调整的，中心全面预算管理委员会审核后需报公司预算管理办公室以及相关归口管理部门。

9.2.2　向公司申请预算调整程序

根据公司统一规定，各单位每年年中向公司申请预算调整（即常规调整）；其他因外部环境导致公司战略发生重大变化的，在情况发生时，由公司统一组织调整（即特殊调整）。

预算调整程序是：

（1）中心全面预算管理办公室根据公司预算调整指导意见组织各部门申报预算调整事项；

（2）各部门提出预算调整申请，充分说明无法按原定预算方案执行的理由、需要调整的预算项目、调整金额及其调整依据，并经部门负责人、中心分管领导审核签字确认；

（3）中心全面预算管理办公室初审各部门预算调整申请，按照公司预算调整申报要求汇总形成中心年度预算调整草案；

（4）中心全面预算管理委员会审核年度预算调整草案，报公司分管领导审核后提交公司全面预算管理办公室；

（5）经批准后，由公司全面预算管理办公室下达至中心全面预算管理办公室；

（6）中心全面预算管理办公室将预算调整批准情况反馈至各部门。

技术中心向公司申请预算调整程序如图附录5-3所示。

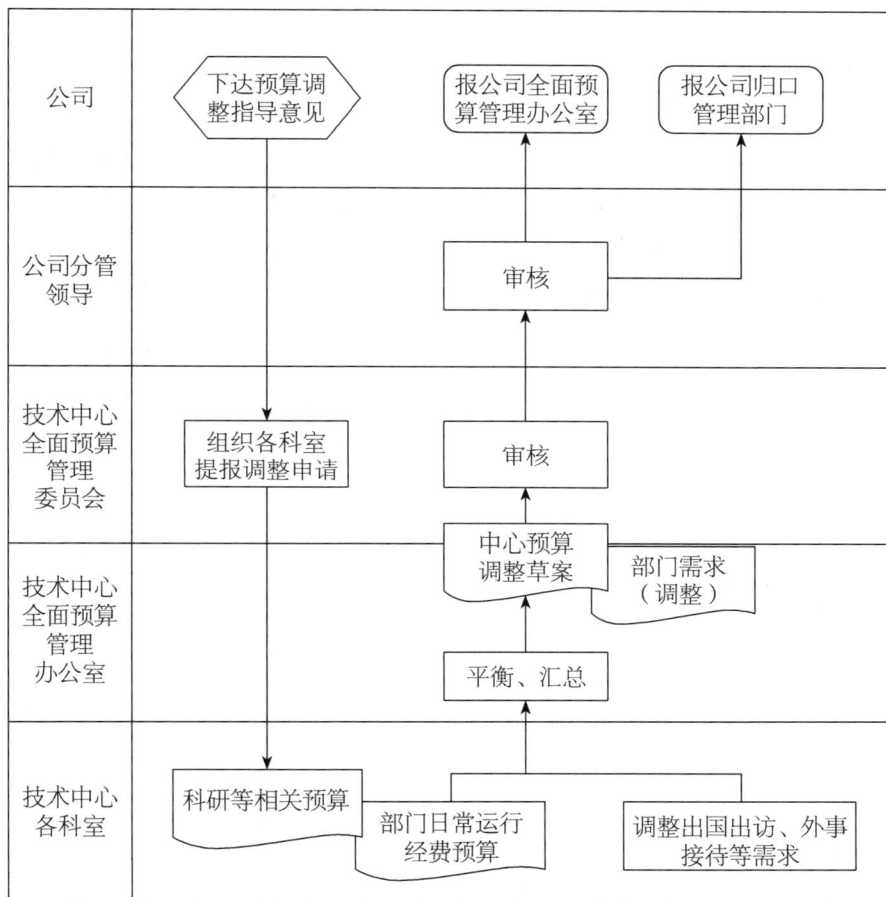

图附录5-3　技术中心预算调整程序

9.3　预算调整执行

预算调整方案经批准后，技术中心要按照调整后预算方案执行。

10.预算评价

10.1　公司对中心预算评价

10.1.1　预算评价指标

公司对技术中心的预算评价指标主要包括：全面预算管理工作完成情况、预算执行情况（含成本费用控制）。各项指标所占权重根据全面预算管理工作重点另行确定。

10.1.1.1　全面预算管理工作完成情况

全面预算管理工作完成情况评价内容主要包括：

（1）工作组织方面

①是否建立健全的全面预算管理组织机构并明确各机构职责；

②是否制订相关业务计划，以作为年度预算编制依据；

③是否严格执行经审批的年度预算方案与调整方案。

（2）预算编制质量方面

①编制项目及金额计算是否正确；

②编制方法是否合适；

③编制依据是否明确；

④预算编制内容是否符合公司的年度预算目标；

⑤预算编制是否符合预算编制要求等。

（3）工作配合方面

①是否积极参与并配合公司预算管理机构的工作；

②是否及时按要求提报相关资源占用或耗用等需求；

③是否及时向其他单位或部门提供与本中心工作相关的信息；

④是否及时提报本中心相关预算或预算调整申请；

⑤是否对公司预算审核机构的质询作出明确说明；

⑥是否及时进行预算分析并提交预算分析报告。

（4）预算执行与控制方面

①是否按公司相关制度规定严格执行与控制各项预算；

②是否及时将执行过程中出现的问题上报、处理。

（5）公司全面预算管理委员会认为有必要考核的其他内容

10.1.1.2　预算执行情况

根据预算项目的不同特点，设定不同的预算执行情况评价要求，主要包括：

（1）对科研项目经费预算执行的评价分为阶段性定期评审和结题评审。对于各项目阶段性评审来说，重点关注研究方向、进度和经费开支，实现预算执行的过程管理控制；项目全部完成后，由项目负责人就项目经费预算的使用情况进行说明、分析，并进行结题鉴定验收。

（2）其他预算项目侧重评价预算执行率，对于涉及资金支出的预算项目，除应急性支出外，预算执行率不得超过100%；执行率低于100%的，要根据具体情况进行分析，若与公司整体经营管理目标相符，原则上不扣分。

（3）成本费用控制方面重点关注烟叶成本、香精香料成本及包装成本等定额标准的制定和落实情况。

10.1.2　结果应用

公司将技术中心预算评价结果纳入绩效考核结果，根据公司绩效考核办法执行。

10.2　技术中心内部预算评价

10.2.1　预算评价指标

参照公司对技术中心的预算评价指标设计，预算评价指标包括预算管理工作完成情况、预算执行情况（含成本费用控制）两个方面。针对内设机构的职责差异，评价指标的权重安排可有所区别：研究和业务部门可兼顾预算管理工作完成情况和预算执行情况（含成本费用控制）；职能管理部门（综合管理科）可以预算管理工作完成情况为主。

10.2.2　结果应用

技术中心内部预算评价结果可作为中心内部绩效奖惩的参考依据。

11.附则

11.1　制定、修订及解释

本细则由公司总经理（班子）授权公司全面预算管理办公室制定、修订并解释。

11.2　实施日

本细则自发布之日起实施。

◉ 附录6 卷烟工业企业预算管理信息系统指引①（示例）

一、制定本指引的目的

本指引旨在引导卷烟工业企业（以下简称企业）在建设预算管理信息系统过程中实现以下目标：

第一，利用信息化手段，落实《烟草行业全面预算管理办法》和《烟草工业企业全面预算管理规程（暂行）》的相关要求，确保企业预算管理思路和管理制度有效实施。

第二，在行业全面预算管理信息系统两级部署的框架下，根据总公司要求，规范设置企业内部的基础数据和标准，实现企业本级及其下属单位全面预算管理信息化。

二、预算管理信息系统建设的原则

（一）合理性原则

企业建设全面预算管理信息系统既要适度前瞻，又要满足行业宏观管理要求，贴近卷烟工业企业实务，服务于企业的主要业务与管理需求。

（二）效益性原则

企业建设全面预算管理信息系统应综合考虑成本效益，确保相关功能的适应性和扩展性，充分利用已有的信息化基础，发挥信息化先进优势。

（三）集成性原则

通过与会计核算、资产管理等系统以及相关业务管理信息系统的集成，实现简约管理、高效运作和实时监控。

（四）安全性原则

通过良好的数据安全策略、完善的权限控制以及数据审查机制，确保及时、有效和准确的系统数据处理及传输，确保行业、企业全面预算管理信息安全可靠。

三、预算管理信息系统建设涉及的主要内容和关注重点

（一）满足行业宏观管理与企业内部管理要求并重

企业建设预算管理信息系统应当满足行业宏观管理要求，根据总公

---

① 本指南示例是"全面预算管理在卷烟工业企业的应用"课题研究成果之一。

司、直属公司及基层单位的预算组织关系，实现行业预算"自下而上、分级编制、逐级汇总"的基本方式，实现统一领导和分级管理的行业全面预算管理模式。企业按照总公司或直属公司要求，编制并逐级提交相关全面预算管理信息。实现总公司对行业全面预算管理工作的指导、审批和监督，实现企业对本级及其所属单位全面预算管理工作的指导、审批和监督。

企业建设预算管理信息系统应当结合本企业实际情况，优化全面预算管理流程，实现预算编制、上报、汇总、审核、批准、下达，预算执行与控制，预算分析与评价等系统管理功能。

（二）落实预算管理责任

企业建设预算管理信息系统应当按照行业以及企业相关制度规定，根据本企业的全面预算管理模式，落实营销业务、研发业务、采购业务、生产业务、物流业务、人力成本、投资及筹融资等环节的预算管理责任、管理权限以及流程衔接，体现董事会、总经理（班子）、各级全面预算管理委员会、各级预算管理办公室等预算相关组织机构的职责，充分发挥各级归口管理部门、预算编制和执行部门的作用。

企业可通过设定权限和控制条件，进一步提升预算管理的规范化水平。

（三）有效整合相关信息系统

企业应当按《烟草行业全面预算管理应用指南——全面预算管理信息化》的要求，实现预算管理信息系统与业务管理系统、OA 系统、会计核算系统、资产管理系统、投资管理系统的集成。

企业预算管理信息系统要尽可能与主要业务信息系统衔接。新建业务信息系统时，应当考虑与已有预算管理信息系统的集成或满足预算管理所需业务信息的需要。

（四）固化预算管理流程与环节

企业建设预算管理信息系统应当固化预算管理流程与环节，实现预算编制、预算审核与批准、预算执行与控制、预算分析、预算评价等环节的管理需求。

1. 预算编制

预算编制应按照"自上而下、自下而上、上下结合、分级编制、逐级汇总"的程序进行，以企业战略为方向、经营目标为指导、工作计划为基础、预算定额标准为依据，实现跨部门基础数据的引用和共享，实现多个预算草案版本管理，满足痕迹管理和按设定逻辑关系自动纠错的需要。

2. 预算审核与批准

按照规定的审核与批准流程，逐级审核、汇总、上报预算方（草）案；辅助审核部门或机构查询预算编制依据，对各预算主体之间的相同预算项目进行自定义对比分析；支持预算的多次修改、痕迹管理和批准下达。

3. 预算执行与控制

根据管理控制需要，设置预算控制规则，指定控制责任部门，提供预算执行实时信息；在业务审批前，资金申请额度与可用预算额度进行对比，实现对各项预算执行的事前控制；面向部门提供预算台账功能，满足预算执行的记录和反馈需要；提供预警信息。要特别注意处理好预算信息系统与会计核算系统的衔接，做到"信息同源"。

4. 预算分析

满足企业各级归口管理部门、预算执行部门定期对职责范围内的预算执行情况进行分析的要求，满足各级全面预算管理办公室对本单位整体预算执行情况定期进行汇总分析的要求。除差异分析外，还要提供结构分析、对比分析等分析方法及工具。要结合工作计划、作业管理，强化对关键作业的预算执行情况分析，辅助进行原因分析。

5. 预算评价

预算评价要结合预算分析，注重灵活性，支持合适的预算评价方式，支持个性化的预算评价需求。

（五）满足各主要业务的预算管理需要

企业建设预算管理信息系统应当满足营销、研发、采购、生产等主要业务部门预算管理的需要，从项目、部门、期间等多个维度规范各项主要业务活动，通过信息技术将业务部门的预算管理责任固化为日常行为。

1.营销业务预算

满足营销部门内部对销售相关预算进行卷烟牌号、销区等多维度分解和报备的需要，积累与运用历史业务及财务数据，建立卷烟营销费用测算模型，协助营销部门根据品牌发展目标合理配置营销资源，实现对营销方案的预算分解以及对预算执行的控制和评价。

2.研发业务预算

满足研发部门对品牌与产品管理的需要，实现产品物料清单（BOM）与产品配方成本预算的对接。

满足研发部门内部对研发项目及科研经费预算管理的需要，对科研项目进行多因素评估，确保研发资源、科技创新投入与经营规模、品牌价值的配比；实现立项后下达经费预算、预算内经费的申报与开支、跨年度结转、结题后剩余经费回收等功能，确保科研经费规范使用。

3.采购业务预算

满足采购部门对采购与库存、供应商管理的需要，协助编制烟叶、其他烟用物资及其他物料的采购成本、库存成本、相关税费等预算，实现对具体采购工作或项目的预算分解以及对预算执行的控制和评价。

4.生产业务预算

满足生产管理部门对多个卷烟厂以及各卷烟厂内部对基层部门实物消耗、能源消耗等相关预算分解、控制和评价的要求，收集、积累、利用生产制造信息系统基础数据，进一步分析各生产制造环节的作业效率、资源配置，提高相关计划的科学性和合理性，改进和优化业务流程，减少、消除无效或不增值作业。

（六）满足各职能工作的预算管理需要

企业建设预算管理信息系统应当满足投资管理、人力资源管理、安全保卫等工作的预算管理需要。

（七）减轻工作量，提高工作效率

企业建设预算管理信息系统应当满足全员预算的要求，做到用户界面友好、语言通俗易懂、操作简明清晰；创建规范统一的预算表格体系，实现表格之间的数据逻辑自动运算处理，充分发挥信息化系统的标准化、程序化优势，减轻工作量，避免人工操作失误。

（八）系统安全可靠与信息共享并重

企业建设预算管理信息系统要符合行业信息安全规范的统一要求，通过良好的数据安全策略、完善的权限控制以及数据审查机制，确保及时、有效和准确的系统数据处理及传输，确保行业全面预算管理信息安全可靠。在保障信息安全的前提下，要在授权范围内实现预算管理相关信息共享。

第十章
预算推动和预算文化

从实践看，企业实施预算管理是一个渐进的过程：可能经历"迷茫期"，也可能经历"疲劳期"；管理可能"由粗到细"，也可能"由细到粗"……企业应如何根据各个时期的特点，抓住工作重点，使得预算管理工作事半功倍呢？本章重点讨论预算管理推动阶段和持续优化阶段所涉及的重点工作，分析企业文化对预算管理的促进作用，提炼和总结卷烟工业企业预算文化的内涵等。

⊙ 一、预算推动及持续优化

在调研中，我们发现，无论是刚刚实施预算管理的企业还是已经实施了一段时间的企业，都存在一个比较"迷茫"的时期。对刚起步的企业来说，其感到"迷茫"的事情是不知道该如何推动预算管理工作；对相对"成熟"的企业来说，其"迷茫"的是不知道下一步该如何提升预算管理水平。我们认为，企业应针对不同时期的特点，抓住工作重点，既达到管理的目的，又不增加管理成本。

（一）"从粗到细"和"从细到粗"

某企业实施预算管理经历了"从粗到细"和"从细到粗"两次演变，

这两次演变体现了该企业预算管理思路和管理模式的变化。从调研情况看，调查对象基本认同这种变化过程，其主要观点如下：

1. "从粗到细"是逐步规范的过程，"从细到粗"是自我管理的过程，说明全面预算管理理念深入人心，自我管理意识较强，预算管理模式比较完善，预算管理的作用得到了充分发挥。

2. 企业预算管理"从无到有"，"从粗到细"，不断向科学化、精细化方向发展，不断得到完善。它把整个企业的生产经营活动引入"合规、有序、高效"的运行状态，是细化管理的表现。而"从细到粗"是建立在"从粗到细"的基础上，是在企业各项基础管理工作已经达到较高水平时采用的预算管理方式，也可以说明全体员工已经完全自觉地从事预算管理工作。

3. 预算编制"从粗到细"增强了预算的严肃性，强化了预算作为管理工具在企业内控中发挥的作用。但由于编制时间短、与工作计划不衔接等原因，其在预算执行中发生变化的可能性大。同时，预算编制要求细化到所有基层单位的所有项目，在资金有限的情况下，资金分散，不能集中发挥效益。企业预算管理政策的制定应本着符合实际需要、促进效益提高的原则。在细化预算的同时，授予费用归口管理部门一定的自主权，实行细粗结合、统分结合，即是该企业预算编制"从细到粗"的过程。

4. 企业全面预算管理工作"从无到有"，"从粗到细"，全面预算管理水平不断提升。但在实际工作中仍然存在过于关注细节而忽视全局的现象，应站在企业整体角度加强全面预算管理，而细节问题可分解到归口管理部门负责，从而达到全面预算管理"从细到粗"的演变。

全面预算管理"从粗到细"是预算管理体系持续完善的过程，再"从细到粗"是预算管理模式质变的过程。我们认为，预算管理"从细到粗"应重点把握三点：一是要明确预算管理重点；二是要授权管理；三是要有成熟的管理系统。

正如宁高宁先生在《繁与简》这篇文章中提到的几点：

其一，管理者只有对业务的本质特点理解深入，对业务过程理解深入，知道关键点在哪里，才能管得准确。就像好医生看病人一样，无须做多余的检查和吃许多不对症的药。管得准确，管理自然会简化。

其二，管理职责要划分清楚，敢于放权。这就要求整体组织要成熟，只有战略目标、业务判断、评价系统、组织文化等各层面都成熟，才能让每一个层面都感到限制性的管理少，能动性的创造多，才能使整个组织充满活力。

其三，基本管理系统要成熟。由繁到简不是缺少管理，而是系统成熟的管理，基本系统需要时间和实践来磨炼，有了系统才能管得好。

这可以非常好地说明预算管理为什么也会有"从粗到细"和"从细到粗"的过程，也正如该文所述："由此看来，企业管理由繁到简的进步是一个很考验企业管理者的过程，但有意识、有目的地推动这个过程是对管理者更高层次的要求。"

（二）"预算疲劳"

实践中，部分企业在实施了较长时间的预算管理后会出现"预算疲劳"。据调研，产生"预算疲劳"的原因主要包括："已经实施了一段时间，该制定的都制定了，不知道需要再提升哪些方面"；"看不到预算管理的效果"；"每年审核会都是争来争去，没意思"……由于企业情况各不相同，产生"预算疲劳"的具体原因也有所差异。因此，正如受访者提到的那样，企业"出现这种情况应对自身的全面预算管理体系进行重新审查，确定出现预算疲劳的原因是预算管理体系跟不上企业目前发展的步伐，还是与目前企业管理水平发展不匹配，再根据不同情况对全面预算管理体系进行修订"。

企业在明确原因的基础上，可尝试从以下几个方面寻找解除"预算疲劳"的途径：

1.转变预算管理思路和方法。"挖掘新的思路，让预算管理不停留在表面"；"一方面，在编制预算时，尽量不采用增量预算法，而更多地采用零基预算法，使业务部门能够更重视自身战略目标的方向；另一方面，在执行预算时，不纯粹地注重预算执行率，而是更加注重在成本效益方面的激励措施，使大家能对预算持有积极态度"；"通过对预算编制评价体系的完善，克服'预算疲劳'"。

2.完善相关制度体系。"可以重新审定预算管理制度，对不足之处加以补充。"

3.与先进水平比较，发现差距。"不要仅局限在纵向比较，要加强横向比较，通过横向比较，能够发现与行业先进水平的差异，同时定期更新先进水平指标，促进各企业自身预算管理水平的提升"；"可采取'请进来、走出去'的方式缓解这种'预算疲劳'，做到创新预算思路、简化预算流程、加强预算交流、组织预算培训、提高预算信息化水平"。

4.建立合适的激励机制。"建议预算管理工作也能和'评先进'、'评优'相结合，或者奖励去先进单位进行学习等。良好的激励政策是最好的。"

5.培养预算文化。"把预算管理与企业文化建设相结合，赋予预算管理文化底蕴。"

（三）预算推动的工作重点

好的开始是成功的一半。我们建议，企业在建立预算管理体系以及实施初期，应从以下几个方面推动相关工作：

1.梳理业务流程和管理职责

业务流程和管理职责清晰是实施预算管理的基础。企业在实施全面预算管理初期，需要注重梳理业务流程和管理职责。否则，预算管理过程中会出现很多由于业务流程、管理职责不清晰而产生的问题。

业务流程梳理应重点关注关键业务流程的重要环节，明确相关单位和部门的管理职责，明确资源消耗和收益的表现形式。企业应规范相关工作计划的制订和实施流程，特别是涉及多个单位和部门的工作及其资源耗用，需要特别明确相关单位和部门的职责划分，以避免实际工作中的相互推诿。

2.建立预算定额标准体系

在梳理业务流程和作业环节的基础上，企业可以针对重要作业环节的实物耗用、能源耗用、费用开支及人力成本等资源耗用和占用，制定预算定额管理标准，主要包括相关工作及其资源耗费所涉及的量、价、金额、比率以及时间等标准。具体参见本书第四章。

3.制度体系建设

关于预算制度体系建设，本书第九章已经作了说明。这里要说明的是，与预算管理相关的制度体系建设包括两方面内容：一是与预算管理紧密相关的基础管理制度建设。基础管理制度（除全面预算管理制度外）是预算管理制度体系建设以及实施预算管理的基础，企业可以从工作流程、职责落实、资源消耗等方面规范和完善相关制度。二是预算管理制度体系建设。企业需要明确预算管理制度体系建设思路，建立科学合理的制度体系结构；制度体系建设尤其要注意预算组织设计，在规范全面预算管理体系的前提下，注重发挥制度对业务部门参与全面预算管理的指导性。

4.信息化应用

关于预算信息化应用，本书第九章也已经作了说明。这里要说明的是，企业在推动实施全面预算管理过程中，可分以下步骤推进预算信息化应用工作：一是根据信息化需求，制订全面预算管理信息化方案，初步实现预算信息化应用的基本功能（可根据企业管理需求和实际情况定义）；二是探索预算信息系统与业务管理、资产管理、资金监管及会计核算等系统之间可利用信息的融通；三是持续优化预算信息系统为企业经营管理决策提供支持信息的功能。

5.预算培训

企业开展全面预算管理培训的目的主要包括以下几点：一是提高全员对全面预算管理的认识和理解；二是探讨各单位和部门参与全面预算管理的重点和难点问题；三是促进各单位和部门之间的沟通和经验交流。

特别需要说明的是，培训对象不能仅局限于财务部门人员，企业需注重开展业务部门人员的全面预算管理培训。有调查对象建议，"现在的预算培训过多地停留在对财务人员进行培训，而在实际运作中，在预算的各个环节中，业务预算的编制和执行以及管理层对预算和企业战略的理解是其中非常重要的环节，也是预算编制和执行科学性和准确性的重要保证。建议预算培训更注重对企业业务人员以及企业管理层进行培训，而并非周而复始地在财务人员中宣讲。"

关于培训内容，有调查对象建议，"培训内容不仅涉及加强全面预算管理知识的培训，还涉及加强具体业务知识的培训"；"针对业务人员，需要培训预算编制的科学方法；对于管理层，需要宣讲预算在企业管理中的作用，预算与企业战略的关系，以及如何运用预算来辅助管理"。

（四）预算持续优化的工作重点

从实践总结，企业实施预算管理达到一定阶段后，可从以下几个方面持续优化预算管理体系：

1.总结与提炼预算文化，提升主动参与意识

企业可结合企业文化建设，提炼和总结预算管理文化，从预算价值观、预算意识及预算规则等方面促进预算管理水平提升。企业需注重培养所属单位、部门和员工的预算意识，即其在经营管理中体现出的预算管理主动性和能动性。预算意识是企业真正实现全员参与预算管理的前提条件。关于预算文化将在本章第二部分中说明。

2.提升工作管理水平

提升工作管理水平是提升全面预算管理水平的基础。工作管理水平重点包括三个方面：

一是工作预测和计划水平。工作预测和计划是确定年度预算目标、预算编制和审核的基础。工作预测和计划主要包括：预测总体工作目标；预测影响工作计划实施的企业内外部因素；预测影响工作计划完成的不确定性因素及其资源耗费；制订年度工作计划及年度内阶段性工作计划；制定各项工作目标及达到目标所实施的具体作业计划；预测各项具体作业所需要的资源耗费及资产占用；预测各项作业预计可取得的效果或可量化的收益。

二是工作执行与控制水平。工作执行与控制是预算执行与控制的源头。工作执行与控制主要包括：根据工作计划按阶段实施相关工作；按照作业流程及定额管理标准实施具体作业；对实际工作情况（工作环境、工作条件等）作出判断，对与实际情况存在较大差异的工作计划作出调整或优化；按照业务审批流程申请相关工作执行；按照资金审批流程申请相关资金支出；负责具体工作审批和资金审批的机构或岗位，根据工作发生时点或时期科学合理判断工作发生的必要性及资源耗用额度。

三是工作分析与评价水平。工作分析与评价是预算分析与评价的重要内容。工作分析与评价主要包括：分析实际工作执行情况与计划是否存在差异，以及产生差异的原因；评价工作的执行效率以及是否取得预期效果；评价工作资源耗费情况以及是否符合预期的投入产出比；分析和评价工作执行及资源耗费对企业经营管理目标的影响；分析和评价工作执行及资源耗费对企业长期战略目标的影响。

3.提升基础管理水平

企业可通过实施全面预算管理发现经营管理中薄弱或可提升的业务环节，制订改进方案，提升基础管理水平。企业可从以下三个方面着手：

一是优化业务流程。业务流程优化是企业持续优化全面预算管理体系的基础。企业通过积累预算执行数据，分析对比同类型企业相同业务环节的资源耗费差异及差异产生的原因；分析各环节作业产生的价值，对于不增值作业分析其存在的必要性，剔除无效作业；分析各环节作业取得的收益是否与资源耗费、资源占用相匹配，尽量避免无效率或低效率的资源占用。例如，分析生产点的产量与产能是否匹配，避免出现生产点之间为了争夺资源而盲目扩大产能。

二是优化库存管理。库存是卷烟工业企业资产占用的重要形式。按照库存物资特点，企业可分别制定安全库存策略。根据企业品牌战略以及烟叶醇化等特点，制定烟叶安全库存策略；根据设备运行特点、维修计划及备品备件采购周期等因素，制定备品备件安全库存策略；其他大宗物资采购可根据预算年度使用需求、采购周期以及保管要求等因素，分别制定安全库存策略。

企业需要特别关注采购部门与物资使用部门之间的沟通协调，避免出现采购预算与物资耗用预算之间相互脱节。同时，企业可通过加强库存管理，减少因库存物资报废而产生的资源浪费。

三是完善基础管理制度。基础管理制度（除全面预算管理制度外）是持续优化全面预算管理体系的保障。基础管理制度主要包括：研发、营销、技术、采购等业务管理制度；各类资产管理制度；资金管理制度；工资、福利、培训、社会保险、劳动保护、差旅、业务招待、会议、车辆运行及出国等管理制度。

企业可以注重从以下几个方面完善基础管理制度：一是明确和规范工作职责。清晰的工作职责是确定预算管理责任的依据。二是明确业务审批和资金审批流程。规范的审批流程是预算执行和控制的关键。三是完善定额管理标准。明确的定额标准有助于降低预算编制主体与审批主体之间的沟通成本，从而降低预算管理成本。

（

二、预算文化

在调研中，某企业的受访者讲述了这样一件事情："2003、2004、2005年，那时集中3、4天进行预算审核，公司所有领导、部门负责人参加，预算项目说不清的就砍。当时有个部门老领导说：'还有多少啊，我坐不住了。'那几年虽然审核成本很大，但做下来就很好了。你连自己的项目都不清楚，怎么去做？业务部门一定要清楚。原来，上半年很多费用都用完了，就等着下半年追。有些该花的还是花。这样做后，大家就重视了，在作预算时也会进行充分的考虑。各部门领导的认识逐步提高，然后到每年8、9月份，他们就来问：'什么时候报预算啊？'。"如今，该企业已经形成了良好的预算文化，大部分单位和部门已经形成了主动参与的预算意识。

提到"预算文化"，常常让人觉得比较"虚"。但正如上例所述，预算文化其实可以在实际工作中落地。例如，各部门在全面预算管理过程中所体现的价值判断标准，是部门利益优先，还是企业利益优先？在预算管理中，各部门是否有预算意识？是被动参与还是主动参与？正如有受访者提到，"预算文化融入企业的经营管理，并被全体员工所认同并实践，就会产生巨大的推动力。"

（一）企业文化与预算管理

关于企业文化与预算管理的关系，有调查对象认为，"通过企业文化的宣贯使预算管理成为人们的一种自觉行动，企业文化的影响是推行全面预算管理的重要保证，而预算管理又是体现企业文化的一个窗口，它在一定程度上推动了企业文化的完善。"正如上所述，从实践看，企业预算管理会受到企业文化的影响，一个企业的预算管理思维也体现了其企业文化氛围。企业文化建设可从以下几个方面促进预算管理：

1.工作价值观

工作价值观体现员工对待工作的职业理念。"员工用什么态度工作决定了他用什么态度看待预算管理。"我们建议，企业文化可倡导员工"既为企业工作，也为自己工作"的职业精神以及"自我管理"的工作模式，从工作管理的角度促进员工对全面预算管理的认可度和参与度。

2.工作关系价值观

工作关系价值观体现员工对待其他单位、部门及同事之间关系的职业理念。"各部门如何看待部门之间的关系决定各部门是否能够协调一致，沟通合作。"我们建议，企业可倡导"内部客户"的工作关系以及"沟通"、"协作"的工作模式，从而促进全面预算管理流程衔接和信息流转。

3.客户关系价值观

客户关系价值观体现企业及所属单位、部门和员工对待客户的职业理念。如何对待客户决定了企业的市场竞争力。关于此点，我们建议，企业文化可倡导"互惠合作"的客户关系，以及"为客户服务"的工作模式，从而保障实施全面预算管理的效益目标。

4.企业利益价值观

企业利益价值观体现所属单位、部门和员工处理企业利益与部门、个人利益之间关系的理念。企业文化可倡导下属单位、部门和员工关注自身对企业的贡献，把本单位、部门或个人的工作与企业利益联系起来，从而保障全面预算管理能够着眼于企业整体绩效，支持实现企业战略。

（二）从实践中总结卷烟工业企业的预算文化

1.预算价值观

有调查对象提到，"企业文化能够消除由于企业各级预算目标不一致而造成的利益冲突,使各个层面的预算目标有机统一"，此点是预算价值观的重要体现。预算价值观是企业及所属单位、部门和员工在经营管理活动中形成并体现出的预算判断准则。不同的企业，其预算价值观可能不同。

从实践总结，我们认为，合适的预算价值观主要包括：

（1）战略导向。企业及所属单位和部门以企业的战略目标作为首要的预算判断准则，避免以牺牲企业利益为代价满足单位、部门或个人利益的预算行为。

（2）预算真实。企业及所属单位和部门在全面预算管理过程中要始终真实反映经营管理状况，努力减少"预算撒谎"行为。

（3）预算合作。企业应倡导合作观，注重下属单位和部门之间的沟通和协作，实现各单位与部门之间的预算管理流程衔接，避免关联预算项目之间的流程脱节。企业可在工作机制和文化两个重要方面促进各预算主体的沟通与协作。

2.预算意识

预算意识是企业及其所属单位、部门和员工在经营管理活动中体现出的预算主动性和能动性。正如有些调查者认为，"全员在过程中主动参与胜于考核"，预算意识是真正实现全员预算的前提和基础。

我们认为，预算意识包括：

（1）明确的预算动因。企业应明确实施全面预算管理的主要动因，即服务于业务管理，支持企业实现战略目标。

（2）预算主动性。企业及所属单位、部门从业务管理角度出发，主动运用全面预算管理对业务及其资源配置进行统筹规划。

根据企业实施全面预算管理的阶段，预算意识可分为三个阶段：第一阶段是被动阶段，即企业及所属单位、部门和员工基本没有参与全面预算管理的意愿，其对全面预算管理的认识是一项"上级下达的工作任务"；第二阶段是半自觉阶段，即企业及所属单位、部门和员工既迫于外部压力又基于自身需求而开展全面预算管理，其对全面预算管理的认识是"一项不得不做的工作"、"有些益处的必要工作"；第三阶段是主动意识阶段，即企业及所属单位、部门和员工主动将全面预算管理作为企业落实战略、服务于业务管理的工具，其对全面预算管理的认识上升为"一项支持实现战略和业务管理的工作"。

企业可通过不断提升下属单位、部门和员工的预算意识，促使其真正从工作管理角度出发，主动运用全面预算管理对各项工作进行预测、计划、执行、控制、分析及评价。企业可重点从以下方面促进下属单位和部门形成参与全面预算管理的主动意识：一是通过培训等形式深化员工对全面预算管理本质的认识；二是通过完善制度体系（预算规则）强化全面预算管理与业务管理紧密结合，同时强化良好的行为导向；三是借助企业文化建设强化员工的工作价值观，促进下属单位和部门形成自我管理的工作意识。

3.预算规则

预算规则是企业及所属单位、部门和员工在经营管理活动中遵守的正式或非正式的行为准则。从实际工作看，预算规则主要包括两种形式：一是显性规则。企业通过制定和完善预算管理制度，规范预算管理的工作规则；二是隐性规则。隐性规则未必有明确的表现形式，但却在实际工作中发挥重要的作用，使预算价值观和预算意识落实到实际工作，并形成预算行为导向。

在全面预算管理中，预算规则无处不在。除以制度形式明确规范各环节的工作规则外，企业需强调落实的行为导向主要包括：

（1）预算责任。强调"既为企业工作，也为自己工作"的职业观，在此职业观下将"全面预算管理"从"预算控制"转变为"为我所用"、"自我管理"的预算行为。各级组织机构从服务于本单位或部门业务管理的角度，充分认识自身的预算管理责任及其所对应的工作，并根据制度要求充分履行预算责任。

（2）预算目标。企业下属单位和部门以战略导向为准则，制定本单位或部门的预算目标。预算目标应兼顾长期目标和短期目标，全面预算管理需特别关注是否存在以牺牲企业长远目标为代价的工作计划或方案。

（3）预算编制。强调基于战略规划和短期经营管理目标制定业务目标及相关工作计划；基于工作计划和管理标准编制真实的预算；预算编制过程中关联单位和部门之间需注重工作沟通（如采购部门与使用部门之间、归口管理部门与使用部门之间等）；同一项资源管理或使用部门在预算编制前需充分沟通和协调，从企业整体角度出发统筹规划资源分配和使用；根据工作重要程度排序，有效利用各项资源，提升资源使用效率。

（4）预算审核与批准。强调预算审核机构与预算编制主体之间的必要沟通，尽量避免"一刀切"的审核行为；关注各项工作及其资源配置的必要性和重要性排序；兼顾审批效率与审批风险。

（5）预算执行与控制。倡导预算执行主体的自我控制；倡导始于业务源头的预算控制（如优化业务流程、优化库存管理等）；避免预算执行与编制之间的"两张皮"；避免突击花钱行为；注重预算柔性管理与预算刚性管理相结合；恰当处理预算外事项。

（6）预算调整。强调根据内外因素变化实事求是地确定预算调整事项、调整依据及调整金额等。

（7）预算分析。倡导预算执行主体的自我分析；鼓励预算分析与经济运行分析相结合；注重业务因素分析（如业务流程分析、设备管理分析、库存分析等）；注重预算分析信息对经营管理决策的有用性。

（8）预算评价。倡导预算执行主体的自我评价；鼓励预算评价与绩效评价相结合；注重评价预算相关工作完成情况；恰当看待和使用预算执行率考核。

（三）推动预算文化建设

关于如何推动预算文化建设，有受访者建议，"加强预算文化的宣传，公司领导要发挥带头示范作用，只有领导重视了预算管理，全体员工才能重视预算管理；在预算文化中要提倡协作精神，为了完成企业经营目标，加强各个预算环节的协作；在预算文化中要提供一个准则，促进员工主动参与预算管理，让员工知道在日常的生产经营过程中，哪些有助于预算管理目标的实现。"

预算管理是一个渐进的过程，预算文化也是从无到有的过程。企业可以根据全面预算管理的实施阶段，分步骤、分重点地推动预算文化建设。

1.初级阶段：理清认识、明确规则

在初级阶段，一方面应该在公司层面建立全面预算管理的地位和流程；另一方面，通过奖励等方式积极引导预算走向正轨，从而养成一种习惯。

企业可以通过培训、宣传手册等形式，针对各级员工开展全面预算管理理论与实践的介绍和宣传，以便统一全体员工对全面预算管理本质特征和实施意义的认识。

企业可以通过制定全面预算管理制度，明确和规范全面预算管理的工作规则。特别需要完善与全面预算管理密切相关的业务制度，理清并明确各项业务管理思路，恰当处理全面预算管理与业务管理、资金管理、成本费用管理等之间的关系。通过制度建设，为预算文化建设奠定基础。

2.完善阶段：深化认识、完善体系

企业及所属单位和部门从战略管理、内部控制等角度逐步深化对全面预算管理的认识，从业务管理角度理解全面预算管理的实施动因和意义。全面预算管理应紧密结合业务管理和其他基础管理工作。

　　企业可以通过完善全面预算管理制度体系，建立顺畅的全面预算管理工作流程和信息流程，使预算管理责任和内容无空白点，加强各单位和部门的预算管理参与度；通过建立预算信息化体系，降低企业实施全面预算管理的工作成本，为业务部门开展预算管理提供便利的信息化平台。

　　3.提升阶段：主动意识、持续优化

　　企业及下属单位和部门从提升业务管理水平层面认识开展全面预算管理的意义，逐步形成主动管理意识。全面预算管理从"被动管理"、"上级管理"转变为"主动管理"和"自我管理"，并成为服务战略管理、业务管理的手段和工具。全面预算管理能深入地影响员工行为，促使员工在管理思路层面以及操作层面持续改进业务管理。

　　正如我国管理会计奠基人余绪缨先生高屋建瓴地指出："预算管理的技术方法，通过较长期的实践，已经得到充分的发展并趋于定型化，问题在于它的社会文化层面。"①

---

　　① 余绪缨. 论管理会计的技术观与社会文化观[M]//余绪缨. 余绪缨学术文集. 沈阳：辽宁人民出版社，2000：353.